Los Refranes Del Quijote...

José Coll y Vehí

No 209 15

Extremadura - 1916 = 20 pesetas

LOS REFRANES

DEL QUIJOTE.

LOS REFRANES
DEL QUIJOTE

ORDENADOS POR MATERIAS Y GLOSADOS

POR

D. JOSÉ COLL Y VEHÍ

ACADÉMICO CORRESPONDIENTE
DE LA ACADEMIA ESPAÑOLA Y NUMERARIO DE LA DE BUENAS LETRAS
Y DE LA DE BELLAS ARTES DE BARCELONA.

BARCELONA.

IMPRENTA DEL DIARIO DE BARCELONA
CALLE NUEVA DE SAN FRANCISCO, NÚM. 17.

1874.

OBRAS DEL AUTOR.

ELEMENTOS DE LITERATURA (3.ª edicion) 20 rs.
DE LA SÁTIRA PROVENZAL, 10 rs.
ARTE MÉTRICA LATINA Y CASTELLANA (*agotada*).
PROGRAMA DE RETÓRICA Y POÉTICA (4.ª edicion) 4 rs.
DIÁLOGOS LITERARIOS, 6 rs.
MODELOS DE LATINIDAD (*agotada*).
MODELOS DE POESÍA CASTELLANA, 12 rs.
COMPENDIO DE RETÓRICA Y POÉTICA (5.ª edicion) 8 rs.

PUNTOS DE VENTA.

BARCELONA.

Librerías del Diario de Barcelona, Bastinos,
Subirana, Verdaguer.

MADRID.

Librerías de Olamendi y Hernando.

PRÓLOGO.

Eɴ deseo de contribuir en algo á la redaccion de la *Revista popular*, sin distraer demasiado mi atencion de algunos trabajos literarios en que estoy enfrascado, sugirióme la idea de entresacar del Quijote las hermosas máximas y refranes de que está cuajado el libro, ordenándolos por materias, y añadiéndoles un brevísimo comentario. Las máximas, aunque no todas, vieron ya la luz pública en la citada Revista. Mas al ir preparando con el mismo objeto la publicacion de los refranes, como notase que de vez en cuando se me deslizaba la pluma por el resbaladizo y vedado terreno de la política, sin que me fuese dado ceñirme, por más esfuerzos que hiciese, á la brevedad que la índole de aquel periódico reclamaba, considerando además, que el reunir y ordenar los refranes del Quijote, aparte del interés que el asunto de suyo ofrecia, me proporcionaba ocasion propicia de rendir un humilde tributo de admiracion al más insigne y al más justamente aplaudido de nuestros preclaros escritores, determinéme á zurcir de la mejor manera que supe las hojas sueltas destinadas á la Revista, compaginando esta mal pergeñada obrita que ofrezco al público, y muy especialmente, á los que de algun tiempo á esta parte se honran con el título de *cervantistas,* y se afanan por merecerlo.

Al ir adelantando en esta algo pesada cuanto fácil y no ingrata tarea, ví desde luégo, que con el título de *La moral del Quijote* ú otro parecido, podia escribirse una obra de mucha importancia, en la cual además de presentar agrupados los refranes, máximas y discursos que constituyen la moral teórica del libro, se pusiese de realce la moral práctica que de la accion, episodios, situaciones y caractéres se desprende, formando de este modo un estudio psicológico que sería un verdadero retrato moral de Cervántes y una demostracion palpable de su finísimo y sano criterio. Afortunadamente, no tenia los necesarios medios ni tiempo para un trabajo de esta índole, y digo afortunadamente, porque lo mucho que me halagaba, y el poquillo de vanidad que todos tenemos, hubieran quizás ocultado á mis ojos la pequeñez de mis fuerzas.

El libro que ahora ofrezco al público tiene desde luégo la ventaja inmensa de no ser mio, puesto que la mitad por lo ménos es obra del mismo Cervántes, y lo restante, obra de infinidad de autores desconocidos, castellanos rancios todos, y con excepciones rarísimas, buenos cristianos. Apénas hice yo otra cosa que copiar y compilar. Y si al lector le causare enojo el que tambien meta mi cucharada de vez en cuando, tomándome la libertad de anticiparme á sus propias deducciones ó torcerlas quizás, pero siempre con la sana intencion de ahorrarle el trabajo de sacarlas por sí mismo; sólo con dar un pequeño salto, ó con doblar la hoja, queda obviado este pequeño inconveniente, que no vale la pena. Ni mi entrometimiento ha de redundar en perjuicio de Cervántes y de los anónimos autores, ni ha de menoscabar en un ápice el subido valor de las verdades como el puño que constituyen el fondo de esta que ya, sin pecar de inmodestia, puedo calificar de coleccion amena y sustanciosa. Y no solamente le queda al lector la libertad y el derecho de pasar por alto mis glosas y dislates, sino tambien el de sustituirlos con otros de su propia cosecha, mejorando en tercio y quinto el libro. De todas maneras le habré ahorrado el trabajo de ir atando cabos sueltos, algo mayor de lo que á primera vista parece, y que por este solo motivo me da algun título, ya que no al agradecimiento, siquiera á la indulgencia.

Los refranes del Quijote, con ser muchísimos dada la extension del libro, no son tantos como vulgarmente se cree y se asegura. Estirando mucho la cuenta, y confieso que la he estirado demasiado quizás, porque me pareció preferible el dar como refran alguna que otra frase que no mereciese este nombre, á omitir una sola que realmente lo fuese, ascienden al número de doscientos sesenta y tres, que viene á ser como una octava parte de los contenidos en el diccionario de la Real Academia, y sobre una vigésima parte, á lo sumo, de los contenidos en las dos ó tres colecciones más copiosas. Con todo eso, no cabe decir que sean pocos, sobre todo teniendo en cuenta que muchos de ellos se repiten dos y tres veces, y algunos hasta cinco; de manera que si se computasen las repeticiones, pasarian de trescientos. Los índices al fin del libro facilitarán al lector el sacar con toda exactitud estas y otras cuentas, dado que sea aficionado á números y estadística.

Además de todos los refranes del Quijote (salvo error), comprende esta coleccion todos los usados por Cervántes en el Persíles, en la Galatea, en las Novelas ejemplares y en el Viaje al Parnaso, y tambien todos los contenidos en el Quijote de Avellaneda. En los índices podrán verse por separado. Otros muchísimos que por razon de su analogía con los de Cervántes, me ha parecido oportuno citar, pertenecen al fondo comun del idioma.

De los doscientos sesenta y tres del Quijote, solamente unos setenta y tres figuran en la Primera parte, hallándose contenidos los doscientos restantes en la Parte segunda. Esta desproporcion notabilísima me dió pié á sospechar si la idea de convertir á Sancho Panza en *padre de los refranes*, debió de ocurrirle á Cervántes al tiempo de dar mano á la mencionada segunda parte de su obra. En la primera parte, ni una sola vez se le ofrece á nuestro Andante ocasion de enviar al diablo á su escudero por aquella comezon de derramar refranes á diestro y siniestro; cuando por el contrario en la segunda, no solamente pierde los estribos al oir tanto refran, sino que él mismo cae en la tentacion de decirlos, y hasta llega á vanagloriarse de saberlos *arrojar como llovidos*. En la Parte segunda es donde la Duquesa aplaude y celebra los refranes del buen Sancho, donde Teresa hace notar y remeda la habilidad ó vicio de su marido, donde el mismo Sancho reconóce y confiesa que no sabe decir *razon sin refran ni refran que no le parezca razon*, y donde finalmente el Cura halla oportunidad de consignar, que *todos los del linaje de los Panzas naciéron cada uno con su costal de refranes en el cuerpo*. Téngase además en cuenta, que en un solo pasaje de la primera parte, á saber, en la Historia del Cautivo, se habla de los refranes en general, al paso que en la segunda no bajan de diez y seis los diversos pasajes en que de ellos se trata, y en alguno con bastante extension.

Otra duda me ocurre. Al jactarse don Quijote de saber arrojar refranes como llovidos y de traerlos á propósito, al reprender á Sancho por cargar y ensartar refranes á troche moche y arrastrarlos por los cabellos, ¿dirige el bodoque á Sancho, ó al mal aconsejado, aunque no lerdo, autor del Quijote contrahecho?

Paréceme que no ha de disgustar al lector el ver aquí reunidos los más notables de los mencionados pasajes del Quijote, puesto que difícilmente pudiera imaginarse otro prólogo mejor, ni más adecuado á una coleccion como la presente.

« En lo que Sancho se mostraba más elegante y » memorioso, era en traer refranes, viniesen ó nó » á pelo de lo que trataba, como se habrá visto y » habrá notado en el discurso de esta historia....»

« Oyendo lo cual el Cura, dijo: yo no puedo » creer sino que todos los de este linaje de los Pan- » zas, nacieron cada uno con un costal de refranes » en el cuerpo: ninguno dellos he visto que no los » derrame á todas horas y en todas las pláticas que » tienen. Así es la verdad, dijo el paje, que el se- » ñor Gobernador Sancho á cada paso los dice, y » aunque muchos no vienen á propósito, todavía » dan gusto, y mi señora la Duquesa y el Duque » los celebran mucho....»

«Maravillárame yo, Sancho, si no mezclaras
» algun refrancico en tu coloquio....»

«Mira, Sancho, cómo hablas, y ten cuenta de no
» encajar algun refran en tu embajada....»

«Dios te guie, Sancho, y te gobierne en tu go-
» bierno, y á mí me saque del escrúpulo que me
» queda, que has de dar con toda la ínsula patas
» arriba, cosa que pudiera yo excusar con descu-
» brir al Duque quién eres, diciéndole que toda esa
» gordura y esa personilla que tienes, no es otra
» cosa que un costal lleno de refranes y de mali-
» cias....»

«Tambien, Sancho, no has de mezclar en tus
» pláticas la muchedumbre de refranes que sueles:
» que puesto que los refranes son sentencias bre-
» ves, muchas veces los traes tan por los cabellos,
» que más parecen disparates que sentencias. Eso
» Dios lo puede remediar, respondió Sancho, porque
» sé más refranes que un libro, y viénenme tantos
» juntos á la boca cuando hablo, que riñen, por salir,
» unos con otros; pero la lengua va arrojando los
» primeros que encuentra, aunque no vengan á pelo;
» mas yo tendré cuenta de aquí adelante de decir los
» que convengan á la gravedad de mi cargo: que
» en casa llena presto se guisa la cena (n.º 171) y
» quien destaja no baraja (n.º 19), y á buen salvo
» está el que repica (n.º 124), y el dar y el tener
» seso ha menester (n.º 203). Eso sí, Sancho, en-
» caja, ensarta, enhila refranes, que nadie te va á

» la mano: castígame mi madre, y yo trompóge-
» las (n.° 33). Estóite diciendo que excuses refra-
» nes, y en un instante has echado aquí una leta-
» nía de ellos, que así cuadran con lo que vamos
» tratando, como por los cerros de Úbeda (n.° 45).
» Mira, Sancho: no te digo yo que parece mal un
» refran traido á propósito; pero cargar y ensartar
» refranes á troche moche, hace la plática desma-
» yada y baja.....»

« Nunca te he oido hablar, Sancho, dijo don
» Quijote, tan elegantemente como ahora, por don-
» de vengo á conocer ser verdad el refran que tú
» algunas veces sueles decir: no con quien naces,
» sino con quien paces (n.° 133). ¡Ah pesia mí!
» replicó Sancho: señor nuestro amo, no soy yo
» ahora el que ensarta refranes, que tambien á
» vuesa merced se le caen de la boca de dos en dos
» mejor que á mí, sino que debe de haber entre los
» suyos y los mios esta diferencia, que los de vues-
» tra merced vendrán á tiempo, y los mios á des-
» hora; pero en efecto todos son refranes.....»

« No más refranes, Sancho, dijo don Quijote,
» pues cualquiera de los que has dicho basta para
» dar á entender tu pensamiento: y muchas veces
» te he aconsejado que no seas pródigo de refranes,
» y que te vayas á la mano en decirlos, pero paré-
» ceme que es predicar en desierto (n.° 31), y cas-
» tígame mi madre y yo trompógelas (n.° 33). Pa-
» réceme, respondió Sancho, que vuesa merced es

» como lo que dicen: dijo la sarten á la caldera,
» quítate allá ojinegra (n.º 121). Estáme reprendien-
» do que no diga yo refranes, y ensártalos vuesa
» merced de dos en dos. Mira, Sancho, respondió don
» Quijote, yo traigo los refranes á propósito, y vie-
» nen cuando los digo, como anillo al dedo; pero
» tráeslos tú tan por los cabellos, que los arrastras y
» no los guias: y si no me acuerdo mal, otra vez te
» he dicho, que los refranes son sentencias breves
» sacadas de la experiencia y especulacion de nues-
» tros antiguos sabios, y el refran que no viene á
» propósito, ántes es disparate que sentencia.....»

« He penetrado lo último de tus pensamientos, y
» sé al blanco que tiras con las innumerables saetas
» de tus refranes.....»

« Por cierto, Sancho, dijo don Quijote, que siem-
» pre traes tus refranes tan á pelo de lo que trata-
» mos, cuanto me dé Dios mejor ventura en lo que
» deseo.....»

« ¿Adónde vas á parar, Sancho? que seas maldi-
» to, dijo don Quijote, que cuando comienzas á en-
» sartar refranes y cuentos, no te puede esperar
» sino el mismo Judas que te lleve.....»

« No más refranes, Sancho, por un solo Dios,
» dijo don Quijote, que parece que te vuelves al
» *sicut erat:* habla á lo llano, á lo liso, á lo no in-
» trincado, como muchas veces te he dicho, y ve-
» rás como te vale un pan por ciento. No sé qué
» mala ventura es esta mia, respondió Sancho, que

»no sé decir razon sin refran, ni refran que no me
»parezca razon; pero yo me enmendaré, si pu-
»diere.....»

« ¡O maldito seas de Dios, Sancho! dijo á esta
»sazon don Quijote: sesenta mil satanases te lleven
»á tí y á tus refranes: una hora hace que los estás
»ensartando y dándome con cada uno tragos de
»tormento. Yo te aseguro que estos refranes te
»han de llevar un dia á la horca, por ellos te han
»de quitar el gobierno tus vasallos, ó ha de haber
»entre ellos comunidades. Díme ¿dónde los hallas,
»ignorante? ¿ó cómo los aplicas, mentecato? que
»para decir yo uno y aplicarle bien, sudo y trabajo
»como si cavase. Por Dios, señor nuestro amo, que
»vuesa merced se queja de bien pocas cosas. ¿A qué
»diablos se pudre, de que yo me sirva de mi ha-
»cienda, que yo ninguna otra tengo, ni otro cau-
»dal alguno, sino refranes y más refranes? Y ahora
»se me ofrecen cuatro que venian aquí pintipara-
»dos, ó como peras en tabaque; pero no los diré,
»porque al buen callar llaman Sancho (n.° 36). Ese
»Sancho no eres tú, dijo don Quijote, porque no
»sólo no eres buen callar, sino mal hablar y mal
»porfiar. Y con todo eso, querria saber qué cuatro
»refranes te ocurrian ahora á la memoria, que
»venian aquí á propósito, que yo ando recor-
»riendo la mia, que la tengo buena, y ninguno se
»me ofrece.....»

« Maldito seas de Dios y de todos sus Santos,

»Sancho maldito, dijo don Quijote. ¿Y cuándo será
»el dia, como otras muchas veces te he dicho,
»donde yo te vea hablar sin refranes una razon
»corriente y concertada? Vuestras grandezas dejen
»á ese tonto, que les molerá las almas, no sólo
»puestas entre dos, sino entre dos mil refranes
»traidos tan á sazon y tan á tiempo, cuanto le dé
»Dios á él la salud, ó á mí, si los querria escu-
»char. Los refranes de Sancho Panza, dijo la Du-
»quesa, puesto que son más que los del Comenda-
»dor Griego, no por eso son ménos de estimar por
»la brevedad de las sentencias. De mí sé decir, que
»me dan más gusto que otros, aunque sean mejor
»traidos y con más sazon acomodados.»

Todos los fragmentos hasta aquí transcritos están
tomados de la Parte segunda del Quijote. El único
pasaje de la primera en que se habla de refranes es
el que sigue: «Hay un refran en nuestra España,
»á mi parecer muy verdadero, como todos lo son,
»por ser sentencias breves sacadas de la luenga y
»discreta experiencia, y el que digo, dice: *Iglesia,
»ó mar, ó casa real* (n.° 147).»

Expuesta la teoría de Cervántes en punto á la
naturaleza y buen uso de los refranes, poco tengo
que añadir.

En castellano suelen usarse en el mismo sentido
las voces *proverbio, adagio* y *refran: Proverbium
(pro-verbum)* es el vocablo clásico latino, usado por
Ciceron y Quintiliano. *Adagium (ad agendum apta,*

segun Festo) es vocablo latino tambien usado por
Plauto y Aulo Gelio. Varron, y más tarde Auso-
nio, usan *adagio* (*onis*) en lugar de *adagium* (*i*). Há-
llanse tambien en algunos gramáticos latinos los
vocablos griegos *gnome* (que Fray Luis de Leon
traduce *gnoma*) y *paroemia*. La palabra *refran*, bien
que de orígen latino (*referre*), no es latina, y equivale exactamente á *proverbium*.

El Arcipreste de Hita usó en sentido de refran el
sustantivo *retraher*, muy propio y adecuado por
cierto, mas luégo cayó en desuso. Clemencin hace
notar que el vocablo *adagio*, no obstante de haber
obtenido carta de naturaleza, como lo acreditan el
Tesoro de Covarrubias y otros libros coetáneos, no
se halla usado ni una sola vez en el Quijote. Covarrubias dice que «*adagio* es propiamente lo que en
castellano se llama *refran*,» y la Academia en el
diccionario de Autoridades, variando muy poco la
frase de Covarrubias, dice áun más terminantemente: «*Adagio* en castellano se llama más propiamente *refran*.» Algunos libros de máximas y sentencias tanto en verso como en prosa se habian escrito ya mucho tiempo ántes del Marqués de Santillana, con el título de *Proverbios*, y la voz *proverbio*
no se habia confundido con la voz *refran*, como se
hizo posteriormente. El proverbio no era un dicho
vulgar como el refran. A los refranes propiamente
dichos, *refranes* los llama el Marqués, *refranes* los
llaman don Quijote y Sancho Panza, y *refranes* se

llaman finalmente en las colecciones y diccionarios más autorizados. La voz *proverbio* por lo tanto, áun cuando pueda emplearse en sentido de *refran*, es mucho más comprensiva; los proverbios no vulgarizados no son refranes. Nadie dice, por ejemplo, los *Refranes de Salomon*, ni cuadraria tampoco el título de *Los refranes* á la obra del Marqués de Santillana ni á otras que ántes se habian escrito y despues se escribieron con el título de *Proverbios*. Por otro lado, no todos los refranes son tampoco proverbios, porque no todos, como luégo dirémos, tienen la forma sentenciosa esencial en el verdadero proverbio. Cierto es que el uso de los eruditos, más que el uso vulgar ha ido dando á la voz *proverbio* el mismo sentido que tuvo en latin, y que equivale al de la voz castellana *refran*; pero además de este sentido conserva tambien el otro sentido especial que hemos dicho, y por lo tanto no es del todo exacto, como afirma Covarrubias, ni puede decirse de un modo absoluto, « que *adagio* sea lo mesmo que *proverbio*, que *proverbio* sea lo que llamamos *refran*, y que *refran* sea lo mesmo que *adagio, proverbio*.» *Adagio* y *refran*, salvas las diferencias etimológicas, creo que tocante al uso significan exactamente lo mismo. Lo que dice Jonama, « que el adagio encierra una moral ménos austera que el proverbio, que el refran da siempre la instruccion por medio de alguna alegoría ó metáfora, que el proverbio ha de ser grave y seco, el adagio claro y sencillo y el refran agudo, chistoso y muchas veces de un estilo bajo,» carece en mi concepto de todo fundamento.

En cuanto al verdadero carácter del refran, lo primero que debe consignarse es que no todos los refranes son sentencias, como asegura don Quijote. Bien que la mayor parte de los refranes, y en especial los morales, sean realmente principios, máximas ó consejos expuestos con la brevedad y sencillez propias de la sentencia, en cambio otros muchos, léjos de adoptar la forma categórica de la sentencia, adoptan la interrogativa, otros no son más que la simple expresion de un deseo ó de un afecto, y algunos pocos encierran el pensamiento en un brevísimo diálogo. Que todos parten de un criterio, que todos envuelven un juicio y que en consecuencia todos están basados en una proposicion general, es innegable; pero no es ménos cierto que la proposicion general muchas veces no está directamente expresada, y que el refran no hace sino sugerirla.

Tampoco es cierto por mucho que se haya mil veces repetido y por mucho que lo asegure asimismo don Quijote, que todos los refranes sean verdaderos, que todos contengan, valiéndome de las mismas palabras de Fray Luis de Leon, una verdad notoria ó principio per se noto, una *demostracion á ojo y ciencia áun más excelente que ciencia.* Una prueba concluyente de que no puede ser así, nos la ofrece la abundancia de refranes antitéticos. No es difícil ni raro el hallarlos en pro y en contra de una misma opinion, en cuyo caso claro es que alguno de ellos necesariamente tiene que ser falso. Por lo tanto, si bien es cierto que en los refranes de un pueblo se halla contenida la *filosofía vulgar*, ó la *ciencia vulgar*, ó hablando con más precision y exactitud, la *sabiduría vulgar*, hay que andarse con mucho tiento en considerar á todos los refranes indistintamente como la expresion popular de la *sabiduría de las naciones*, ó como la viva voz del oráculo, y sobre todo en calificarlos de *Evangelios abreviados*, porque hay refranes de la misma piel del diablo. Aun cuando la mayor parte de ellos encierren verdades notorias y trascendentales, puesto que el buen sentido á pesar de sus eclipses parciales y totales, acaba siempre por sobreponerse al error y á las malas pasiones; otros muchos en cambio prestan su voz á las preocupaciones y errores, así como á los sentimientos más egoistas y groseros. Encierran los refranes la *sabiduría*, es muy cierto; pero tambien la *bellaquería* del vulgo, y toda su gramática parda. En una palabra, son la expresion fidelísima de la *conciencia popular*. Ni más ni ménos. *Vox populi*, que vale tanto como decir, segun el mismo adagio lo reconoce y declara, *Vox Dei* unas veces, y otras veces *Vox diaboli*.

Lo que sí me parece peculiar á todos los refranes, verdaderos ó falsos, buenos ó malos, es su carácter esencialmente práctico, á saber, aplicable á deter-

minados casos de la vida. *Ad agendam apta*, como
dice Festo. O nos declaran lo que en tales ó cuales
circunstancias se debe, conviene ó agrada practi-
car ó evitar, ó hacen burla y se rien con socrática
ironía de nuestros vicios y debilidades. Algunas
veces, como sucede en la mayor parte de los me-
teorológicos, se limitan á consignar un hecho, pero
siempre se verá que es un hecho que importa tener
presente en la memoria para esquivar algun daño ó
reportar algun beneficio. En una palabra, todos los
refranes, segun la felicísima expresion de don
Quijote, son *saetas*, todos *tiran á un blanco*; y toda
la habilidad del que los usa estriba en tomar bien
la puntería. Por esta razon don Quijote se precia de
traer los refranes á propósito, y de que vienen, cuando los dice, *como anillo al dedo*, por esto se lamenta
de que Sancho Panza los *arrastre* y no los *guie*, y
por esto mismo declara tan terminantemente, y no
una sola vez, que los refranes traidos por los cabellos *más parecen disparates que sentencias*.

Que el refran sea el dicho de algun sabio que
tiene los ojos del entendimiento limpios y resplan-
decientes, como dice Fray Luis de Leon, ó fruto
de la especulacion de nuestros antiguos sabios, como dice Cervántes, ó que la más vulgar experiencia lo hubiese sugerido y dictado, nada importa.
Refranes hay tomados de la Sagrada Escritura, refranes heredados de los filósofos paganos, apoteg-
mas célebres, aforismos de Hipócrates, en una pa-

labra , refranes de conocido orígen científico, científicos en el fondo, y hasta en la forma; pero en cambio vemos otros , y son los más, hijos de padres oscuros y desconocidos, espontáneo producto del sentido comun y de la diaria experiencia , hijos de padres quizás ignorantes, porque no hay tonto rematado que en las cosas que al interés propio atañen no haya sido sabio alguna vez en su vida , así como tampoco hay sabio, por mucho que sepa, que en estas cosas y otras muchas no haya dicho y hecho de tejas abajo más de cuatro docenas de docenas de tonterías. Lo que importa es la sancion. Los dichos de los sabios, si no corren de boca en boca, no son refranes. Y la sancion no pueden darla la Academia de la lengua , ni el Rey , ni las Córtes constituyentes, ni el mismo sufragio universal. Su omnímodo poder no llega á tanto. La sancion pertenece al pueblo, á todo el pueblo , hombres y mujeres, viejos y niños, muertos y vivos, en una palabra á todos y á ninguno, sin esas farsas de comicios, votaciones y gatuperios. La Academia lo más que puede hacer es consignar el fallo del pueblo, y dar publicidad al tácito asentimiento de la única , y verdadera legítima voluntad nacional. Los refranes de las colecciones y diccionarios, no aceptados ú olvidados del vulgo, son como los sagrados derechos individuales escritos en papel de estraza : espadas encerradas en la vaina, como decia Ciceron , gran conocedor y maestro de estas qui-

sicosas y garambainas. Un refran muerto podrá ser
si me apuran una gloria nacional, digna de un so-
berbio mausoleo; mas no me lo llamen refian, desde
el momento en que ya no pincha ni corta. Un gran
tribuno con resolucion verdaderamente magnánima,
puede arrojar al arroyo como trapo sucio el roza-
gante manto de la popularidad, porque en último
apuro quédale siempre el recurso de alzada al tri-
bunal de la historia; mas no así el refran. Al refran no le importa un comino lo que la historia diga:
el refran vive de popularidad. Refran silbado, refran al agua. El refran por mucho que de sí presu-
ma, por mucho que valga, sea cual fuere su alcurnia, sea cual fuere su traje, no tiene más remedio que democratizarse, familiarizarse, codearse,
confundirse con el vulgo. Los refranes son la democracia.

De aquí nace la tendencia del refran á cubrirse
y adornarse con el pardo sayo del palurdo campe-
sino, cuando no se le antoja quedarse en mangas
de camisa ó en cueros vivos, sin que por esto deje
de vez en cuando, como tantos demócratas, de
ostentar tambien fino guante, y si á pelo viene,
manga bordada ó toga. De todo hay. Aun cuando
la alegoría sea la capa fina ó burda que muchas
veces se pone encima, por ser el abrigo y adorno
que más se presta á todo, no es cierto, como dice
Jonama, que la metáfora y la alegoría constituyan
su especial y único ropaje. Al contrario, el refran

hace gala de toda la ropería y joyería de la retórica sin excepcion ninguna, ni desdeña tampoco los más menudos dijes de la gramática y de la versificacion. De todas las figuras, de todos los giros, de todos los versos largos y cortos, así como de la prosa más rastrera nos ofrecen ejemplos los refranes. Pero esto es lo de ménos. Lo que principalmente le reviste de traje popular y poético es la forma concreta que la imaginacion imprime al concepto. El principio per se noto, que despide copiosísimos raudales de luz, con uno solo de sus más delgados rayos, que pasa como al través de una estrecha rendija, ilumina un objeto, el más trivial á veces, y lo hermosea. Y esta pequeña cantidad de luz reflejada, que no deslumbra, ni daña la vista, revela al entendimiento la existencia del foco inmenso que permanece escondido. Esta es la verdadera causa de que un refran sea muchas veces como la pequeña y cerrada semilla de un apólogo ó de una situacion dramática, ó como el pequeño cabo de un larguísimo hilo ó de toda una madeja de pensamientos. De aquí nace aquella especie de nebulosidad alemana y aquella mucha trastienda de la mayor parte de los refranes, que tanto dan que mascar y rumiar á los que nos empeñamos en fijar toda la extension de su sentido, así como su incalculable diversidad de aplicaciones, no obstante su claridad trivial, y que no da lugar á la menor duda, siempre que el que lo ingiera en la conversacion ó en el libro, sepa dar en el hito. Ahí está precisamente el indisputable mérito de Cervántes, y esta es la razon porque he creido que el mejor comentario que podia poner á sus refranes, era el demostrar la mucha oportunidad con que supo aplicarlos, dejándole hablar á él mismo, ó á los personajes de su famosa historia.

Basten por ahora las pocas ideas brevemente apuntadas, puesto que con la gracia de Dios pienso amplíarlas y demostrarlas algun dia en otro libro más didáctico que el presente.

Una protesta ántes de concluir. A muchos les sentará mal el que en una obra de literatura me haya tomado la libertad de ingerir alguna que otra digresion política. Mas en los tiempos que corremos ¿cómo es posible que no piense en política áun el hombre más abstraido de estas interminables contiendas que tantas lágrimas nos cuestan? Pedir á nadie absoluto olvido ó indiferencia, es pedir peras al olmo. Precisamente por lo mucho que me repugna, no la política en sí, sino ese guirigay espantoso y ese cuadro de humanas miserias, que hemos dado en la flor de encubrir y engalanar con tal nombre, y quizás por antiguos resabios de mi mala vida periodística (que Dios me perdone), se me va la pluma sin poder remediarlo. De todas maneras, yo seré quien sufra el daño; porque este libro, que tal vez hubiera sido agradable á algunos, será por ellos arrojado con desprecio ó ira, sin que la inculpabilidad del bueno de Cervántes consiga ponerle á cubierto. En cuanto á lo que muchos pudieran creer abuso de nombres propios, debo decir que á la mayor parte de los personajes que cito, no les conozco particularmente, ni de vista siquiera, y que por lo tanto no puedo amarles ni odiarles. Cada uno en su casa será mucho mejor que yo mil veces. Pero los nombres representan hechos y doctrinas: á estos me atengo, y nada va con las personas. Dados nuestros puntos de vista diametralmente opuestos, lo que á mí me parece censurable, á otros y á los interesados mismos les parecerá glorioso, y de fijo que preferirán mi censura á mi aplauso. Quien de nosotros tenga razon, ni á ellos, ni á sus adoradores y parásitos, ni á sus adversarios ó enemigos ni á mí toca decirlo. *Dios está en el cielo que ve los corazones.*

¿Fu vera gloria?

> ... Ai posteri
> L'ardua sentenza..... Nui
> Chiniam la fronte al Massimo
> Fator.

LOS

REFRANES DEL QUIJOTE.

Érase que se era, y el bien que viniere para todos sea, y el mal para quien lo fuere á buscar.

Paréceme sumamente oportuno el dar comienzo á los refranes del Quijote con este pequeño prólogo con que Sancho Panza encabeza las consejas.

En el Quijote de Avellaneda se leen los dos siguientes, demasiado picaresco el segundo: «Érase que se era, en buen hora sea, el mal que se vaya, el bien que se venga, á pesar de Menga.» — «Érase que se era, que en buen hora sea, el bien que viniere para todos sea, y el mal para la manceba del abad, frio y calentura para la amiga del cura, dolor de costado para la ama del vicario, y gota de coral para el rufo sacristan, hambre y pestilencia para los contrarios de la Iglesia.»

I.

1. La verdad ha de andar sobre la mentira, como el aceite sobre el agua.

El refran á que alude Cervántes es el siguiente, segun se lee en la Coleccion de Pedro Vallés (Zaragoza), *La verdad y el olio siempre andan en somo.* El Comendador Hernan Nuñez lo varía diciendo, *La verdad, como el olio, siempre anda en somo,* y advierte que algunos en lugar de *anda* leen *nada.* Iriarte adoptó esta última leccion. No lo trae la Academia.

En diversos pasajes del Quijote se alude á este refran. El uno dice de este modo: «Bien podrá ello ser así, replicó el Bachiller, pero *dubitat Agustinus.* Dude quien dudare, respondió el paje, la verdad es la que he dicho, y es la que ha de andar siempre sobre la mentira, como el aceite sobre el agua, y sino, *operibus credite et non verbis:* véngase alguno de vuesas mercedes conmigo, y verán con los ojos lo que no creen por los oídos. »

2. La verdad adelgaza y no quiebra.

Cervántes aduce este proverbio juntamente con el anterior, á propósito de los reparos que de mentiroso pudieran ponerle al puntual autor de la Historia de don Quijote, diciendo que hizo bien en despreciarlos, «porque la verdad adelgaza y no quiebra, y siempre anda sobre la mentira como el aceite sobre el agua.»

La Academia lo adopta con esta lijerísima variante: *La verdad adelgaza, pero no quiebra.*

Entrambos refranes encierran una afirmacion metafísica que se cuela y trasconeja por los rincones de los cerebros más duros, riéndose de toda la moderna filosofía tudesca en sus propias barbas. Son (con respeto sea dicho) dos puntillazos soberanos con que el sentido comun santigua á Espinosa y á toda su ralea. *Aunque malicia oscurezca verdad*, (dijo el otro), *no la puede apagar*, que vale tanto como, *Non prævalebunt*. Al ver cómo en este pícaro mundo todo lo meten á barato el error y la malicia, es ciertamente un grato consuelo y una dulcísima esperanza el poder asegurar con el refran que, *Fe y verdad en el cielo parecerá*.

2. Donde está la verdad está Dios.

«La historia, dice Cervántes, es como cosa sagrada, porque ha de ser verdadera, y donde está la verdad, está Dios en cuanto á verdad; pero no obstante esto, hay algunos que así componen y arrojan libros de sí, como si fuesen buñuelos.»

Apostaria yo todos mis derechos individuales á que don Emilio Castelar opina tan altamente de la historia, como el mismo Cervántes.

La verdat es fija de Dios, dicen las viejas tras el fuego, y no le cayó en saco roto el dicho á don Iñigo Lopez de Mendoza, ni tampoco al citado Cervántes, puesto que pone en boca de uno de los personajes del Persíles las palabras siguientes: «Porque si va á decir verdad, que al fin es hija de Dios, quiero que sepa el señor Alcalde que nosotros no somos cautivos, sino estudiantes de Salamanca.»

Y como estos refranes, por muchas vueltas que les dé el gran Guillermo, emperador, rey y sumo pontífice de los viejos católicos, acá en tierra de cristianos han sido, son y serán verdades de Pero Grullo; cuando la herejía moderna, la licencia moderna, y la civilizacion moderna, y los adelantos de la artillería moderna piden cotufas en el golfo, el paciente, el bondadoso Pio IX, abriendo los brazos y mirando al cielo, contesta ingenuamente: *Non possumus*.

II.

4. El temor de Dios es el principio de la sabiduría.

«No más, Sancho, dijo á este punto don Quijote: tente en buenas, y no te dejes caer, que en verdad que lo que has dicho de la muerte por tus rústicos términos, es lo que pudiera decir un buen predicador Dígote, Sancho, que si como tienes buen natural, tuvieras discrecion, pudieras tomar un púlpito en la mano y irte por esos mundos predicando lindezas. Bien predica quien bien vive (n.º 108), respondió Sancho, y yo no sé otras tologías. Ni las has menester, dijo don Quijote; pero yo no acabo de entender, ni alcanzar, cómo siendo el principio de la sabiduría el temor de Dios, tú, que temes más á un lagarto que á él, sabes tanto. Juzgue vuesa merced, señor, de sus caballerías, respondió Sancho, y no se meta en juzgar de los temores ó valentías ajenas, que tan gentil temeroso sóy yo de Dios, como cada hijo de vecino.»

No hay que decir de dónde está tomado este fundamental proverbio, que no podia ocultarse á la cristiana instruccion de don Quijote. No es refran propiamente dicho, por no haberse vulgarizado suficientemente, revistiéndose de una forma verdaderamente popular. Gracias que llegasen á penetrarse de toda la verdad que entraña los más encopetados filósofos; que muchos desatinos y muchas lágrimas nos hubiéramos ahorrado.

5. La experiencia es madre de la ciencia.

Hasta cierto punto, es decir, en todas las cosas cuyo conocimiento atañe á la observacion y á la experiencia.

Los descendientes de Bacon no hay duda de que han exagerado, como la exagera el mismo Cervántes, la verdad de este refran que tanto ha contribuido á los adelantamientos de las ciencias físicas; pero el refran es verdadero, y vale la pena de que no lo echen en saco roto los sabios nebulosos y fantásticos que de la experiencia prescinden, y que con la llave de la ciencia en el bolsillo, desprecian los pormenores ó *detalles*, y si á mano viene, me le ponen á Aristóteles de pinche de cocina. Es el tal proverbio una especie de botafuego contra el *elemento jóven* que nos levanta de cascos, y por ende no cabe negarle cierto tufillo reaccionario harto impropio de los tiempos modernos. Las clases conservadoras de Europa y los diplomáticos Emperadores y Cancilleres, no caerán de su asno, es decir, no conocerán toda la trascendencia de los principios revolucionarios, hasta que la experiencia haya dicho cuanto le queda por decir y demostrar. El Syllabus y la experiencia se darán la mano.

En el pasaje del Quijote inserto en el número 87 puede verse la aplicacion que de este refran hace Cervántes.

Lo mismo, en forma más popular y pedestre, viene á decir el refran, *Buey viejo, surco derecho*. En el Quijote de Avellaneda se nos asegura además que *En la barba del ruin se enseña el barbero*, y en cierto modo, los nuevos puntos de vista que va tomando Castelar desde las alturas del sumo imperio, confirman esta nueva sentencia del vulgo, sin conceder por esto que los españoles tengamos pelo de ruines.

Otros refranes igualmente reaccionarios afirman que *El uso hace maestro*, y que *Todas las cosas quieren uso, y más la rueca y el huso*.

Por el hilo se saca el ovillo.

«Por esa trova, dijo Sancho, no se puede saber nada, si ya no es que por ese hilo que está ahí se saque el ovillo de todo. ¡Qué hilo está aquí! dijo don Quijote. Paréceme, dijo Sancho, que vuesa merced nombró ahí hilo No dije sino Fili, respondió don Quijote, y éste sin duda es el nombre de la dama de quien se queja el autor de este soneto.»

En la aventura del misterioso Caballero de los Espejos se lee el siguiente diálogo : «Pero escucha, que á lo que parece, templando está un laud ó vihuela, y segun escupe y se desembaraza el pecho, debe prepararse para cantar algo. A buena fe que es así, respondió Sancho, y que debe de ser caballero enamorado. No hay ninguno de los andantes que no lo sea, dijo don Quijote, y escuchémosle, que por el hilo sacarémos el ovillo de sus pensamientos, si es que canta, que de la abundancia del corazon habla la lengua (n.º 34).»

Sancho Panza con su natural dialéctica aplicó perfectamente la teoría del proverbio, como lo reconoce el discreto historiador en esotro pasaje del Quijote: «Miéntras esto pasaba, vieron venir por el camino donde ellos iban á un hombre caballero sobre un jumento, y cuando llegó cerca, les pareció que era gitano, pero Sancho Panza, que do quiera que via asnos, se le iban los ojos y el alma, apénas hubo visto al hombre, cuando conoció que era Gines de Pasamonte, y por el hilo del gitano sacó el ovillo de su asno, como era la verdad, pues era el rucio sobre qué Pasamonte venía.»

Hállase tambien este mismo refran en un pasajé de la Gitanilla.

Toda la dialéctica está resumida en este dicho tan vulgar, y Aristóteles no hizo otra cosa que enseñarnos á devanar y á desdevanar el hilo sin romperlo, y sin enmarañar la madeja ó deshacer el ovillo.

Algunos, concretando el sentido, amplifican el refran de esta manera: *Por el hilo sacarás el ovillo, y por lo pasado lo no venido.*

7. Por la uña se saca el leon.

Este adagio, traducido literalmente de otro latino muy vulgar, encierra una regla de induccion por la que con mucha frecuencia se guian los naturalistas, y que Sancho aplicó tan oportunamente como el más pintado, al colegir la desmesurada corpulencia del leon de la jaula. «Mire, señor, decia al temerario de don

Quijote, que aquí no hay encanto ni cosa que lo valga , que yo he visto por entre las verjas y resquicios de la jaula una uña de leon verdadero, y saco por ella, que el tal leon, cuya debe ser la tal uña, es mayor que una montaña.»

Hallámosle tambien en un lindísimo pasaje del Licenciado Vidriera, que dice de esta manera: «Y así como por las uñas del leon se viene en conocimiento de su grandeza y ferocidad, así él sacó la de Roma por sus despedazados mármoles.»

A corta diferencia dice lo mismo aquel otro refran, *Por la muestra se conoce el paño*, usado por el mismo Cervántes en la Tia fingida. Otros dicen: *Por la muestra se saca el paño; — Por la víspera podeis sacar el disanto.*

8. Una golondrina no hace verano.

Este coge de lleno á las inducciones apoyadas en débiles fundamentos.

El que don Galaor no hubiese tenido dama, nada probaria, como observa don Quijote, contra aquel incontrovertible principio de que á los caballeros andantes el ser enamorados les era tan natural como al cielo tener estrellas.

En la Coleccion del Marqués de Santillana aparece este refran con esta misma forma adoptada por Cervántes y sancionada por la Academia: *Una golondrina non face verano.* Dícese tambien: *Ni un dedo hace mano, ni una golondrina verano; — Una golondrina no hace verano, ni una virtud bienaventurado.*

9. No hay regla sin excepcion.

Como don Quijote diese por seguro que no habia poeta que no fuese arrogante y pensase de sí que era el mayor poeta del mundo, contestóle muy discretamente don Lorenzo: «No hay regla sin excepcion, y alguno habrá que lo sea y no lo piense.»

Expresan con suma gracia el mismo concepto los refranes: *No es todo el sayal alforjas, —y No todo el monte es orégano.*

3

III.

10. De noche todos los gatos son pardos.

La Academia, calificando de *expresion familiar* este antiguo refran, restringe excesivamente su sentido. Dice que con esta expresion se explica «que con la oscuridad de la noche ó falta de luz es fácil disimular las tachas de lo que se vende ó comercia.» Segun mi corto entender, puede extenderse su aplicacion á todos los casos en que por falta de claridad no es dado distinguir perfectamente los objetos corpóreos, y en sentido alegórico puede aplicarse tambien á todos los casos de observacion interna.

El Sancho apócrifo de Avellaneda, al decirle su amo que ciertos dijes no le convenian, por tener la mujer buena cristiana y fea, le contesta: «No importa eso, pues de noche todos los gatos son pardos.» El Sancho legítimo la única vez que toma en boca este refran es para expresar su conformidad con no obtener el prometido gobierno, pues «podria ser que redundase en daño de su conciencia, y que se fuese más aina Sancho escudero al cielo, que Sancho gobernador.» (Véase el pasaje en el número 89)

De estos dos textos se infiere que no solamente puede emplearse dicho proverbio en el sentido explicado, sino tambien para excusarse de no distinguir bien las cosas los que las confunden no por ignorancia, sino porque les importa no distinguirlas. *Cuarto falso de noche pasa; — De noche á la vela, la burra parece doncella.*

11. No es todo oro lo que reluce.

Así lo escribe la Academia de conformidad con Cervántes en dos pasajes del Quijote. Pero el mismo Cervántes en un pasaje de La señora Cornelia y en otro del Casamiento engañoso dice: *No es oro todo lo que reluce*. En la Coleccion de Zaragoza se lee: *No es oro todo lo que reluce, ni harina todo lo que blanquea*.

Este refran, otra de las más importantes reglas de acertada observacion, nos aconseja abrir mucho ojo y no dejarnos fascinar por las vanas apariencias.

A la misma familia pertenecen los que siguen: *So la buena razon empece el engañador; — So la buena razon yace el engaño; — So lo pardo está el engaño; — So la color está el engaño; — So vaina de oro, cuchillo de plomo; — So cabello rubio, buen piojo rabudo; — No son todos hombres los que mean en pared*.

12. Adonde pensais que hay tocinos no hay estacas.

Este refran se emplea especialmente para expresar cuánto nos engañamos muchas veces creyendo que otros tienen grandes riquezas, siendo así que carecen de lo más necesario; pero tambien puede ser tomado en un sentido mucho más lato, expresando en general que muchas veces salimos chasqueados no encontrando en alguna parte el bien ó felicidad que nos habíamos prometido.

Sancho Panza pensó hallar tocinos en el gobierno de la ínsula, y al fin pudo ver por sus propios ojos que en el tal gobierno ni siquiera habia estacas. Así se lo dice á su mujer y así tambien á aquel estudiante murmurador que viéndole salir de la sima, muerto, descolorido y sin blanca, opinaba que de aquel modo era como habian de salir de sus gobiernos todos los malos gobernadores (n.º 48).

El mismo Sancho al contemplar la profunda tristeza que consumia á su amo por el desdichado suceso de su vencimiento, le consuela con estas razones: «Señor mio, alce vuesa merced la cabeza, y alégrese si puede, y dé gracias al cielo que ya que le derribó en la tierra, no salió con alguna costilla quebrada, y pues sabe que donde las dan las toman (n.° 55), y que no siempre hay tocinos donde hay estacas, dé una higa al médico, pues no le ha menester para que le cure esta enfermedad.»

En aquella ocasion en que don Quijote se esforzaba en explicar al buen escudero cuán errado iba el vulgo ignorante y mal intencionado en decir y pensar que la Reina Madasima pudiese haber sido manceba de su ayo y cirujano Elisabat, Sancho, despues de asegurarle que por su parte ni tal decia ni tal pensaba, le dijo entre otras cosas lo siguiente: «Mas que lo fuesen ¿qué me va á mí! y muchos piensan que hay tocinos y no hay estacas, ¿mas quién puede poner puertas al campo (n.° 168)? cuanto mas que de Dios dijeron (n.° 105).» En este pasaje da Sancho al refran un sentido todavía más lato que el anteriormente definido.

En otro pasaje tambien lo trae á colacion; pero quizás con no tanta oportunidad como en los cuatro citados.

En la Coleccion del Marqués de Santillana aparece, salvas las diferencias ortográficas, escrito de la misma manera que constantemente lo cita Cervántes: *A do penssades que hay tocinos non hay estacas.* En la Coleccion de Zaragoza y en la del Comendador griego se lee: *A do pensais que ay tocinos no ay estacas*, y en la de Iriarte, *A do pensais que hai tocino, no hai estacas.* La Academia introdujo una pequeña variante: *Adonde pensais hallar tocinos no hay estacas.*

13.   No hallar nidos donde se pensó hallar pájaros.

Con este refran se expresa haber salido totalmente frustradas las esperanzas de lo que se pretendia ó buscaba.

El pasaje siguiente es el único en que lo usa Cervántes. Refiriéndose al vencimiento del bachiller Sanson Carrasco, dice así: «Y si no fuera por los pensamientos extraordinarios de don

Quijote, que se dió á entender que el bachiller no era el bachiller, el señor bachiller quedara imposibilitado para siempre de graduarse de licenciado, por no haber hallado nidos donde pensó hallar pájaros.»

14. Detrás de la cruz está el diablo.

Hé aquí otra prudentísima regla de observacion para precavernos contra las falsas apariencias del bien.

El Maestresala aconsejaba á Sancho gobernador que no comiese de todo lo de la mesa, porque lo habian presentado unas monjas, y como suele decirse, detrás de la cruz está el diablo.

En el famoso escrutinio de los libros, abrióse uno, y vieron que tenia por título *El Caballero de la cruz*: «Por nombre tan santo como ese libro tiene, exclamó uno de los escrutadores, se podia perdonar su ignorancia; mas tambien se suele decir: tras la cruz está el diablo, vaya al fuego.»

Véase además el pasaje del mismo Quijote inserto en el número 86.

Dice la Academia que con este refran se advierte «el peligro que hay de que las obras se vicien por la vanidad del que las hace,» y que tambien se aplica «á los hipócritas que con la apariencia de virtud intentan encubrir sus vicios.»

Contra los hipócritas se dice tambien: *La cruz en los pechos y el diablo en los hechos;—El rosario al cuello, y el diablo en el pecho;—Cuando el diablo reza, engañarte quiere;—So mi manto al rey mato.*

A veces, ofuscados por la pasion ó vicio que nos domina, propendemos á sospechar de las intenciones de los demás, atribuyéndoles injustamente nuestros propios defectos. Por esto dice el adagio que *El malo siempre piensa engaño,* y á censurar dicha mala propension se dirige aquel otro proverbio, que hallamos en la Gitanilla, *Piensa el ladron que todos son de su condicion.*

IV.

15. Pon lo tuyo en concejo, y unos dirán que es blanco y otros que es negro.

Sancho el gobernador en su carta á Teresa dice así: «Hemos estado en la cueva de Montesinos, y el sabio Merlin ha echado mano de mí para el desencanto de Dulcinea del Toboso, que allá se llama Aldonza Lorenzo. Con tres mil y trecientos azotes ménos cinco, que me he de dar, quedará desencantada como la madre que la parió. No dirás desto nada á nadie, porque pon lo tuyo en concejo, y unos dirán que es blanco y otros que es negro.»

Este refran tan extraordinariamente antiparlamentario, consigna el poco fruto que se saca de las discusiones y disputas, dada la mucha diversidad de pareceres y opiniones que dividen á los hombres, y lo poco dispuestos que se hallan á ceder de su dictámen, pues bien sabido tenemos aquel otro refran, que puede verse en la Tia fingida y en el Quijote de Avellaneda, de *Cada loco con su tema.*

No obstante, en los negocios árduos bueno es consultar con personas de recto criterio, por la razon que nos da aquel otro proverbio de la Ilustre fregona de que, *Más ven cuatro ojos que dos,* y no falta tampoco quien hablando en sério diga democráticamente en castellano, lo mismo que se dijo en latin, que *La voz del pueblo es la voz de Dios.*

La diversidad de gustos es mayor todavía que la de opiniones, y por esto en la estética popular hallamos consignada aquella otra verdad de, *Sobre gusto no hay disputa, ó Sobre gustos no se ha escrito*.

El refran comentado ofrece estas pequeñas variantes : *Pon tu façienda en concejo, uno faça blanco, otro bermejo, — Pon tu hacienda en concejo, uno dice blanco y otro bermejo, — Pon lo tuyo en concejo, uno dirá que es blanco, otro que es bermejo*. La leccion de la Academia *Pon lo tuyo en el concejo, y unos dirán que es blanco y otros que es negro* no se diferencia de la de Cervántes mas que en la adicion del artículo.

16. El consejo de la mujer es poco, y el que no le toma es loco.

Al tratar de su tercera salida, pregunta don Quijote á Sancho qué dice de ello Teresa, y Sancho contesta: «Teresa dice que ate bien mi dedo con vuesa merced, y que hablen cartas y callen barbas (n.° 18), porque quien destaja no baraja (n.° 19), pues más vale un toma que dos te daré (n.° 186): y yo digo que el consejo de la mujer es poco, y el que no le toma es loco.»

No consta en el diccionario de la Academia ni en ninguna de las más renombradas colecciones este hermoso refran, que encierra una verdad como un templo. Cervántes no lo usa mas que en este pasaje.

Don Quijote, acerca del consejo de la mujer, aprueba sin reserva la opinion de su escudero.

17. Entre el sí y el nó de la mujer, no me atrevería yo á poner una punta de alfiler.

Sancho Panza, que no creia que el dar el *sí* Quiteria hubiese de ser la sentencia de su muerte y esperaba que Dios lo haria mejor, hace las siguientes reflexiones : « Y dígame, ¿ por ventura habrá quien se alabe que tiene echado un clavo á la rodaja

de la fortuna? Nó por cierto, y entre el sí y el nó de la mujer
no me atreveria yo á poner una punta de alfiler, porque no ca-
bria.»

Esta maliciosa máxima de nuestro gran filósofo popular, bien
que no figure en ninguna de las colecciones de refranes, me
parece muy digna de codearse con los más encopetados.

18. Callen barbas y hablen cartas.

Este refran, en opinion de la Academia, «advierte ser ocioso
gastar palabras cuando hay instrumentos para probar lo que se
dice.» Pero tambien aconseja consignar por escrito lo que fiado
á la buena fe de la palabra pudiera ser echado en olvido, como
lo comprueba el pasaje anteriormente citado (n.º 16), puesto que
Palabras y plumas el viento las lleva. Se dice tambien, invirtiendo el órden de las dos oraciones, *Hablen cartas y callen barbas;*
pero lo más frecuente es usar este refran como lo usa Cervántes,
que es la consignada en la Coleccion del Marqués de Santillana
y en la de Zaragoza: *Callen burvas é fablen cartas.*

En un pasaje de la Gitanilla se alude al adagio, *Pactos rompen leyes.* Cervántes dice: *Condiciones rompen leyes.*

19. Quien destaja no baraja.

Este refran advierte que para evitar quimeras y pleitos, conviene precisar bien las condiciones de los pactos, y prevenir todos los lances al principio de algun negocio.

Hállase en las colecciones del Marqués de Santillana, de Vallés y del Comendador, y Cervántes lo usa en otro pasaje (número 124) además del últimamente transcrito (n.º 16).

Al mismo objeto que el anterior van encaminados los proverbios: *Entre dos amigos un notario y dos testigos; — Entre hermano y hermano dos testigos y un notario; — Escribe ántes que
dés, y recibe ántes que escribas.*

20. Al buen pagador no le duelen prendas.

Al que quiere cumplir con lo que debe no le cuesta dificultad dar cualquiera seguridad que le pidan.

Sancho asevera que don Quijote de la Mancha haria bueno cuanto habia dicho, «y áun cuanto dijere, que al buen pagador no le duelen prendas.»

Cuando don Quijote declara al Caballero del Bosque que allí estaba él mismo en persona para sustentar con sus armas á pié ó á caballo, que jamás habia sido vencido, el Caballero del Bosque con voz sosegada respondió y dijo: «Al buen pagador no le duelen prendas; el que una vez, señor don Quijote, pudo venceros transformado, bien podrá tener esperanza de rendiros en vuestro propio ser.»

El mismo Sancho, al rogarle su amo que no diese tan de recio, dando lugar que unos azotes aguardasen á otros, le contesta muy formalmente: «Al buen pagador no le duelen prendas; yo pienso darme de manera, que sin matarme, me duela, que en esto debe de consistir la sustancia deste milagro.»

Con este último ejemplo se demuestra que al mal pagador no le duelen las prendas más que al bueno, ni tanto.

Como puede verse en los pasajes transcritos en los números 143 y 171, dos veces más en el Quijote. y una en el Celoso Extremeño emplea Cervántes este refran, contenido tambien en las colecciones de Pedro Vallés y de Hernan Nuñez.

V.

21. Más vale maña que fuerza.

El arte y la industria pueden más que la fuerza, y con la suavidad y destreza se saca muchas veces mejor partido que con la violencia y el rigor.

Cervántes alude á este refran, á propósito de lo mal parado que en aquel famoso lance de esgrima con el Licenciado quedó el bachiller Corchuelo, al decir que aquel testimonio «sirve y ha servido para que se conozca y vea con toda verdad cómo la fuerza es vencida del arte.»

Dícese tambien, *Todas las cosas quieren maña* y *Do fuerza no vale, maña corre;* y expresan idéntico concepto, *Lo que fuerza no puede, ingenio lo vence; — Manos duchas comen truchas; — Manos duchas mondan huevos, que no largos dedos; — Donde no valen cuñas, aprovechan uñas; — Más vale acial, que fuerza de oficial; — Quien bien ata, bien desata; — En achaque de trama está acá nuestrama.*

22. En manos está el pandero que lo sabrán bien tañer.

El Licenciado que acompañó á don Quijote á la cueva de Montesinos, le suplica «que mire bien y especule con cien ojos lo que hay allá dentro,» porque quizás habrá cosas que las ponga él en el libro de sus transformaciones, á lo cual responde Sancho: «En manos está el pandero que lo sabrán bien tañer.»

De esta misma manera aparece escrito este refran en un pasaje del Rinconete, en otro del Quijote de Avellaneda, y en la Colección de Vallés. En las colecciones del Marqués de Santillana y del Comendador se lee, *En manos está el pandero de quien lo sabrá tañer*. La construccion adoptada por Cervántes parece más elegante que la siguiente, de la Academia, *Está el pandero en manos que lo sabrán bien tocar*.

Dícese más brevemente, *En buena mano está el pandero*, como puede verse en el pasaje siguiente de la aventura del Rebuzno. «Con esto doblando á cada paso los rebuznos, rodearon todo el monte, sin que el perdido jumento respondiese ni áun por señas. Mas ¡cómo habia de responder el pobre y mal logrado, si le hallaron en lo más escondido del bosque, comido de lobos! Y en viéndole dijo su dueño: ya me maravillaba yo de que él no respondia, pues á no estar muerto, él rebuznara, si nos oyera, ó no fuera asno; pero á trueco de haberos oido rebuznar con tanta gracia, compadre, doy por bien empleado el trabajo que he tenido en buscarle, aunque le he hallado muerto. En buena mano está el pandero, compadre, respondió el otro, pues si bien canta el abad, no le va en zaga el monacillo (n.º 24).»

Con este refran se pondera la habilidad propia ó la de otras personas. En este preciso momento histórico dirá para su gorro el señor Castelar, viendo á Serrano, Martos y Sagasta, herederos de la dictadura, que no podia estar el pandero en mejores manos.

23. Quien las sabe las tañe.

Es más frecuente decir, *El que las sabe las tañe*.

Al observar don Jerónimo á Sancho que el autor del falso Quijote le pinta comedor y simple, y no nada gracioso y muy otro del Sancho que en la primera parte de la historia de su amo se describe, Sancho le contesta: «Dios se lo perdone; dejárame en mi rincon sin acordarse de mí, porque quien las sabe las tañe, y bien se está San Pedro en Roma (n.º 94),» dando á entender con esto que nadie debe meterse en lo que no entiende.

Puede usarse tambien este refran en el mismo sentido que el anterior.

En el Coloquio de los perros de Mahudes encontramos otro proverbio que puede considerarse como el reverso de los dos últimos: *Quien necio es en su villa, necio es en Castilla.*

24. Si bien canta el abad, no le va en zaga el monacillo.

Dícese para ponderar la habilidad de una persona, comparándola con la nuestra ó con la de otra cualquiera.

Véase el citado pasaje de la aventura del rebuzno (n.º 22).

No cabe duda de que tambien puede usarse este refran en tono de burla y en el sentido irónico que indica la Academia.

25. A quien cuece y amasa no le hurtes hogaza.

Denota este proverbio que al experimentado y práctico en alguna cosa no se le engaña en ella fácilmente.

En este sentido parece que lo usa Sancho cuando dice á la Duquesa: «Eso de gobernar bien no hay para que encargármelo, porque yo soy caritativo de mio, y tengo compasion de los pobres, y á quien cuece y amasa no le hurtes hogaza: y para mi santiguada que no me han de echar dado falso: soy perro viejo y entiendo todo tus tus (n.º 26), y sé despabilarme á sus tiempos, y no consiento que me anden musarañas ante los ojos, porque sé dónde me aprieta el zapato (n.º 217): dígolo, porque los buenos tendrán conmigo mano y concavidad, y los malos, ni pié, ni entrada. »

Cervántes usa el refran tal como aparece en la Coleccion de Zaragoza. Hernan Nuñez dice: *Al que cuece y amasa, no le hurtes hogaza.* La Academia, suprimiendo el artículo, escribe así: *A quien cuece y amasa no hurtes hogaza.*

26. A perro viejo no hay tus tus.

Poco se diferencia el sentido de este proverbio del sentido del que antecede: enseña que al hombre experimentado y cuerdo es muy difícil engañarle.

Además de usarlo Sancho Panza en el pasaje últimamente copiado, lo usa tambien al oir que para la salud de Altisidora habian de sellarle el rostro con veinte y cuatro mamonas, y doce pellizcos y seis alfilerazos en brazos y lomos. «Voto á tal, exclama, así me deje yo sellar el rostro, como volverme moro. ¡Cuerpo de mí! ¿qué tiene que ver manosearme el rostro con la resurreccion de esta doncella? Regostóse la vieja á los bledos (n.º 102): encantan á Dulcinea, y azótanme para que se desencante: muérese Altisidora de males que Dios quiso darle, y hánla de resucitar (con) hacerme á mí veinte y cuatro mamonas, y acribarme el cuerpo á alfilerazos, y acardenalarme los brazos á pellizcos. Esas burlas á un cuñado, que yo soy perro viejo y no hay conmigo tus tus. »

Avellaneda ántes que Cervántes (puesto que los dos pasajes citados pertenecen á la Segunda parte del Quijote), habia puesto ya en boca del contrahecho Sancho este mismo proverbio: «No hay sino armarme caballero, que no sufro burlas, y á perro viejo no hay cuz cuz. »

En la Coleccion del Marqués de Santillana ofrece este refran la singularidad de no llevar la negacion: *A perro viejo, tus tus.* En la Coleccion de Zaragoza y en el Diálogo de las lenguas se elide el verbo: *A perro viejo, no cuz cuz.* Iriarte lo escribe lo mismo que Cervántes: *A perro viejo no hay tus tus,* y la Academia, además de la leccion de Iriarte, sanciona tambien la siguiente de Nuñez: *A perro viejo, nunca cuz cuz.* El mismo concepto expresa el siguiente refran, calificado de frase por la Academia: *Pájaro viejo no entra en jaula.*

VI.

25. La letra con sangre entra.

Refran sanguinario, digno de aquellos siglos de barbarie en que la abstinencia, el ayuno, la disciplina, el cilicio, el martírio, la Cruz eran considerados como maestros de santificacion. Los modernos lo hemos arreglado de otro modo. Hoy dia, con la saludable conquista revolucionaria de no ir á la escuela, esto es, con la abolicion de las tiránicas faltas de asistencia, y consiguiente anulacion de las huelgas estudiantinas y novillos, con la derogacion de las penas académicas, con los exámenes á ojo de buen cubero, y sobre todo con el acicate de los establecimientos libres, más aprende un rapazuelo en una semana que no aprendia *in illo tempore* en diez años mortales de andar á la sopa por los famosos barrios salmanticenses. ¡ Bien haya el magnífico Ruiz Zorrilla, ornamento y faro de primera clase de las ibéricas fábricas de doctores al vapor! Protestamos contra los federalísimos decretos del ciudadano Chao, ex-ministro de Instruccion pública, para el restablecimiento de la vieja ordenanza académica. Afortunadamente Chao y sus mamotretos cayeron.

Preguntando la Duquesa á Sancho si habia comenzado la tarea de la penitencia que habia de hacer por el desencanto de Dulcinea, contestóle Sancho que sí, y que aquella noche se habia dado cinco azotes. Pero como añadiese Sancho que los tales cinco azotes se los habia dado con la mano, replicó la Duquesa: «Eso mas es darse de palmadas, que de azotes: yo tengo para mí, que el sabio Merlin no estará contento con tanta blandura: menester será que el buen Sancho haga alguna disciplina de abrojos, ó de las de canelones, que se dejen sentir, porque la letra con sangre entra, y no se ha de dar tan barata la libertad de una tan gran señora, como lo es Dulcinea, por tan poco precio. »

Este mismo lenguaje usan todos los revolucionarios que por tan diversos caminos prosiguen la gran tarea del desencanto y libertad de las amodorradas y decrépitas sociedades, con, sin, contra los, á pesar de los, y por encima de todos los derechos á la personalidad humana inherentes, como esenciales al sinfónico desenvolvimiento de nuestro fisiológico organismo.

Véase cómo se explica por su parte Sancho el malo. Al reprenderle don Quijote el malo porque ya en idea estaba azotando, por no ir á la escuela, al hijo que pensaba tener, le contesta en los términos siguientes: «¿No ve vuesa merced que esos muchachos, si desde chiquititos no se castigan, y se amoldan ántes de tener ser, se vuelven haraganes y respostones? Es menester pues, para evitar semejantes inconvenientes, que sepan desde el vientre de su madre que la letra con sangre entra; que así me crió mi padre á mí; y si algun buen entendimiento tengo, me lo embebió él en el caletre á puros azotes.»

El mismo sistema pedagógico preconiza otro refran incluido en la Coleccion de Zaragoza y en la de Iriarte, y que sin duda la Academia no se atrevió á sancionar, por parecerle desmesuradamente brutal y arbitrario: *No hay tal razon como el baston.* La Asamblea federal sustituyó al repugnante vocablo *baston*, el suavísimo vocablo *dictadura*.

29. Ese te quiere bien que te hará llorar.

Es más usada la leccion de la Academia, *Quien bien te quiere te hará llorar*, ó *Quien bien te quiera te hará llorar*. La de la Coleccion de Zaragoza dice así: *Quien te quiere bien hacerte ha llorar.*

Este proverbio puede considerarse como la justificacion ó disculpa del anterior. En el Rinconete y Cortadillo lo viste Cervántes de esotra manera: *A lo que bien se quiere, bien se castiga.*

Otro refran, concretando algun tanto la regla general, dice:
Hijos y criados no has de regalar, si quieres dellos gozar.

Los siguientes consignan la utilidad ó necesidad de la correccion y el castigo: *Con viento limpian el trigo, y los vicios con
castigo, — Quien á uno castiga, á ciento hostiga; — El loco
por la pena es cuerdo.*

Otros recomiendan que con el castigo se mezclen la suavidad
y el agasajo, v. gr. *Quien te dió la hiel, te dará la miel; —Del
pan y del palo.*

Para aconsejar que no vaya el castigo más allá de lo que el
escarmiento reclama, se dice: *Al niño y al mulo, al culo, á sa-*
ber, á donde suene mucho y dañe poco. Las buenas madres, que
no conocen á Bentham ni de oidas, saben eso de la modera-
cion del castigo y verdadero fin de la pena mejor que el crimi-
nalista más pintado, y por esto nos enseña el refran que *La coz
de la yegua no hace mal al potro.*

Por último, como que al enhornar es cuando se hacen los panes tuertos, para inculcar la conveniencia de que el prudente
castigo se nos aplique desde niños, se inventó el adagio, *Los niños de pequeños, que no hay castigo despues para ellos;* y puesto
que los padres que no corrigen las faltas de sus hijos cuando niños, no suelen tampoco corregirlas cuando grandes, otro refran
nos advierte que *Quien no castiga culito, no castiga culazo;* y
las fatales consecuencias de la flojedad y mal entendido amor de
los padres, difícilmente pudieran ser mejor expresadas de lo que
las expresa el proverbio, *Tanto quiso el diablo á sus hijos, que
les sacó los ojos.*

89. No sino haceos miel, y paparos han moscas.

Con este refran se increpa en són de burla á los que por no
haber aplicado oportunamente la reprension y el castigo dan pié
á que se les suban á las barbas los que debian respetarles. Suele usarlo el mismo que amenaza con el castigo ó lo aplica para
justificar la necesidad de aplicarlo. Junto con los dos últimamente comentados, redondea todo el método de educacion y pedago-
gía, y pone como el sello al sistema penal.

Puede considerarse como la voz misma del principio de autori-dad, y precisamente en aquellos momentos en que tanto dió que cavilar la creciente indisciplina del ejército, no faltó quien creyese cifrada en este sencillo adagio toda la sustancia de una buena ordenanza militar. El general Pavía desbandó con él la Asamblea, y Sancho Panza no lo sacó á colacion hasta hallar-se ya en vísperas de tomar posesion del gobierno de la ínsula, insistiendo en él con grande ahinco despues de haberla tomado.

Al notar don Quijote cuán mal les estaba á los gobernadores no saber ni escribir, aconsejándole que siquiera aprendiese á firmar, Sancho le contesta, que hará que otro firme por él, co-sa de fácil consecucion teniendo el mando y el palo, y concluye el discurso diciendo: *No sino haceos miel, y comeros han mos-cas.* Véase el pasaje íntegro en el número 208, continuacion del primero contenido en el número 84.

Véase además el pasaje inserto en el n.º 71.

La Academia no incluye en el Diccionario este refran; pero trae la frase *Hacerse de miel,* que dice significa: «Portarse con alguno blanda y suavemente más de lo que conviene,» y que por esto suele decirse, *Si nos hacemos de miel, nos comerán mos-cas.* En las colecciones de Vallés, Nuñez é Iriarte se lee: *Ha-ceos miel, y comeros han moscas.* A los que por su indocilidad no obran bien sino á fuerza de castigo les cuadra perfectamente el refran, *Reniego del árbol que á palos ha de dar el fruto.*

39. Está ya duro el alcacer para zampoñas.

Suele aplicarse este refran á las personas á quienes se ha pa-sado la sazon ó tiempo conveniente para su enseñanza. No ha-bria inconveniente en extender su aplicacion y uso contra los que intentan hacer ó proseguir alguna cosa despues de ha-ber dejado perder la ocasion y tiempo oportuno.

Una sola vez lo usa Cervántes, poniéndolo en boca de la so-brina de don Quijote, en el pasaje siguiente: «¡Qué es esto, señor tio! ahora que pensábamos nosotras que vuesa merced volvia á reducirse en su casa y pasar en ella una vida quieta y

4

honrada se quiere meter en nuevos laberintos haciéndose pastor-cillo! Tú que vienes, pastorcico, tú que vas, pues en verdad que está ya duro el alcacer para zampoñas.»

La Academia é Iriarte dicen, *Ya está duro el alcacer para zampoñas*. Mejores lecciones me parecen la del Diálogo de las lenguas, idéntica á la del Comendador, *Duro es el alcacer para zampoñas*, y las dos que se encuentran en la Coleccion de Zaragoza: *Duro está el alcacer para zampoñas*, y *Viejo es el alcacer para zampoñas*. Esta última es muy parecida á la del Marqués de Santillana: *Viejo es el alcacer para facer*. En el mismo sentido puede usarse el refran, *Viejo es Pedro para cabrero*.

Más difícil que enseñar al que dejó pasar la edad conveniente es el arrancar los vicios de la persona que se ha endurecido en ellos, y por esto se dice, *Malo es el zamarro de espulgar, y el viejo de castigar*.

31. Predicar en desierto.

Don Quijote viendo que los molineros negaban á pié juntillas que en aquel molino ó castillo hubiese ninguna persona oprimida, «Basta, dijo entre sí, aquí será predicar en desierto, querer reducir á esta canalla á que por ruegos haga virtud alguna.»

Cítalo Sancho en uno de los pasajes insertos en el prólogo.

El ama y la sobrina coligiendo que el buen Hidalgo iba á descolgarse por tercera vez, «procuraban por todas las vias posibles apartarle de tan mal pensamiento; pero todo era predicar en desierto y majar en hierro frio.»

La Academia considera este adagio como simple *frase familiar* «con que se da á entender que los oyentes no están dispuestos, ántes sí repugnantes para admitir la doctrina y consejos que se les dan.» La verdad es que no se halla contenido en ninguna de las más reputadas colecciones. Cervántes, sin embargo, lo consideró como verdadero refran, conforme se infiere de las siguientes palabras con que Sancho contesta á don Quijote en el segundo de los tres pasajes citados en este artículo: «Paréceme que vuesa merced es como lo que dicen: dijo la sarten á la caldera, quítate allá ojinegra (n.º 121). Estáme reprendiendo que no diga refranes, y ensártalos vuesa merced de dos en dos.»

31. Majar en hierro frio.

El concepto es exactamente el mismo que el del anterior, como puede verse en el último de los pasajes transcritos en el artículo precedente.

La Academia tampoco lo considera como refran, sino como *frase* «con que se da á entender que es inútil la correccion y doctrina cuando el natural es duro y mal dispuesto á recibirla.» Puede decirse tambien *machacar* en vez de *majar*, y mejor *machar*, que es el vocablo usado en el proverbio de la Coleccion de Zaragoza, *Cuanto os digo, es machar hierro frio*, y en el de la Coleccion de Nuñez, *Cuanto digo, todo es machar en hierro frio*.

32. Castígame mi madre, y yo trompógelas.

Además de usar Cervántes este adagio en el segundo de los pasajes citados en el artículo 31, lo pone en boca de don Quijote en ocasion análoga y con el mismo objeto en otro de los pasajes insertos en el prólogo.

La Academia, lo mismo que á los dos que preceden, lo califica tambien de *frase* «que reprende á los que advertidos de una falta incurren sin enmienda en ella frecuentemente, ó por descuido, ó buscando ocasiones libres de censura.»

No obstante es uno de los refranes que figuran en la Coleccion del Marqués de Santillana, en la de Vallés, en la de Malara y en el Diálogo de las lenguas. El Marqués de Santillana dice: *Castígame mi madre é yo trompógelas:* Vallés y Malara suprimen la conjuncion copulativa. El autor del Diálogo de las lenguas escribe *trompóselas*.

De los que ningun caso hacen de las represiones, oyéndolas como quien oye llover, se dice: *Tañe el esquilon, y duermen los tordos al són.* Úsalo el autor de la Pícara Justina.

VII.

34.   De la abundancia del corazon habla la lengua.

Don Quijote lo usa en el segundo de los pasajes insertos en el número 6.

La Academia traduciendo más literalmente el proverbio de la Sagrada Escritura, dice, *De la abundancia del corazon habla la lengua.* Es tanto más notable que tampoco conceda el título de refran á este, que califica de locucion, en cuanto en el mismo artículo del Diccionario reconoce como tal el siguiente, que tan poco de él difiere : *No dice más la lengua que lo que siente el corazon.*

Para denotar que el lenguaje y las acciones exteriores de las personas descubren las cualidades del ánimo, tenemos otro refran que dice : *Cada cuba huele al vino que tiene.* Y que muchas veces no conviene expresar uno su sentimiento lo declara el proverbio : *Tal hora el corazon brama, aunque la lengua lo calla.*

35.   Al buen entendedor pocas palabras.

Considerando las muchísimas que en los congresos y periódicos se derrochan, una de tres : ó los pueblos soberanos son malos entendedores, ó el parlamentarismo es una solemne engañifa, ó el adagio miente por la mitad de la barba. Una sola vez aduce Sancho este refran. (Véase el segundo ejemplo del número 117.)

Tambien se dice, *A buen entendedor, breve hablador.*

26. Al buen callar llaman Sancho.

«Ese Sancho no eres tú (dice don Quijote á su escudero al es-cuchar de sus labios el tal refran); porque no sólo no eres buen callar, sino mal hablar y mal porfiar.»

En la Coleccion de Zaragoza, además de esta leccion que es la vulgarmente usada, hallamos esotra, *Al buen callar llaman saggio*, que además de darnos mucha luz sobre el verdadero sentido del refran, da pié á sospechar si pudo ser traido de Ita-lia. El Marqués de Santillana y el autor del Diálogo de las len-guas dicen: *A buen callar llaman Sancho*, y Hernan Nuñez añade: *Y al bueno bueno, Sancho Martinez.*

A juzgar por la copia de refranes castellanos que recomien-dan la prudencia en el hablar, no debemos de haber pecado de mutismo los españoles en ningun período ni momento de nuestra historia. De la Coleccion del Marqués de Santillana son estos: *En boca cerrada no entra mosca; — Mucho fablar, mucho er-rar;* y esotro en que por el contrario se nos recomienda que ha-blemos cuando el caso lo requiera: *Quien non fabla, non le oye Dios.* Véanse ahora los siguientes: *Palabra y piedra suelta no tienen vuelta; — Harto sabe quien no sabe, si callar sabe; — El bobo, si es callado, por sesudo es reputado,* (*El necio callan-do es avido por discreto*); — *Quien no sabe callar, no sabe ha-blar; — Fué la negra al baño, y tuvo que contar un año; — De Parla van á Puñonrostro; — Quien mucho habla, mucho yerra; — Quien mucho habla y poco entiende, por asno le venden en San Vicente; — El mucho hablar nuece, y el mucho rascar cuece; — Mucho hablar y mucho reir, locura dan á sentir; — Mucho hablar y poco saber, mucho gastar y poco tener, mucho presumir y poco valer, echan presto al hombre á perder,* (*Tres muchos y tres pocos destruyen al hombre: mucho hablar y poco saber, mucho gastar y poco tener, mucho presumir y poco va-ler*); — *Oir, ver y callar; — Oir, ver y callar, recias cosas son de obrar; — El mucho hablar es dañoso, y el mucho callar no es provechoso; — Quien mucho habla, en algo acierta; — Quien lengua há, á Roma va.*

En la Galatea cita Cervántes aquel refran, *Quien calla otorga*, que algunas veces no sale verdadero, pues, como dice Breton de los Herreros, *Quien calla no dice nada*, y aquel otro: *Obras son amores, y no buenas razones*, muy semejante á este de la Coleccion de Zaragoza, *Obra y habla poco*, y al de *Gato maullador nunca buen cazador*.

37. Las paredes tienen oídos.

Advierte el mucho cuidado que debe ponerse en no decir lo que importa que esté secreto, por el riesgo que puede haber de que se publique ó sepa.

La murmuradora dueña doña Rodriguez, en el lance aquel de la visita nocturna que hizo á don Quijote, se expresa de esta suerte: « Esta Altisidorilla tiene más de presuncion que de hermosura, y más de desenvuelta que de recogida: además, que no está muy sana, que tiene un cierto aliento cansado, que no hay sufrir el estar junto á ella un momento, y áun mi señora la Duquesa..... Quiero callar, que se suele decir que las paredes tienen oídos. »

Por malos pecados del asendereado caballero y para escarmiento de dueñas bachilleras, tuviéronlos efectivamente en aquel apretado trance, y hasta uñas.

La Academia en el Diccionario de Autoridades admite como refran, *Las paredes oyen*, que en las últimas ediciones califica de *expresion;* pero Timoneda emplea este refran tal como lo hallamos en el Quijote. En la Coleccion de Zaragoza leemos : *En tal caso, las paredes han oídos; — En consejas, las paredes han orejas.*

Tambien se dice que *Las paredes hablan*, que *Las piedras hablan*, y para advertir que no se obre mal, fiándose en que no ha de descubrirse, se dice que *Las paredes tienen ojos*. No carecen de alguna analogía con el proverbio comentado en este artículo los siguientes: *Palabras señaladas no quieren testigos; — Ni tras pared ni tras seto digas tu secreto; — Todo se sabe, hasta lo de la callejuela; — En la boca del discreto lo públi-*

co es secreto. En la Pícara Justina hallamos este : *Quien sus propósitos parla , no se casa.*

28.   No menear el arroz aunque se pegue.

Con este proverbio (dado que lo sea) se denota que en determinadas circunstancias conviene guardar silencio acerca de lo que pudiera causar ofensa ó lastimar á alguno de los presentes.

Cuando atajada doña Rodriguez por lo que Sancho habia mal hablado de las dueñas dice , que quien á ellas trasquiló , las tijeras le quedaron en la mano (n.º 51), replica Sancho : «Con todo eso, hay tanto que trasquilar en las dueñas, segun mi barbero, cuanto será mejor no menear el arroz aunque se pegue.»

La frase *Peor es meneallo*, desde que en aquella no muy limpia aventura, supo don Quijote aplicarla con tan graciosa oportunidad , ha ido poco á poco adquiriendo la fama y preeminencias de un verdadero refran.

29.   No se ha de mentar la soga en casa del ahorcado.

Esta es regla de prudencia y urbanidad , que nos aconseja evitar en la conversacion el suscitar la memoria de lo que bajo cualquier concepto pudiera herir ó sonrojar á alguno de los circunstantes.

«No sé yo para qué nombro asno en mi boca (exclama Sancho), pues no se ha de mentar la soga en casa del ahorcado.» En aquella sazon el ahorcado era el mismo Sancho, que habia perdido su jumento.

Indignado don Quijote por haber tan en mal hora imitado Sancho el rebuzno de los regidores , le increpa de esta suerte : «¡Y dónde hallasteis vos ser bueno el nombrar la soga en casa del ahorcado! A música de rebuznos, ¿qué contrapunto se habia de llevar, sino de varapalos!»

Tambien se dice: *En casa del ahorcado no hay que mentar la soga; — En casa del ahorcado no mientes la soga.*

40. Toda comparacion es odiosa.

«Las comparaciones que se hacen (dice don Quijote) de ingenio á ingenio, de valor á valor, de hermosura á hermosura, y
de linaje á linaje son siempre odiosas y mal recibidas.»

Dice en otro lugar: «Cepos quedos, señor Montesinos: cuen-
te vuesa merced su historia como debe, que ya se sabe que toda
comparacion es odiosa, y así no hay para que comparar á nadie
con nadie: la sin par Dulcinea del Toboso es quien es, y la señora Belerma es quien es y quien ha sido, y quédese aquí.»

En el Persíles y Segismunda se lee tambien la observacion
que sigue: «Porque la verdad que comunmente se dice de que
toda comparacion es odiosa, en la de las bellezas viene á ser
odiosísima.»

La Academia no hace mérito de este refran; mas no le niegan
semejante título las Colecciones de Vallés é Iriarte.

41. El que compra y miente, en su bolsa lo siente.

Muchos por necia vanidad hacen gala de haber comprado á
inferior precio del que realmente pagaron, y por engañar á los
demás engáñanse á sí mismos, porque al fin y al cabo su bolsa
es la que sufre el daño y proclama la verdad. Este es á lo que
parece, el sentido literal del refran, cuyo objeto por consiguiente no puede ser otro que reprobar la mentira, sobre todo cuando con ella inferimos perjuicio á la honra ajena, puesto que la
calumnia deshonra y denigra al mismo que la vierte.

«Si fueron amancebados ó nó (dice Sancho del maestro Elisabat y de la reina Madasima), á Dios habrán dado la cuenta: de
mis viñas vengo, no sé nada, no soy amigo de saber vidas ajenas, que el que compra y miente, en su bolsa lo siente.»

No se halla este refran en el Diccionario de la Academia. El
Marqués de Santillana dice: *Quien merca é miente, su bolsa lo
siente.* En la Coleccion de Zaragoza leemos: *Quien compra y*

miente, su bolsa lo siente. En la misma Coleccion aparecen estos dos: *Quien jura y miente, en su barba lo siente, — Quien
miente, presto se arrepiente.*

42. Tantas letras tiene un nó como un sí.

Este refran, al contrario del que antecede, aconseja abierta y
descaradamente la mentira. Por de contado que donde goza de
más crédito y estima es en los lupanares, cárceles y presidios.
No es decir que repugne á los grandes diplomáticos, ni que tampoco le hagan ascos los periodistas.

En aquella famosa aventura en que el liberalísimo don Quijote reintegró á los galeotes en el pleno dominio y posesion de sus
mermados derechos individuales, uno de los guardas dice al pre-
gunton caballero: « A este pecador le dieron tormento y confesó:
su delito era ser cuatrero, que es ser ladron de bestias, y por
haber confesado le condenaron por seis años á las galeras, amén
de docientos azotes que ya llevaba á las espaldas: y va siempre
pensativo y triste, porque los demás ladrones que allá quedan y
aquí van, le maltratan y aniquilan y escarnecen y tienen en poco, pórque confesó, y no tuvo ánimo de decir nones: porque dicen ellos, que tantas letras tiene un nó como un sí, y que harta
ventura tiene un delincuente, que está en su lengua su vida ó su
muerte, y no en la de los testigos y probanzas: y para mí tengo que no van fuera de camino.»

Cortadillo en aquel rigoroso exámen de filosofía germánica
que no olvidará jamás la Historia, calando con aquella su intuicion asombrosa todo el fondo de la Moral independiente, dijo,
hace mucho más de dos siglos: «Ya sabemos, señor Monipodio,
qué quiere decir *ánsias*, y para todo tenemos ánimo, porque no
somos tan ignorantes que no se nos alcance que lo que dice la
lengua paga la gorja; y harta merced le hace el cielo al hombre
atrevido (por no darle otro título), que le deja en su lengua su
vida ó su muerte, como si tuviese más letras un nó que un sí.»
Al escuchar el venerable Monipodio tan filosóficas razones en
labios de un muchacho que ni siquiera de oidas conocia á Bismark ni á Maquiavelo, deputóle desde luégo por digno y dig-

nísimo de ser admitido en la cofradía, sociedad secreta, secta, ó lo que fuere; que ya entónces por lo visto ¡hubo de haberlas en el privilegiado suelo de España.

Cortadillo, que tan penetrado estaba de que *Lo que dice la lengua paga la gorja*, no es probable que ignorase aquel otro adagio de *No diga la lengua lo que pague la cabeza,* — *No diga la boca lo que pague la coca,* — *Al gallo que canta le aprietan la garganta.*

43. Las burlas se vuelven veras.

El Mayordomo, al oir las profundas sentencias de Sancho el Gobernador le dice estas palabras: «Estoy admirado de ver que un hombre tan sin letras como vuesa merced, que á lo que creo no tiene ninguna, diga tales y tantas cosas llenas de sentencias y de avisos tan fuera de todo aquello que del ingenio de vuesa merced esperaban los que nos enviaron y los que aquí venimos. Cada dia se ven cosas nuevas en el mundo: las burlas se vuelven veras, y los burladores se hallan burlados.»

Enseña este refran el miramiento y discrecion que se debe guardar en las chanzas para que no sean ofensivas. Lo mismo puede aplicarse á las acciones que á las palabras.

No lo trae la Academia en esta misma forma, pero incluye el siguiente, idéntico en el fondo, *A las burlas, así va á ellas, que no te salgan veras*, contenido tambien en la Coleccion de Hernan Nuñez.

44. Á idos de mi casa y qué quereis con mi mujer, no hay que responder.

Una sola vez cita Sancho este refran, pero sin darle aplicacion ninguna, bien que á renglon seguido se encarga él mismo de descifrarnos el sentido: «A lo que dijere el Gobernador no hay que replicar, como al salíos de mi casa y qué quereis con mi mujer.»

Cuando llevado de la ira manda alguno despóticamente ó vierte palabras descompuestas y mal sonantes, la prudencia aconseja no contradecirle, y dejarle. Sancho reclama con este proverbio la obediencia pasiva; pero la verdad es que encierra una enérgica protesta contra toda clase de despotismo, sin excepcion del democrático. *A palabras locas, orejas sordas.*

45. Como por los cerros de Úbeda.

Con este refran se da á entender que lo que se responde ó dice no viene al caso, y en este sentido lo usa Sancho en uno de los pasajes trascritos en el prólogo.

Cuando don Quijote le conjura para que diga si lleva los tres tocadores y las ligas de la enamorada Altisidora, respóndele de este modo: «Los tres tocadores sí llevo, pero las ligas, como por los cerros de Ubeda.» En este ejemplo parece que no tiene otra fuerza que la de una expresion negativa.

Ni en el Diccionario de la Academia ni en ninguna de las Colecciones figura esta expresion como refran. Covarrubias dice que el proverbio, *Eso es ir por los cerros de Ubeda*, se aplica al «que va despepitando por términos extraordinarios y levantados.»

46. Como con las nubes de antaño.

«Hé aquí, señor, rompidos y desbaratados estos agüeros, que no tienen que ver más con nuestros sucesos, segun que yo imagino, aunque tonto, que con las nubes de antaño; y si no me acuerdo mal, he oido decir al Cura de nuestro pueblo, que no es de personas cristianas y discretas mirar en estas niñerías, y áun vuesa merced mismo me lo dijo dias pasados, dándome á entender que eran tontos todos aquellos cristianos que miraban en agüeros, y no es menester hacer hincapié en esto, sino pasemos adelante, y entremos en nuestra aldea.» Con estas discretas reflexiones procura Sancho Panza disipar la nube de tristes presentimientos que oscurecia la inteligencia del apesadumbrado y vencido don Quijote.

Este refran, dado caso que lo sea, puede aplicarse en són de burla á los que dicen ó hacen cosas incongruentes ó que no vienen al caso.

VIII.

47. No se mueve la hoja en el árbol sin la voluntad de Dios.

Con estas hermosísimas palabras de la Sagrada Escritura afirma y confiesa el vulgo la intervencion de la Divina Providencia contra los sabios zascandiles que la niegan, así como contra los que torpemente la equivocan y confunden con la ciega fatalidad.

A Sancho, que se quejaba de lo mucho que se entretenia la ínsula, le conforta y alienta don Quijote de esta manera: «Encomendadlo á Dios, Sancho, que todo se hará bien, y quizá mejor de lo que vos pensais, que no se mueve la hoja en el árbol sin la voluntad de Dios.» Y Sanson añadió: «Así es verdad, que si Dios quiere, no le faltarán á Sancho mil islas que gobernar, cuanto más una.»

En el Rinconete, donde tambien se halla usado una vez este refran, se suprimen los vocablos *en el árbol*. La Academia, en lugar de los vocablos *de Dios*, dice *del Señor*. En el Diccionario de Autoridades lo escribe así: *No se mueve la hoja sin voluntad del Señor*. Idéntico concepto expresan el adagio, *Eso se hace lo que á Dios aplace*, y el siguiente, tomado de los MM. de Salazar: *Lo que Dios quiere, no hay viento ni agua que lo excuse*. En el Diálogo de las lenguas leemos el siguiente: *No hace Dios á quien desampare*.

48. El hombre pone, y Dios dispone.

En éste, además de reconocerse y acatarse la intervencion divina, se reconoce y afirma la libertad humana, negada asimismo por más de cuatro pelafustanes y más de cuatro filosofastros de los que más libertades se toman y vocean.

«Ocho dias, ó diez há, hermano murmurador, exclama Sancho, que entré á gobernar la ínsula que me dieron, en los cuales no me ví harto de pan siquiera un hora: en ellos me han perseguido médicos, y enemigos me han brumado los huesos, ni he tenido lugar de hacer cohechos, ni de cobrar derechos: y siendo esto así, como lo es, no merecia yo, á mi parecer, salir de esta manera; pero el hombre pone y Dios dispone, y Dios sabe lo mejor y lo que le está bien á cada uno, y cual el tiempo tal el tiento (n.º 176), y nadie diga desta agua no beberé (n.º 50), que adonde se piensa que hay tocinos no hay estacas (n.º 12): y Dios me entiende (n.º 218) y basta, y no digo más, aunque pudiera.»

En la Gitanilla usa tambien Cervántes este adagio.

Algunos dicen *propone* en lugar de *pone*, y en la Coleccion de Zaragoza se usa del plural en lugar del singular, diciendo con ménos elegancia: *Los hombres ponen y Dios dispone.*

49. Donde no se piensa salta la liebre.

Como el Duque, al oir en boca de don Quijote las corteses alabanzas de la hermosura de la Duquesa, dijese con no ménos galantería que adonde estaba doña Dulcinea del Toboso no era razon que se alabasen otras fermosuras, Sancho Panza observó: «No se puede negar, sino afirmar, que es muy hermosa mi señora Dulcinea del Toboso; pero donde ménos se piensa, se levanta la liebre, que yo he oido decir, que esto que llaman naturaleza es como un alcaller que hace vasos de barro, y el que hace un vaso hermoso, tambien puede hacer dos y tres y ciento:

dígolo, porque mi señora la Duquesa á fe que no va en zaga á mi ama la señora Dulcinea del Toboso.»

En otro pasaje dice el mismo Sancho: *Donde no se piensa salta la liebre*, leccion que hallamos tambien en la Pícara Justina. Avellaneda, que ya habia usado este refran ántes que Cervántes, dice: *Donde ménos se piensa salta la liebre*. Esta es la leccion más vulgar del proverbio, y la adoptada por la Academia. En la Coleccion de Zaragoza vemos estas dos, algo ménos elegantes que cualquiera de las que anteceden: *De do no pensais, salta la liebre; — Donde hombre no piensa, salta la liebre*.

Enseña este adagio que muchas veces sucede lo que más léjos estaba de nuestra imaginacion. Es un consuelo para los que están mal, y un saludable *memento homo* para los que se encuentran bien hallados, y no dice mucho en favor de los pronósticos humanos. Otro proverbio nos advierte que *Lo que no acaece en un año, acaece en un rato*.

Y como es harto frecuente que las cosas nos salgan al revés de lo que esperábamos, desbaratando nuestros cálculos y esperanzas, hay un refran que dice: *Uno piensa el bayo, y otro el que le ensilla*, y otro: *Tal piensa ir á Oñez, y da en Gamboa*. El primero, que es uno de los más antiguos, lo usa Cervántes en la Gitanilla y en la Ilustre fregona, conformándose del todo con la version del Marqués de Santillana y diferenciándose muy poco de la de la Coleccion de Zaragoza que dice así: *Uno piensa el bayo, y otro quien lo ensilla*. El autor del Diálogo de las lenguas suprime la conjuncion copulativa, y el de la Pícara Justina omite el relativo de este modo: *Uno piensa el bayo, y otro lo ensilla*. El segundo proverbio lo usa Cervántes en la Gitanilla. Ninguno de los dos figura en el Diccionario de la Academia. Poco difiere de ellos en el sentido aquel otro tan generalmente usado: *Cuando pitos flautas, cuando flautas pitos*. No obstante lo dicho, algunos sucesos pueden preverse con alguna seguridad, como lo reconoce otro hermoso proverbio, no incluido tampoco en el Diccionario de la Academia, y que se halla en el Quijote de Avellaneda: *Cuando la perdiz canta, señal es de agua*.

50.   Nadie diga desta agua no beberé.

Este proverbio, usado una sola vez en el Quijote (n.º 48), y otra en la Señora Cornelia, nos advierte que lo que sucede á uno puede suceder á otro, y que nadie absolutamente debe creerse exento de poder caer en la tentacion.

Cervántes escribe este refran de la misma manera què Covarrubias y la Academia. En las colecciones de Vallés y del Comendador griego se invierten los primeros vocablos de este modo: *No diga nadie de esta agua no beberé.* El autor del Diálogo de las lenguas escribe *No diga ninguno,* y *Ninguno no diga.*

51.   Quien á mí me trasquiló, las tijeras le quedaron en la mano.

Con este refran se advierte, dice la Academia, que el daño ó perjuicio que se ha recibido de alguno le puede sobrevenir á otro cualquiera por el mismo, si no se cautela de él y le previene.

Cervántes no lo usa más que una vez en el siguiente pasaje, ántes citado en el número 38: «Nadie diga mal de las dueñas y más de las antiguas y doncellas, que aunque yo no lo soy, bien se me alcanza y se me trasluce la ventaja que hace una dueña doncella á una dueña viuda, y quien á nosotras trasquiló, las tijeras le quedaron en la mano.»

La Academia adopta las dos lecciones siguientes: *Quien á mí me trasquiló, le quedaron las tijeras en la mano;* — *Quien á mí me trasquiló, con las tijeras se quedó.*

En el Quijote de Avellaneda leemos, bien que algo estropeado, aquel otro vulgarísimo adagio: *Cuando la barba de tu vecino vieres pelar, echa la tuya á remojar.*

IX.

52. Quitada la causa, se quita el pecado.

En la Coleccion de Zaragoza se lee, *Quien quita la causa, quita el pecado*, y en el Diccionario de la Academia, *Quien quita la ocasion, quita el pecado*.

Persuadido Sancho de los inconvenientes y peligros de que Sanchica fuese á las majadas de los pastores, hace estas prudentes reflexiones: «Tambien suelen andar los amores y los no buenos deseos por los campos como por las ciudades, y por las pastorales chozas como por los reales palacios, y quitada la causa, se quita el pecado, y ojos que no ven, corazon que no quiebra (n.º 77), y más vale salto de mata, que ruego de hombres buenos (n.º 58).»

En un sentido muy parecido al de este adagio empleó Cervántes el principio metafísico, *Quitada la causa, cesa el efecto*, como puede verse en el pasaje siguiente: «Uno de los remedios que el Cura y el Barbero dieron por entónces para el mal de su amigo, fué que le murasen y tapiasen el aposento de los libros, porque cuando se levantase no los hallase, quizá quitando la causa, cesaria el efecto.»

El mismo consejo de evitar las ocasiones peligrosas está expresado con más donaire en los adagios siguientes: «*La ocasion hace al ladron; — El agujero llama al ladron; — En arca abierta el justo peca; — Puerta abierta, al santo tienta; — Quien anda entre la miel, algo se le pega.*»

53. Quien busca el peligro perece en él.

En la terrible aventura de los batanes, cuando don Quijote encargó á Sancho que le esperase hasta tres dias y que si en ellos no compareciese, podia volverse á su aldea, echándose á llorar Sancho con la mayor ternura, trató de disuadir al temerario caballero en los términos siguientes : «Señor, yo no sé porqué quiere vuestra merced acometer esta tan temerosa aventura: ahora es de noche, aquí no nos ve nadie, bien podemos torcer el camino y desviarnos del peligro, aunque no bebamos en tres dias : y pues no hay quien nos vea, ménos habrá quien nos note de cobardes : cuanto mas que yo he oido predicar al cura de nuestro lugar, que vuestra merced bien conoce, que quien busca el peligro perece en él : así que no es bien tentar á Dios, acometiendo tan desaforado hecho, donde no se puede escapar sino por milagro.»

El Sancho de Avellaneda saca tambien á plaza este proverbio, ajustándose todavía más á la letra de la Sagrada Escritura : *Quien ama el peligro, perece en él.*

No reza este adagio con los peligros de las batallas solamente, sino con toda suerte de peligros, y sobre todo, con los que ofrece el pecado.

Aconsejan la misma prudencia los siguientes : *Acometa quien quiera, que el fuerte espera;* — *Al peligro con tiento, y al remedio con tiempo;* — *Aquel va más sano, que anda por lo llano;* — *Por la puente, que está seco;* — *La gala del nadador es saber guardar la ropa;* — *Lo mejor de los dados, es no jugarlos.*

Otros muchos, por el contrario, aconsejan arrostrar con serenidad y esfuerzo el peligro para conseguir lo que ambicionamos: *Quien no se aventura, no há ventura;* — *Quien no se aventura, no gana;* — *Quien no se aventuró, no perdió ni ganó;* — *Quien no se aventura, no anda á caballo ni á mula;* — *Quien no se aventura, no pasa la mar;* — *Quien no arrisca, no prisca;* — *Quien no cae, no se levanta.*

5

54. Tantas veces va el cantarillo á la fuente, que alguna se quiebra.

Este refran, que no es más que una paráfrasis del anterior, nos advierte las fatales consecuencias que se siguen de no evitar los riesgos y ocasiones peligrosas.

Cervántes lo usa una sola vez en el pasaje siguiente: «Ahora te disculpo, dijo don Quijote, y perdóname el enojo que te he dado, que los primeros movimientos no son en manos de los hombres. Ya yo lo veo, respondió Sancho, y así en mí la gana de hablar siempre es primero movimiento, y no puedo dejar de decir por una vez siquiera lo que me viene á la lengua. Con todo eso, dijo don Quijote, mira, Sancho, lo que hablas, porque tantas veces va el cantarillo á la fuente..... y no te digo más.»

Cervántes no cita íntegro el refran, sino que lo adapta al giro de la frase; pero se conoce que lo recordaba en su forma nativa, que indudablemente es la mejor y más graciosa. El Marqués de Santillana escribe: *Cantarillo que muchas veces va á la fuente, ó deja el asa ó la fuente*. Vallés, Hernan Nuñez, Covarrubias y la Academia adoptan esta misma leccion diciendo *frente* en lugar de *fuente* en la segunda parte del refran. En los Refranes glosados de la edicion de 1541, hace poco reproducida, se lee tambien: *Cántaro que muchas veces va á la fuente, ó deja el asa ó la frente*. Además de la leccion más comun, Covarrubias cita la siguiente, *Cantarico que muchas veces va á la fuente, alguna vez se ha de quebrar*. La Academia en las últimas ediciones del Diccionario acepta otras dos versiones, que no figuran en el Diccionario de Autoridades: *Tantas veces va el cántaro á la fuente, que deja el asa ó la frente;* — *Tantas veces va el cántaro á la fuente, que alguna se quiebra*.

Meras equivalencias ó corolarios de este proverbio son los siguientes: *Quien á menudo á las armas va, ó deja la piel, ó la dejará;* — *Cien años de guerra, y no un dia de batalla;* — *No pasa seguro quien corre por el muro;* — *Quien se pone debajo de la hoja, dos veces se moja;* — *Quien entra en la nao, no tiene los vientos en la mano;* — *El mejor nadador es del agua;* — *No hay orejas para cada martes.*

55. Donde las dan, las toman.

En el primero de los fragmentos del Qûijote trascritos en el número 12, usa Cervántes de este proverbio, que tambien se halla en el Rinconete y Cortadillo.

La Academia lo escribe lo mismo que Cervántes, y dice que explica la correspondencia en las injurias, y poca seguridad de quien agravia. Blasco de Garay sigue la misma leccion, y en la Coleccion de Zaragoza, en el Diálogo de las lenguas y en la Coleccion de Iriarte se nos ofrecen estas lijeras variantes: *A donde las dan, allí las toman; — Donde las dan, allí las toman; —Adonde las dan, las toman.*

Otros muchos refranes, más ó ménos análogos á este en el fondo, y á los cuales pueden añadirse los citados en el número 50, encarecen la fuerza del escarmiento: *Quien no escarmienta de una vez, no escarmienta de diez; — De los escarmentados se hacen los avisados; — De los escarmentados nacen los arteros; — El escarmentado busca el vado; — El escarmentado, bien conoce el vado; — Vieja escarmentada, arregazada pasa el agua; — Gato escaldado, del agua fria huye (ó huye del agua fria); — Gato escaldado, del agua fria há miedo; — A olla que hierve, ninguna mosca se atreve; — Al espantado, la sombra le espanta; — Quien del alacran está picado, la sombra le espanta; — Quien asnos ha perdido, cencerros se le antojan; — Si de esta escapo y no muero, nunca mas bodas al cielo.* Ninguno de estos refranes forma parte del credo progresista.

56. Muchos van por lana, y vuelven trasquilados.

Con este refran nos burlamos del que sufre perjuicio ó pérdida donde creyó hallar beneficio ó provecho, como les acontece á la mayor parte de los mayores y menores contribuyentes á la gloriosa revolucion de setiembre, especialmente á los cesantes y descalabrados. Advertimos tambien con él ó amenazamos á los que con el ojo á la ganancia ó la fama, se arrojan temerariamente á los lances peligrosos, yendo, como dice la Sobrina, á buscar pan de trastrigo.

« ¡ Pero quién le mete á vuestra merced, señor tio, en esas pendencias! ¡No será mejor, estarse pacífico en su casa, y no irse por el mundo á buscar pan de trastrigo, sin considerar que muchos van por lana, y vuelven trasquilados? »

Cervántes dice tambien, *Tal suele venir por lana, que vuelve trasquilado*. Sancho Panza, que no queria camorra con el escudero del Caballero del Bosque, le dirige estas palabras: «Aunque lo más acertado sería dejar dormir la cólera á cada uno, que no sabe nadie el alma de nadie, y tal suele venir por lana que vuelve trasquilado, y Dios bendijo la paz y maldijo las riñas (n.º 60), porque si un gato acosado, encerrado se vuelve leon, yo que soy hombre, Dios sabe en lo que podré volverme: y así desde ahora intimo á vuesa merced, señor escudero, que corra por su cuenta todo el mal y daño que de nuestra pendencia resultare.»

En el Diálogo de las lenguas y en el Diccionario de la Academia se lee el refran en esta sencilla forma : *Ir por lana, y venir trasquilado ; — Ir por lana, y volver trasquilado.* «No sino popen y calóñenme, exclama Sancho, que vendrán por lana y volverán trasquilados.» Y en otro lugar dice tambien: «Sanchica mi hija nos llevará la comida al hato. Pero guarda! que es de buen parecer, y hay pastores más maliciosos que simples, y no querria que fuese por lana y volviese trasquilada.»

Otros escriben: *Iréis por lana, y vendréis trasquilado*, y mejor todavía: *El carnero encantado, que fué por lana y volvió trasquilado.*

Muy parecida á este proverbio es en el sentido la última frase del siguiente pasaje del mismo Quijote: «No há sino un mes que andamos buscando las aventuras, y hasta ahora no hemos topado con ninguna que lo sea, y *tal vez hay que se busca una cosa, y se halla otra.*» No vale la pena de considerarla como un nuevo adagio.

Hacen burla de los que por haberse arrojado á peligros superiores á sus fuerzas, salen de ellos escarmentados, los refranes siguientes: *El ánsar de Cantimpalo, que salió al lobo al camino; — Arremetióse Morilla, y comiéronla lobos.*

X.

57. Hombre apercebido, medio combatido.

Al divisar don Quijote aquel carro con dos ó tres banderas pequeñas, en que iban encerrados los leones para su Majestad, pidió las armas á su escudero, y dijo al Caballero del verde gaban: «Hombre apercebido medio combatido: no se pierde nada en que yo me aperciba, que sé por experiencia que tengo enemigos visibles é invisibles, y no sé cuándo, ni adónde, ni en qué tiempo, ni en qué figuras me han de acometer.»

Quiere expresar don Quijote, que el hombre bien dispuesto y apercibido para el combate tiene mucho adelantado para alcanzar la victoria.

Hállase este refran en las colecciones del Marqués de Santillana, de Vallés, de Malara, de Nuñez y tambien en la de Iriarte. La Academia no lo trae, pero admite el siguiente que expresa lo mismo: *Hombre apercibido vale por dos*, ó bien, *Hombre prevenido vale por dos*. En la citada Coleccion del Marqués de Santillana figura tambien éste: *Fadario es andar descoibdado*.

El siguiente, *Castillo apercibido no es sorprendido*, recomienda la vigilancia y precaucion para no ser engañado. Para burlarnos de la demasiada precaucion cuando ya raya en miedo, decimos, *Cargado de hierro, cargado de miedo*.

58. Más vale salto de mata, que ruego de hombres buenos.

Esta forma es la más antigua y castiza, puesto que ya en la Coleccion del Marqués de Santillana leemos: *Más vale salto de mata, que ruego d'omes buenos.* El Comendador é Iriarte adoptan la misma leccion, y en la Coleccion de Zaragoza se invierte el órden del sustantivo y adjetivo diciendo, *de buenos hombres.* La Academia suprime el vocablo *hombres.*

Enseña este adagio, en opinion de la Academia, que al que ha cometido algun exceso por el cual teme que se le ha de castigar, más le aprovecha ponerse en salvo y escaparse, que no el que pidan por él personas de suposicion y autoridad.

Malísimamente lo hubiera aplicado Cervántes, si tuviese que concretarse el sentido al caso descrito por la Academia. Paréceme que lo que realmente expresa es que conviéne ponerse en salvo, siempre que de no hacerlo se corriese la contingencia de un grave peligro. La mitad de los españoles estarán ahora diciendo para su capote ce por be lo que dice el adagio. Ayer mismo, no fiando gran cosa en la inviolabilidad de mis derechos individuales, hice yo la maleta.

Cuando don Quijote dice que si el Rey le niega la mano de la Infanta, alli entra el roballa, Sancho le replica: «Ahí entra tambien lo que algunos desalmados dicen: no pidas de grado lo que puedas tomar por fuerza (n.º 64), aunque mejor cuadra decir: más vale salto de mata, que ruego de hombres buenos: dígolo, porque si el señor Rey suegro de vuestra merced no se quisiera domeñar á entregarle á mi señora la Infanta, no hay sino, como vuesa merced dice, roballa y trasponella.»

Véase tambien el pasaje transcrito en el número 52.

Cuando el peligro supera nuestras fuerzas, es prudencia el retirarse, como lo aconseja el proverbio, *Dos á uno, tornarme he grullo.* Quien sabe retirarse á tiempo, sabe tambien acometer oportunamente, y por eso nos dice otro proverbio: *Quien en tiempo huye, en tiempo acude.* Mas algunos, por huir de un peligro, se meten más en él, ó corren otro mayor. Para hacer burla de su torpeza se dice: — *Huí de la cruz, y lancéme en el fuego;* — *Huyendo del toro, cayó en el arroyo;* — *Huyendo del perejil, le nació en la frente;* — *Huir del fuego, y dar en las brasas;* — *Descalabrar al alguacil, y acogerse al corregidor.*

59. No todo ha de ser Santiago y cierra España.

No recuerdo que nadie haya considerado esta frase como refran; pero reune todas las circunstancias de tal, salvo el no haberse vulgarizado bastante, como les sucede á tantas otras de las contenidas en las buenas colecciones. El sentido me parece que es el de que no todo ha de arreglarse á cintarazos, sino que es menester discrecion y prudencia en el uso de los medios violentos. Es el reverso del antiguo *trágala* ó del moderno *pese á quien pese*, tan del gusto de los revolucionarios y déspotas de todas condiciones.

Cuando el Bachiller aconsejaba á don Quijote que anduviese más atentado en acometer los peligros, á causa de que su vida no era suya, sino de todos aquellos que la habian de menester, para que los amparase y socorriese en sus desventuras, exclamó Sancho: «Deso es de lo que yo reniego, señor Sanson, que así acomete mi señor á cien hombres armados, como un muchacho goloso á media docena de badeas. Cuerpo del mundo, señor Bachiller: sí que tiempos hay de acometer, y tiempos de retirar, y no ha de ser todo Santiago y cierra España; y más que yo he oido decir, y creo que á mi señor mismo, si mal no me acuerdo, que en los extremos de cobarde y de temerario está el medio de la valentía.»

60. Dios bendijo la paz, y maldijo las riñas.

En el segundo de los pasajes del Quíjote transcritos en el número 56 puede verse la oportuna aplicacion de esta sentencia de Sancho, que no me empeñaré en graduar de proverbio, si el lector de su buena voluntad no le concede ese título.

61. Andar buscando tres piés al gato.

En el graciosísimo soliloquio en que Sancho discurre tan acertadamente sobre el peligroso juego en que están metidos los conservadores de la revolucion de ir á sonsacarles sus princesas á los pueblos, despues de un maduro exámen, determina muy acertadamente no meterse en esos lios, y exclama: «Oxte puto, allá darás rayo (n.º 228); no sino ándeme yo buscando tres piés al gato por el gusto ajeno, y más que así será buscar á Dulcínea del Toboso, como á Marica por Rávena, ó al bachiller en Salamanca: el diablo, el diablo me ha metido á mí en esto, que otro nó.»

Buscar *tres* piés al gato ó buscarle *cinco*, equivale á buscar lo imposible, y á tentar la paciencia del gato con riesgo de irritarle. Los revolucionarios empeñados en hacer una España á imágen y semejanza suya, y una monarquía revolucionaria segun su idea, andan buscando cinco piés al gato ó tres. Por lo tanto la diferencia que en las últimas ediciones del Diccionario establece la Academia entre la frase *buscar cinco piés al gato* y la locucion *buscar tres piés al gato*, no parece bien fundada.

El refran dice así: *Buscais cinco piés al gato, y él no tiene sino cuatro.* La Academia lo ha suprimido en las últimas ediciones, pero lo incluyó en el Diccionario de Autoridades, diciendo que se usa «contra los que se meten en aprietos y dificultades, ó se encargan de empeños que pudieran y debieran evitar, y de que no pueden salir.» En Covarrubias se lee: «*Buscar cinco piés al gato*, se dice de los que con sofisterías y embustes nos quieren hacer entender lo imposible: nació de que uno quiso probar que la cola del gato era pié.»

En los Refranes glosados se dice sencillamente, *Buscar cinco piés al gato*, Hernan Nuñez escribe el refran como hemos visto que se halla en el Diccionario dé Autoridades de la Academia, y en la Coleccion de Pedro Vallés encontramos la version siguiente: *Buscas cinco piés al gato, y él no tiene sino cuatro. Nó, que son cinco con el rabo.*

69. Al enemigo que huye, hacerle la puente de plata.

En la aventura de la vacada que dió en tierra con don Quijote, Sancho, Rocinante y el rucio, levantáronse todos, y don Quijote á gran priesa, tropezando aquí y cayendo allí, comenzó á correr tras la vacada, diciendo á voces: «Deteneos y esperad, canalla malandrina, que un solo caballero os espera, el cual no tiene condicion, ni es de parecer de los que dicen, que al enemigo que huye, hacerle la puente de plata.»

Hasta en estas pequeñeces se diferencia el falso Quijote del verdadero, pues al falso no le ocurre siquiera poner en duda el prudente consejo del refran. Avellaneda en uno solo de los tres pasajes en que lo cita, lo escribe como Cervántes en este lugar. En los otros dos lo escribe de este modo: *Al enemigo que huye, la puente de plata*, que es como la Academia, conformándose con el uso, lo escribe tambien.

En la Coleccion de Zaragoza leemos: *Al enemigo si huye, la puente de plata*. En las de Nuñez é Iriarte, lo mismo que en un pasaje del Persíles y Segismunda, se suprime el artículo: *Al enemigo que huye, puente de plata*.

53. De los enemigos, los ménos.

Dice la Academia que este adagio se usa «cuando se trata de deshacerse de los que nos causan algun perjuicio.»

Al aconsejar Sancho á su amo que meta é hinque la espada por la boca de aquel que parecia el bachiller Sanson Carrasco, porque quizá mataria en él á alguno de sus enemigos los encantadores, contéstale don Quijote: «No dices mal, porque de los enemigos, los ménos.»

Avellaneda lo usa tambien.

Otros refranes nos advierten precavernos contra los enemigos. *Quien tiene enemigos, no duerma; — Del airado huye poco, del enemigo, del todo; — Quien á su enemigo popa, á sus manos muere.*

54. No pidas de grado lo que puedas tomar por fuerza.

Refran aplicado en España por todos los partidos políticos é impolíticos, y aplicado en Europa por todos los reformadores del mapa: refran democrático-federal-social-internacional-cantonal, ó como dice Sancho, refran de desalmados. El único pasaje en que lo usa Cervántes, es el transcrito en el número 58.

XI.

65. **El que larga vida vive, mucho mal ha de pasar.**

«Es bueno, dice Sancho, vivir mucho por ver mucho, aunque tambien dicen, que el que larga vida vive, mucho mal ha de pasar.»

Este es el único pasaje donde usa Cervántes de este adagio, no incluido en el Diccionario de la Academia, ni en ninguna de las colecciones más conocidas. El tal adagio encierra una verdad muy profunda y muy católica, que resplandecerá más y más, á medida que vaya cobrando vigor el cúmulo de utopias sociales para hacernos felices.

Otros muchos expresan á corta diferencia el mismo pensamiento, usándose ora para lamentarse, ora para expresar la resignacion con que sufrimos, ora para consolar al que sufre; v. gr.: *No hay contento cumplido en esta vida, — En este mundo cansado, no hay bien cumplido ni mal acabado; — Quien mal fadada es en la cuna, siempre le dura; — Quien malas fadas tiene en cuna, ó las pierde tarde, ó nunca; — Nunca me digas bien fadada, hasta que me veas soterrada; — No hay miel sin hiel; — No hay atajo sin trabajo; — No hay mal sin bien, cata para quien; — Los placeres son por onzas, y los males por arrobas; — El mal entra á brazádas, y sale á pulgaradas; — Da Dios almendras á quien no tiene muelas; — Da Dios habas á quien no tiene quijadas; — La viuda llora, y otros cantan en la boda.*

Otros nos recuerdan la volubilidad é inconstancia de las cosas terrenas, v. gr.: *Del bien al mal, no hay un canto de real; — Cuanto mayor es la ventura, es ménos segura; — A tres dias buenos, cabo de mal extremo; — De la mano á la boca se pierde la sopa; — Más corre ventura, que caballo ni mula; — Ni cosa más variable que ventura, ni cosa más miserable que locura; — La rueda de la fortuna, nunca es una; — Abájanse los estrados, y álzanse los establos; — Abájanse los adarves, y álzanse los muladares; — A cabo de cien años los reyes son villanos, y á cabo de ciento diez, los villanos son reyes (reys?); — Gloria vana florece y no grana.*

Para denotar que al cabo de algun tiempo vuelven las cosas al estado que ántes habian tenido, decimos: *A los años mil, torna el agua á su cubil,* ó bien, *Al cabo de los años mil, torna el agua á su cubil;* (ó *vuelve el agua por do solia ir,* ó *vuelven las aguas por do solian ir*), y mejor, *A los años mil, vuelve la liebre á su cubil.*

66. No hay camino tan llano, que no tenga algun barranco.

Al escudero del Caballero del Bosque, que contaba como su amo estaba enamorado de una tal Casildea de Vandalia, la más cruda y más asada señora que en todo el orbe podia hallarse, responde Sancho: «No hay camino tan llano, que no tenga algun tropezon ó barranco: en otras casas cuecen habas y en la nuestra á calderadas (n.º 116): más acompañados y paniaguados debe de tener la locura que la discrecion; mas si es verdad lo que comunmente se dice, que el tener compañeros en los trabajos suele servir de alivio en ellos, con vuesa merced podré consolarme, pues sirve á otro amo tan tonto como el mio.»

Esta locucion ó refran que encaja aquí Sancho en su conferencia con el escudero de las luengas narices, equivale á los proverbios, *De cada canto, hay tres leguas de mal quebranto; — Tambien por do va como por do vino, tres leguas hay de mal camino,* y guarda mucha analogía con los que más adelante citarémos en el número 100.

67. Hay más mal en el aldegüela que se suena.

No se dijo por la *España con honra*, ni por la *España federal*: Aunque así parezca, no hay tales carneros, pues al cabo de todo no ha descendido todavía nuestra gran patria del alto rango á que la levantó la Gloriosa; pero es refran de pura raza española y de los más antiguos y castizos, y sobre todo, refran pesimista y de oposicion sistemática.

«Ay señor, señor, y como hay más mal en el aldegüela que se suena, con perdon sea dicho de las tocas honradas.» Así se exclamaba Sancho, meneando la cabeza á una parte y á otra al sospechar que la reina del gran reino Micomicon no debia de ser tal reina, ó por lo ménos debia ser una reina de esas democráticas que para su uso particular forjaron unionistas y progresistas, puesto que habia notado que á cada vuelta de cabeza y á cada traspuesta se andaba su Majestad hocicando con alguno de los que estaban en la rueda. Véase este pasaje íntegro en el número 224.

En la Coleccion del Marqués de Santillana se lee: *En la aldehuela más mal ha que non suena*, y en la de Zaragoza se suprime el adverbio negativo, diciendo, *más mal hay que suena*. La Academia escribe: *Más mal hay en la aldehuela del que se suena*.

Muy lamentable es este adagio; pero pasa de castaño oscuro y muy oscuro, aquel otro, que podríamos llamar de los puntos negros: *No hay más chinches que la manta llena*.

68. Bien vengas mal, si vienes solo.

«¡Válame Dios todopoderoso!» decia entre sí el caido gobernador, el malaventurado Sancho, desde el fondo de aquella sima donde cayó en mal hora: «Esta que para mí es desventura, mejor fuera para aventura de mi amo don Quijote. Él sí que tuviera estas profundidades y mazmorras por jardines floridos y por palacios de Galiana, y esperara salir desta escuridad y estrecheza á algun florido prado; pero yo sin ventura, falto de consejo y menoscabado de ánimo, á cada paso pienso que debajo de los piés de improviso se ha de abrir otra sima más profunda que la otra, que acabe de tragarme. Bien vengas mal, si vienes solo.»

¡Cuántos gobernadores y cuántos Sanchos estarán diciendo ahora para su sayo (dado que lo tengan) poco más ó ménos, lo mismo mismito que el cariácontecido gobernador de la Ínsula Barataria!

A cada nueva reforma, á cada nueva Constitucion, á cada nuevo empuje del progreso, á cada nuevo desahogo de la libertad, á cada nuevo pronunciamiento, exclaman todos los contribuyentes, mayores y menores: *Con bien vengas mal, si solo vienes;* — *Una desgracia nunca viene sola;* — *Cerezas y hadas malas, pensais tomar pocas, y viénense hartas;* — *Cerezas y hadas malas, toman pocas y llevan sartas;* — *No cabemos al fuego, y parió mi abuela;* — *Eramos treinta, parió mi abuela;* —¡*A do vas duelo?* *A do suelo. A España.*

69.   Un mal llama á otro.

Esta sentencia, con aires de adagio, la pone Cervántes en boca de Dorotea al hacer la relacion de su trágica historia. «Aquella noche (dice) nos entramos por lo espeso desta montaña con el miedo de no ser hallados, pero como suele decirse que un mal llama á otro, y que el fin de una desgracia suele ser principio de otra mayor, así me sucedió á mí, porque mi buen criado, hasta entónces fiel y seguro, así como me vió en esta soledad, incitado de su mesma bellaquería ántes que de mi hermosura, quiso aprovecharse de la ocasion que á su parecer estos yermos le ofrecian, y con poca vergüenza y ménos temor de Dios, ni respeto mio, me requirió de amores.»

70.   Todo el mal nos viene junto, como al perro los palos.

La Academia dice de una manera más concisa y elegante: *Todo junto como al perro los palos.*

Refran tan español y de tan fea catadura como el anterior.

«¡Nosotros tortolitas, dice Sancho, nosotros barberos, ni estropajos, nosotros perritas á quien dicen, cita, cita! No me contentan nada estos nombres, á mal viento va esta parva (75), todo el mal nos viene junto como al perro los palos, y ojalá parase en ellos lo que amenaza esta aventura tan desventurada.» Es claro que no lo dice Sancho por la hazaña de Alcolea.

En el Persíles hallamos otro que no lo trae la Academia, bien que se parezca bastante á uno de los que se citaron en el número 64: *A los desdichados se les suelen helar las migas entre la boca y la mano.* Otro, nada católico, supone que *Al desdichado, poco le vale el ser esforzado.* Otro hay que parece escrito de intento para la España revolucionaria: *La ventura de la barca, la mocedad trabajada, y la vejez quemada;* y los siguientes cogen de lleno á todos los momentos históricos y cambios de escena de este gran *totum revolutum: Salir del lodo, y entrar en el arroyo; — Salir de lagunas, y entrar en mojadas; — Salir de lodazales, y entrar en cenagales.*

71. El diablo está en Cantillana.

Cantillana debe de ser un pueblo muy á la altura de los tiempos modernos. No obstante la seguridad con que habla el adagio, mucho me temo que en el presente momento histórico su señoría debe de haber trasladado el domicilio á Berlin. Milton retrató al diablo antiguo; mas el diablo moderno es esencialmente aleman. Gœthe lo forjó en las oficinas de su cerebro, encarnando en la gran creacion poética la idea alemana. El judío Meyerbeer le dió el tono. Los judíos son los que realmente dan el tono á la endiablada civilizacion moderna, los que pagan la música, el baile, las decoraciones, los trajes, la crítica, la gacetilla: ellos pagan el dinero, y la raza latina, es decir, los bobos, pagamos el pato.

Al impertinente Maestresala y al impertinentísimo doctor Pedro Recio Agüero de Tirteafuera, Sancho les dice con energía y prudencia, como pudiera hacerlo el más flamante gobernador dictatorial de los tiempos modernos: «No se burle nadie conmigo, porque ó somos ó no somos: vivamos todos y comamos en buena paz y compaña, pues cuando Dios amanece, para todos amanece (n.º 146): yo gobernaré esta ínsula sin perdonar derecho ni llevar cohecho, y todo el mundo traiga el ojo alerta y mire por el virote (n.º 223), porque les hago saber que el diablo está en Cantillana, y que si me dan ocasion, han de ver maravillas: no sino haceos miel, y comeros han moscas (n.º 29).»

72. Quien la vidó y la ve ahora, ¿cuál es el corazon que no llora?

«Eso puedes decir bien, Sancho, replicó don Quijote, pues la viste en la entereza cabal de su hermosura, que el encanto no se extendió á turbarte la vista, ni á encubrirte su belleza.» Por de contado que no se refiere don Quijote á la madre patria, sino al eterno ideal de su conciencia.

La Coleccion de Zaragoza dice: *Quien me vidó y me vee agora, ¿qual es el corazon que no llora?*

La Academia en la última edicion del Diccionario, no se atrevió á darle carta de naturaleza á este adagio, sin duda por consideracion y respeto á la partida de la porra. Es verdad que puede suplirlo aquel otro, *Duelos me hicieron negra, que yo blanca me era,* ó como se lee en la Coleccion del Marqués de Santillana: *Fadas malas me ficieron negra, que yo blanca era.* No dejan de tener chiste los adagios, *Malo vendrá que bueno me hará; — Como subo, subo, de pregonero á verdugo.*

73. En priesa me ves, y doncelles me demandas.

Una sola vez emplea Cervántes este adagio, no incluido tampoco en el Diccionario de la Academia. En el momento de ir á subir en el famoso Clavileño, don Quijote llama aparte á Sancho que estaba tan poseido de miedo, para decirle que se diese unos quinientos azotes á buena cuenta de los tres mil y trecientos á que estaba obligado. Sancho le contesta: «Par Dios, que vuesa merced debe de ser menguado: esto es como aquello que dicen, en priesa me ves y doncellez me demandas: ¡ahora que tengo que ir sentado en una tabla rasa, quiere vuesa merced que me lastime las posas! »

El sentido intelectual es evidente: en cuanto al literal, á la consideracion del curioso lector lo abandono.

Para expresar que las desgracias y trabajos suelen venir á los más débiles, se dice, *No vienen frieras sino á ruines piernas;* y como al mísero y abatido todos suelen echársele encima, bien dijo quien dijo: *El perro flaco todo es pulgas.* ¡Pobre España!

74. El asno sufre la carga, mas nó la sobrecarga.

«Más de mil azotes, si yo no he contado mal, te has dado: basta por agora, que el asno, hablando á lo grosero, sufre la carga, mas nó la sobrecarga.» Este es el único pasaje en que usa Cervántes de ese refran.

No se halla en el Diccionario de la Academia; pero sí en la Coleccion de Zaragoza. Denota que solamente hasta cierto punto podemos sobrellevar los males y desgracias.

Dudo que este refran pueda aplicarse á la España contemporánea. Déme usted para fusiles, déme usted para tapias, pague usted al Ayuntamiento, pague usted á la Diputacion, pague usted al Gobierno, pague usted el empréstito, pague usted la doble ó triple contribucion de pólvora, pague usted al zapatero, pague usted al sastre, pague usted al barrendero, pague usted por la puerta, pague usted por la ventana, un sello de guerra, ¡tú, tú, tú!... y si quiere usted misas, pagarlas. Podrá ser muy verdad que el asno no sufra la sobrecarga; pero como los españoles no somos asnos, somos muy capaces de sufrirlo todo.

Mutatis mutandis vienen á decir lo mismo los siguientes: *No mata la carga, sino la sobrecarga;— A la bestia cargada, el sobornal la mata;— Tanto me cargarás, que daré con la carga en el suelo.*

Para increpar á los que inconsideradamente añaden trabajo al

que ya no puede con el que tiene, decimos: *A la borrica arro-
dillada, doblarle la carga; — Miéntras descansas, maja esas
granzas.*

75. A mal viento va esta parva.

Eso dije al descubrir los primeros albores de la aurora revolucionaria, y no hay quien me lo quite de la cabeza.

En el pasaje transcrito en el número 70 usa Sancho de este
adagio para significar que van mal sus negocios y los de su amo.
En el mismo sentido pudiera haber dicho irónicamente, *A buen
viento va la parva*, que es como generalmente se dice.

En opinion de la Academia, con la expresion metafórica y familiar *A buen viento va la parva*, se da á entender que algun
negocio, pretension ó granjería camina favorablemente y con
buena fortuna, y tambien se reprende al que pone demasiada
confianza en ella siendo tan instable y varia.

Para expresar el temor ó recelo de que alguna cosa no salga
tan bien como otros esperan, decimos: *Plegue á Dios que orégano sea, y no se nos vuelva alcaravea.*

XII.

.

76.   Quien está ausente todos los males tiene.

Se dice tambien: *Quien está ausente todos los males teme*, y don Quijote reune los dos proverbios, al esforzarse en demostrar á Sancho la razon que le asistia para hacer las locuras que pensaba hacer en Sierra Morena. «Volverse loco un caballero andante con causa, ni grado ni gracias: el toque está (en) desatinar sin ocasion, y dar á entender á mi dama, que si en seco hago esto, qué hiciera en mojado; cuanto más, que harta ocasion tengo en la larga ausencia que he hecho de la siempre señora mia Dulcinea del Toboso, que como ya oiste decir á aquel pastor de marras Ambrosio, quien está ausente todos los males tiene y teme.»

En la Galatea dice tambien Cervántes: *Quien bien ama teme.* Otro refran nos declara que con la ausencia suele olvidarse lo que se ama: *Ausencia enemiga de amor, cuan léjos de ojos, tan léjos de corazon.*

77.   Ojos que no ven, corazon que no quiebra.

En el pasaje transcrito en el número 52 puede verse la aplicacion que hace Cervántes de este adagio, con el cual damos á entender que las lástimas que están léjos se sienten ménos que las que se tienen á la vista. Horacio en la epístola *Ad Pisones*, reconoce en esta verdad vulgar un principio psicológico de grande aplicacion á la literatura dramática.

La leccion adoptada por Cervántes es la misma de la Coleccion del Marqués de Santillana y de la de Vallés. Dícese tambien: *Ojos que no ven, corazon que no siente*, y *Ojos que no ven, corazon que no llora*. Además de la version adoptada por Cervántes, hallamos en la Coleccion del Marqués la siguiente: *Tan lueñe de ojos, tanto de corazon*; y en la de Zaragoza estas dos: *Quanto lueñe de ojos, tanto de corazon*; — *Lo que ojos no ven, corazon no duele*.

79. No son todos los tiempos unos.

Suele usarse, como lo usa Cervántes, contra los que piden algun favor inoportunamente, en un sentido muy semejante al de aquel otro adagio: *No está la Magdalena para tafetanes*.

Encolerizado Sancho porque la encantada Dulcinea le pide que se abra las carnes á azotes, llamándole alma de cántaro y bestion indómito, y porque su amo le amenaza con atarle á un árbol y doblarle la parada, exclama: «Aprendan, aprendan mucho de enhoramala á saber rogar y á saber pedir y á tener crianza, que no son todos los tiempos unos, ni están los hombres siempre de un buen humor.»

Tambien puede emplearse para consolar é infundir esperanza en las tribulaciones y desgracias, como estos, *Un dia viene tras otro dia*, *Tras un tiempo viene otro*, que hallamos en el Rinconete y Cortadillo. Este último se halla tambien usado en el Gil Blas de Santillana.

En cierta ocasion en que Sancho se daba la enhorabuena por lo suave y dulce de la que apénas se podia llamar aventura, contestó don Quijote: «Tú dices bien, Sancho; pero has de advertir, que no todos los tiempos son unos, ni corren de una misma suerte: y esto que el vulgo suéle llamar comunmente agüeros, que no se fundan sobre natural razon alguna, del que es discreto han de ser tenidos y juzgados por buenos acontecimientos.»

Se dice tambien: *Viene un dia tras otro*; — *Tras esa hoja hay otra*; — *Tras el nublo viene el sol, y tras un tiempo viene*

*otro; — Tiempo, viento, mujer y fortuna, presto se muda; —
Súfrase quien penas tiene, que tiempo tras tiempo viene; — No
son todos los dias iguales; — Mañana será otro dia.*

79. No hay cosa segura en esta vida.

Así como los adagios del número anterior se emplean para
consolar y alentar á los desgraciados, este nos recuerda lo de-
leznable de los bienes terrenos para que no nos engriamos en la
prosperidad.

Despues de la soberana paliza de los yangüeses, dice Sancho
á don Quijote: «Mire vuestra merced si se puede levantar, y
ayudarémos á Rocinante, aunque no lo merece, porque él fué la
causa principal de todo este molimiento. Jamás tal creí de Rocinante que le tenia por persona casta y tan pacífica como yo. En
fin, bien dicen que es menester mucho tiempo para venir á
conocer á las personas, y que no hay cosa segura en esta vida.
¡Quién dijera que tras de aquellas tan grandes cuchilladas como
vuestra merced dió á aquel desdichado andante, habia de venir
por la posta y en seguimiento suyo esta tan grande tempestad de
palos, que ha descargado sobre nuestras espaldas?»

Esta sentencia sí que nos coge de lleno á los bienhadados españoles del siglo de oro de la era revolucionaria. Dígalo don
Amadeo de Saboya.

80. Hoy por ti, y mañana por mí.

Eso dicen los de la oposicion á los ministeriales, y los ministeriales á los de la oposicion, y esta verdad es el eje en que se
apoya y gira el complicado juego de las instituciones y turno pacífico de los partidos. Con ella amenazamos á los de arriba, re-
cordándoles lo caduco de las grandezas terrenales, ó consolamos
á los que padecen tribulacion, exhortándoles á sobrellevarla con
resignacion y paciencia.

Cuando el Andante caballero, lleno de pesadumbre por su

vencimiento, exclama: «Pero ¿qué digo, miserable? ¿No soy yo el vencido? ¡no soy yo el derribado? ¿no soy yo el que no puedo tomar armas en un año? ¡Pues qué prometo? ¡De qué me alabo, si ántes me conviene usar de la rueca, que de la espada!» Sancho le sale al paso diciéndole: «Déjese deso, señor: viva la gallina aunque con su pepita (n.º 81), que hoy por tí y mañana por mí, y estas cosas de encuentros y porrazos no hay (que) tomarles tiento alguno, pues el que hoy cae, puede levantarse mañana, si no es que se quiera estar en la cama.»

Tanto este proverbio como casi todos los de los dos números anteriores no se hallan en el Diccionario de la Academia. La Coleccion de Zaragoza y el autor del Diálogo de las lenguas lo traen de esta manera: *Hoy por tí, y cras por mí.* Dícese tambien: *Cual por mí, tal por tí.*

81.   Viva la gallina, aunque con su pepita.

Así lo escribe Cervántes en el pasaje últimamente aducido. En el que sigue á continuacion añade el verbo *sea.* «Yo os digo, mujer, respondió Sancho, que si no pensase ántes de mucho tiempo verme Gobernador de una Insula, aquí me caeria muerto. Eso nó, marido mio, dijo Teresa: viva la gallina, aunque sea con su pepita: vivid vos, y llévese el diablo cuantos gobiernos hay en el mundo.»

No son del parecer de Teresa ni los radicales, ni los federales, ni otras mil castas de liberales.

Las Colecciones del Marqués de Santillana, de Zaragoza, del Comendador y de Iriarte escriben todas, *Viva la gallina con su pepita.* La Academia dice: *Viva la gallina, y viva con su pepita.*

No me parece que el sentido de este refran haya de circunscribirse á aconsejar «que no se curen ciertos achaques habituales, por el riesgo que puede haber de perder la vida.» Los ejemplos de Cervántes demuestran, que además de ser el adagio una regla de higiene, es asimismo una máxima moral, pues que alegóricamente puede extenderse el sentido á toda suerte de males y padecimientos del ánimo.

82. Buen corazon quebranta mala ventura.

Este refran es digno de la misma Santa Teresa de Jesús. Recomiéndanos la fortaleza en las adversidades, por ser bálsamo que las dulcifica, ó remedio heróico que las aleja y vence. Permita el Cielo que en las deshechas tormentas que corremos no se borre del pecho de ningun católico.

Con él exhórta la Duquesa á Sancho, y trata de infundirle valor de ánimo para que se allane á pasar por la terrible prueba que el desencanto de Dulcinea exigia, y por la que estamos pasando ahora todos los españoles para el desencanto de las patrias libertades. «Ea, buen Sancho, le dice, buen ánimo y buena correspondencia al pan que habeis comido del señor don Quijote, á quien todos debemos servir y agradar por su buena condicion y por sus altas caballerías. Dad el sí, hijo, desta azotaina, y váyase el diablo para diablo (n.º 101) y el temor para mezquino, que un buen corazon quebranta mala ventura, como vos bien sabeis.»

Sancho á su vez se esfuerza en alentar á su melancólico amo, rematadamente loco de amores: «Ensanche vuesa merced, señor mio, ese corazoncillo, que le debe de tener agora no mayor que una avellana, y considere que se suele decir, que buen corazon quebranta mala ventura.»

La Coleccion del Marqués de Santillana dice, *Buen esfuerzo quebranta mala ventura*, y en la de Zaragoza hallamos estas dos variantes: *El buen esfuerzo quebranta mala ventura; — Buen corazon quiebra mala ventura.*

Encierran la misma cristiana máxima los siguientes: *De gran corazon viene el sufrir, y de gran seso el bien oir; — Lo que Dios da, llevarse há; — Hueso que te cupo en parte, róele con sutil arte; — El hijo del bueno pasa malo y bueno; — A quien de mucho mal es ducho, poco bien se le hace mucho; — No hay mayor mal, que el descontento de cada cual.*

Hacemos burla de los que por el más leve motivo se quejan y lamentan, con los adagios, *Poco mal, y bien quejado; — Picóme una araña, y atéme una sábana.* Y á los cobardes y pusilánimes se les saluda con el siguiente, no muy pulcro que digamos: *Al que de miedo se muere, de cagajones le hacen la sepultura.*

82. Quien canta, sus males espanta.

¡Oh divino poder de la música! Tengo para mí que hubo de ser el mismo Orfeo en persona el felicísimo inventor de este adagio. De estas facultades extraordinarias de que se halla revestida la música participan, por de contado, todas las demás artes de lo bello, y áun toda especie de distracciones lícitas y honestas, como sean tomadas con compás y medida.

La única vez en que Cervántes emplea este refran es en aquel chistoso diálogo de don Quijote con uno de los galeotes. «Este, señor, va por canario, digo, por músico y cantor. ¡Pues cómo! repitió don Quijote, ¿por músicos y cantores van tambien á galeras! Sí señor, respondió el galeote, que no hay peor cosa que cantar en el ánsia. Antes he oido decir, dije don Quijote, que quien canta sus males espanta. Acá es al revés, dijo el galeote, que quien canta una vez, llora toda su vida.»

Conviene advertir que este es un adagio de dos caras, y que segun como se tome, podrá ser obra de una santa inspiracion, ú obra del mismísimo diablo en persona; porque una cosa es aquella santa alegría que nace de la resignacion de las almas que ponen en Dios su confianza, y á todo dicen, *Hágase tu santa voluntad*, y otra cosa aquellas vanas y locas alegrías del mundo que tienen trazas de borrachera; Es decir que hay música celestial y música bufa, belleza que eleva y purifica al alma, y mentida belleza que la hunde y corrompe; arte que es como un eco del Verbo divino, y arte que es como voz salida de los infernales abismos. Cuando las epidemias, las guerras fratricidas, la impiedad, la consiguiente perturbacion de las ideas y sentimientos morales, desgarran las entrañas de un pueblo, los que para espantar sus males cantan y bailan y corren á los bufos ó á la orgía, hacen de este cristiano adagio una aplicacion detestable.

No ménos filosóficos, pero no ménos expuestos á falsas aplicaciones que el precedente, son los refranes, *Miéntras se rie, no se llora*, y *A mal dar, tomar tabaco.*

XIII.

94. Para todo hay remedio, sino es para la muerte.

Nos valemos de este refran para manifestar que lo que alguno tiene por muy difícil ó imposible, no lo es en realidad, y tambien para consolar y animar al que sufre.

«Mal parece en los gobernadores, dice don Quijote, el no saber leer ni escribir, porque has de saber, ó Sancho, que no saber un hombre leer, ó ser zurdo, arguye una de dos cosas, ó que fué hijo de padres demasiado humildes y bajos, ó él tan travieso y malo, que no pudo entrar en él el buen uso ni la buena doctrina. Gran falta es la que llevas contigo, y así querria que aprendieses á firmar siquiera.» A lo cual respondió Sancho: «Bien sé firmar mi nombre, que cuando fuí Prioste en mi lugar, aprendí á hacer unas letras como de marca de fardo, que decian que decia mi nombre, cuanto más que fingiré que tengo tullida la mano derecha y haré que firme otro por mí, que para todo hay remedio, sino es para la muerte, y teniendo yo el mando y el palo, haré lo que quisiere.»

Cuando don Quijote asegura que para conseguir la libertad de don Gregorio lo más acertado sería que le pusiesen á él en Berbería con sus armas y caballo, que él le sacaria á pesar de toda la morisma, como habia hecho don Gayferos á su esposa Melisendra, Sancho le advierte que el señor don Gayferos sacó á su esposa de tierra firme y la llevó á Francia por tierra firme, y que á don Gregorio no tendrian por donde traerle á España estando la mar en medio. «Para todo hay remedio, sino es para la muerte, respondió don Quijote, pues llegando el barco á la marina, nos podrémos embarcar en él, aunque todo el mundo lo impida.»

En otro lugar, varia y glosa Sancho el adagio de este modo: «Ahora bien, todas las cosas tienen remedio, sino es la muerte, debajo de cuyo yugo hemos de pasar todos, mal que nos pese, al acabar la vida.»

Hállase tambien este refran en el Rinconete y Cortadillo, y en el Celoso Extremeño, y en la última de estas novelas, con esta lijera variante, *Si no es para excusar la muerte.*

El Marqués de Santillana lo escribe así: *A todo hay maña sinon á la muerte,* y la misma leccion adopta Hernan Nuñez. La Coleccion de Zaragoza ofrece las siguientes variantes: *A todo hay remedio sino á la muerte; — Para todo hay remedio, sino para el morir.*

85. No hay bien ni mal que cien años dure.

De esta manera lo escribe la Academia. En la Coleccion de Vallés leemos: *No hay bien que cien años dure, ni mal que á ellos allegue.*

Cervántes no cita íntegro este proverbio, pero alude á él en el siguiente pasaje: «Todas estas borrascas que nos suceden, son señales de que presto ha de serenar el tiempo, y han de sucedernos bien las cosas, porque no es posible que el mal ni el bien sean durables, y de aquí se sigue, que habiendo durado el mal, el bien está ya cerca.»

La verdad de este refran, como la de todos los contenidos en el número 78, y otros que más adelante citarémos, es un dulce bálsamo para los corazones afligidos.

86. Hasta la muerte todo es vida.

Denota este proverbio que miéntras dure la vida queda tiempo para cumplir lo prometido ó para conseguir lo que se desea ó para esperar alivio en los males.

Sancho lo usa en el primer sentido, como lo demuestra el pasaje siguiente: «Sepa vuesa merced, que esto de azotarse un hombre á sangre fria, es cosa recia, y más si caen los azotes sobre un cuerpo mal sustentado y peor comido: tenga paciencia mi señora Dulcinea, que cuando ménos se cate me verá hecho una criba de azotes, y hasta la muerte todo es vida, quiero decir, que áun yo la tengo, junto con el deseo de cumplir con lo que he prometido.»

El refran, *Más hay dias que longanizas* ó *Más dias hay que longanizas*, puede usarse en el primer sentido del anterior, y no creo que deba limitarse á reprender á los que se apresuran demasiado en los negocios que dan tiempo. Avellaneda lo usa en són de amenaza, de la misma manera que suele usarse el proverbio catalan equivalente ó idéntico. Así lo comprueba este ejemplo: «A fe que no me lo osáredes vos decir detrás como me lo decís delante; pero vaya, que más longanizas hay que dias, y bien sabemos aquí mamarnos el dedo, aunque bobos.»

Con el proverbio *Al fin se canta la gloria* damos á entender que hasta despues de concluida una cosa no se puede asegurar cuál será su éxito. Puede por lo tanto usarse en el sentido de los anteriores, ya para animar y consolar, ya para moderar la impaciencia, bien que se use más frecuentemente para advertir á los demasiadamente confiados.

87. Donde una puerta se cierra, otra se abre.

La Coleccion de Zaragoza dice de una manera muy parecida, *Cuando una puerta se cierra, otra se abre*. En la Pícara Justina leemos: *Donde una puerta se cierra, ciento se abren*. La Academia dice: *Cuando una puerta se cierra, ciento se abren*.

Usamos de este proverbio, como de los anteriores, para consolar á alguno en los infortunios y desgracias, recordándole que tras de un lance desdichado suele venir otro feliz y favorable, puesto que, como dice otro proverbio, *Cada semana tiene su disanto*.

«Paréceme, Sancho, dice don Quijote, que no hay refran

que no sea verdadero, porque todos son sentencias sacadas de la mesma experiencia, madre de las ciencias todas (n.° 5), especialmente aquel que dice: donde una puerta se cierra, otra se abre. Dígolo, porque si anoche nos cerró la ventura la puerta de lo que buscábamos, engañándonos con los batanes, ahora nos abre de par en par otra mejor y más cierta aventura, que si yo no acertare á entrar por ella, mia será la culpa, sin que la pueda dar á la poca noticia de batanes, ni á la escuridad de la noche. Digo esto, porque, si no me engaño, hácia nosotros viene uno que trae en su cabeza puesto el yelmo de Mambrino sobre que yo hice el juramento que sabes.»

En otro lugar dice tambien: «Siempre deja la ventura una puerta abierta en las desdichas, para dar remedio á ellas.»

Muchas veces de los mismos infortunios y desgracias, como sepamos sobrellevarlos con resignacion y paciencia, nos resultan grandes bienes. Hé aquí porque nos dice el adagio, que *No hay mal que por bien no venga*, y que *Lo que tiñe la mora, otra verde lo descolora*, y que *A gran seca, gran mojada*. Y como tambien es muy cierto que *Hambre que espera hartura no es hambre*, áun cuando los infortunios no tuvieran compensacion en esta vida, teniéndola, como la tienen, segurísima en el cielo; siempre resulta que la tribulacion para el alma cristiana, léjos de ser un mal, suele ser uno de los mayores beneficios que la providencia de Dios nos concede. *Tras este mundo otro verná.*

85. Dios es grande.

Ahí está el quid. Este sí que es refran y medio, y que vale por todo un sermon. No puede darse traduccion más breve, más sencilla, más popular, más acertada, de aquel sublime versículo: *Spera in Deo, quoniam adhuc confitebor illi: salutare vultus mei, et Deus meus.*

Al escuchar don Quijote que uno de los galeotes iba por cinco años á las señoras gurapas por faltarle cinco ducados, díjole que él daria veinte de muy buena gana por librarle de aquella pesadumbre. A lo cual respondió el galeote: «Eso me parece como quien tiene dineros en mitad del golfo, y se está muriendo de hambre sin tener adonde comprar lo que ha menester: dígolo, porque si á su tiempo tuviera yo esos veinte ducados que vuestra merced ahora me ofrece, hubiera untado con ellos la péndola del escribano, y avivado el ingenio del procurador de manera, que hoy me viera en mitad de la plaza de Zocodover de Toledo, y no en este camino, atraillado como galgo; pero Dios es grande, paciencia, y basta.»

Dícese tambien: *No es Dios viejo;* — *No se ha muerto Dios de viejo;* — *En chica hora Dios mejora;* — *Dios mejora las horas;* — *De hora á hora, Dios mejora;* — *No hiere Dios con dos manos;* — *Más puede Dios que el diablo.*

89. Las avecitas del campo tienen á Dios por su proveedor y despensero.

No me consta que nadie haya tomado por refran esta hermosa sentencia, sacada de los Libros Sagrados. Pero es tan hermosa, que no creo que cupiera omitirla.

En el pasaje siguiente, que es tal vez el más inspirado por la musa popular, mezclados con alguno de los refranes ya citados y otros que se citarán más adelante, el buen Sancho ensarta una retahila de pensamientos profundos, que si no son verdaderos refranes, no ceden en mérito á los mejores entre los mejores. Dice á la Duquesa: «Si vuestra altanería no quisiere que se me dé el prometido gobierno, *de ménos me hizo Dios* (n.º 93), y podria ser que el no dármele redundase en pro de mi conciencia, que magüera tonto, se me entiende aquel refran de, *por su mal le nacieron alas á la hormiga* (n.º 127), y áun podria ser, que se fuese más aina Sancho escudero al cielo, que no Sancho gobernador: *tan buen pan hacen aquí como en Francia* (n.º 117), y *de noche todos los gatos son pardos* (n.º 10); y asaz de desdichada es la persona que á las dos de la tarde no se ha desayunado; y *no hay estómago que sea un palmo mayor que otro* (n.º 190), el cual se puede llenar, como suele decirse, *de paja y heno* (n.º 142): y *las avecitas del campo tienen á Dios por su proveedor y despensero* (n.º 89); y *más calientan cuatro varas de paño de Cuenca, que otras cuatro de limiste de Segovia* (n.º 191); y al dejar este mundo y meternos la tierra adentro, por tan estrecha senda va el príncipe como el jornalero; y no ocupa más piés de tierra el cuerpo del Papa que el del sacristan, aunque sea más alto el uno que el otro, que al entrar en el hoyo todos nos ajustamos y encogemos, ó nos hacen ajustar y encoger, mal que nos pese, y á buenas noches: y torno á decir que si Vuestra Señoría no me quisiere dar la ínsula por tonto, yo sabré no dárseme nada por discreto: y yo he oido decir que *detrás de la cruz está el diablo* (n.º 14), y que *no es oro todo lo que reluce* (n.º 11), y que de entre los bueyes, arados y coyundas sacaron al labrador Wamba para ser rey de España, y de entre los brocados y pasatiempos y riquezas sacaron á Rodrigo para ser comido de culebras (si es que las trovas de los romances antiguos no mienten).»

90. Dios hace salir su sol sobre los buenos y malos.

Con este proverbio, traducido de la Sagrada Escritura, consuela don Quijote á su escudero, que tan apesadumbrado estaba por las palizas, el manteamiento, la pérdida de las alforjas y los estragos del bálsamo de Fierabras. «Mas con todo esto sube en tu jumento, Sancho el bueno, y vénte tras mí, que Dios, que es proveedor de todas las cosas, no nos ha de faltar, y más andando tan en su servicio como andamos, pues no falta á los mosquitos del aire, ni á los gusanillos de la tierra, ni á los renacuajos del agua, y es tan piadoso, que hace salir su sol sobre los buenos y malos, y llueve sobre los injustos y justos.»

Otro refran nos advierte muy oportunamente, que *de Dios viene el bien, y de las abejas la miel.*

91. Dios que da la llaga, da la medicina.

Este es el complemento y corolario de los tres precedentes, y una brevísima explanacion del *salutare vultus mei.*

Cuando el amigo de Basilio dice que todos los que á éste conocian temian que el dar el *sí* mañana la hermosa Quiteria, habia de ser la sentencia de su muerte, puesto que tan apasionado tenia el corazon, Sancho contesta con éstas filosóficas reflexiones: «Dios lo hará mejor, que Dios que da la llaga, da la medicina: nadie sabe lo que está por venir: de aquí á mañana muchas horas hay, y en una y áun en un momento se cae la casa: y yo he visto llover y hacer sol, todo á un mesmo punto: tal se acuesta sano la noche, que no se puede mover otro dia. Y díganme, ¿por ventura habrá quien se alabe que tiene echado un clavo á la rodaja de la fortuna?»

En la Fuerza de la sangre emplea tambien Cervántes este adagio, con una lijera variante: «Mas como suele decirse que cuando Dios da la llaga, da la medicina, la halló el niño en esta casa.»

En el Quijote de Avellaneda leemos: *De muy grandes males, suele sacar Dios mayores bienes.* Son muy hermosos tambien los siguientes: *El tiempo cura al enfermo, que no el ungüento;* — *Al descalabrado, nunca le falta un trapo, que roto, que sano.*

XIV.

92. Paciencia y barajar.

Con este refran manifestamos nuestra conformidad con los decretos de la Providencia en los casos desgraciados.

El encantado Durandarte allá en la cueva de Montesinos, al oir de los labios de su primo Merlin que á su presencia estaba aquel valeroso don Quijote de la Mancha, por cuyo medio y favor podria ser que fuesen desencantados, respondió con voz lastimera y baja: «Y cuando así no sea, cuando así no sea, primo, digo paciencia y barajar; y volviéndose de lado, tornó á su acostumbrado silencio sin hablar más palabra.» De estas palabras de Durandarte colige el erudito humanista, compañero de don Quijote, que ya en tiempo del emperador Carlomagno debieron de estar en uso los naipes.

93. De ménos nos hizo Dios.

Expresa tambien nuestra conformidad con la voluntad del cielo, áun cuando no alcancemos lo que deseábamos; como puede verse en el pasaje citado en el número 89.

Cortadillo para consolar al estudiante á quien acababa de hurtar la bolsa, le dice: «Para todo hay remedio sino para la muerte (n.º 84), y el que vuesa merced podrá tomar, es lo primero y principal tener paciencia, que de ménos nos hizo Dios, y un dia viene tras otro dia, y donde las dan las toman (n.º 55), y podria ser que con el tiempo el que se llevó la bolsa se viniese á arrepentir, y se la volviese á vuesa merced sahumada.»

94. Bien se está San Pedro en Roma.

Con este adagio no solamente expresamos nuestra conformidad con la suerte, sino tambien nuestro contento y poco deseo de mudanza.

El mismo Sancho nos explica su sentido cuando dice: «Perdónenme las barbas de estas señoras, que bien se está San Pedro en Roma: quiero decir que bien me estoy en esta casa, donde tanta merced se me hace.»

En otra ocasion dice tambien: «Bien se está San Pedro en Roma: quiero decir, que bien se está cada uno usando el oficio para que fué nacido.»

Este refran le parecerá, supongo, á la opinion pública poco revolucionario, y por lo tanto, demasiado neocatólico.

En la Coleccion de Zaragoza y en la de Nuñez hallamos una adicion muy poco conocida: *Bien se está San Pedro en Roma, si no le quitan la corona.*

Otro refran dice: *El que bien está no se muda.*

95. Desnudo nací, desnudo me hallo, ni pierdo ni gano.

«Desnudo nací, desnudo me hallo, ni pierdo ni gano: quiero decir, que sin blanca entré en este gobierno y sin ella salgo, bien al revés de como suelen salir los gobernadores de otras ínsulas.»

Esto dijo Sancho al despedirse de los funcionarios públicos de la ínsula, y esto mismo repitió, puesto de rodillas ante el Duque y la Duquesa, al volver de su gobierno: «Yo, señores, porque lo quiso vuestra Grandeza, sin ningun merecimiento mio, fuí á gobernar vuestra ínsula Barataria, en la que entré desnudo y desnudo me hallo, ni pierdo ni gano.»

Al despedirse de ellos', vuelve á las andadas: «En efecto, yo entré desnudo en el gobierno y salgo desnudo de él, y así podré decir con segura conciencia, que no es poco: desnudo nací, desnudo me hallo, ni pierdo ni gano.»

Del mismo refran se habia valido para expresar lo poco que le importaba que el maestro Elisabat y la reina Madasima hubiesen estado ó nó amancebados.

Finalmente, al ver que los envidiosos historiadores traen su honra al estricote aquí y allí, barriendo calles, hace las siguientes reflexiones: «Y cuando otra cosa no tuviese, sino el creer, como siempre creo, firme y verdaderamente en Dios y en todo aquello que tiene y cree la Santa Iglesia Católica Romana, y el ser enemigo mortal, como lo soy, de los judíos, debian los historiadores tener misericordia de mí, y tratarme bien en sus escritos; pero digan lo que quisieren, que desnudo nací, desnudo me hallo, ni pierdo ni gano; aunque por verme puesto en libros y andar por ese mundo de mano en mano, no se me da un higo que digan de mí todo lo que quisieren.»

Con unas cuantas docenas de docenas de Sanchos, quedaba arreglada España en un abrir de ojos.

96. Con lo mio Dios me ayude.

No sabiendo don Quijote á donde Sancho iba á parar con tantos refranes y circunloquios, Sancho le declara de este modo su pensamiento: «Voy á parar, en que vuesa merced me señale salario conocido de lo que me ha de dar cada mes el tiempo que le sirviere, y que el tal salario se me pague de su hacienda, que no quiero estar á mercedes, que llegan tarde, ó mal, ó nunca: con lo mio Dios me ayude. En fin, yo quiero saber lo que gano, poco ó mucho que sea, que sobre un huevo pone la gallina (n.º 199), y muchos pocos hacen un mucho (n.º 200), y miéntras se gana algo, no se pierde nada (n.º 198).»

97. Amanecerá Dios, y medrarémos.

Véase cómo emplea este adagio el escudero del caballero del Bosque. «Dios (dice Sancho) bendijo la paz y maldijo las riñas, porque si un gato acosado, encerrado y apretado se vuelve en leon, yo que soy hombre, Dios sabe en lo que podré volverme: y así desde ahora intimo á vuesa merced, señor escudero, que corra por su cuenta todo el mal y daño que de nuestra pendencia resultare. Está bien, replicó el del Bosque: amanecerá Dios y medrarémos.»

Sancho lo emplea tambien en el pasaje siguiente: «Si los escuderos fuéramos hijos de los caballeros á quien servimos, ó parientes suyos muy cercanos, no fuera mucho que nos alcanzara la pena de sus culpas hasta la cuarta generacion. Pero ¡qué tienen que ver los Panzas con los Quijotes! Ahora bien, tornémonos á acomodar, y durmamos lo poco que queda de la noche, y amanecerá Dios y medrarémos.»

Maese Pedro, refiriéndose al mono que se le habia escapado, modifica el refran de ese modo: «Ninguno lo podrá decir mejor que mi mono; pero no habrá diablo que ahora le tome, aunque imagino que el cariño y la hambre le han de forzar á que me busque esta noche, y amanecerá Dios y verémonos.»

Cita tambien Cervántes este adagio en la Ilustre fregona.

Expresamos con él, no solamente nuestra resignacion y conformidad, sino tambien la esperanza del remedio.

98. Aun hay sol en las bardas.

Cuando el bachiller Sanson Carrasco cuenta á don Quijote y á Sancho lo que de entrambos se decia en la historia que de sus aventuras andaba escrita, dice que no faltaba quien creyese que Sancho habia andado demasiadamente crédulo en creer que podia ser verdad el gobierno de aquella ínsula ofrecida por el señor don Quijote. A lo cual don Quijote replicó: «Aun hay sol en las bardas, y miéntras más fuere entrando en edad Sancho, con la experiencia que dan los años, estará más idóneo y hábil para ser gobernador, que no está agora.»

Con esta locucion ó refran damos á entender que áun hay tiempo y no debe perderse la esperanza de conseguir alguna cosa.

La Academia en la última edicion del Diccionario califica de *frase metafórica* este adagio, y en el Diccionario de Autoridades lo habia calificado de locucion, citando este mismo ejemplo del Quijote. La única coleccion de refranes en que figura este, bien que con una pequeña variante, es la de Vallés, donde se lee, *Aun hay sol en los tejados.*

99. Dios lo oiga, y el pecado sea sordo.

De esta expresion ó adagio nos valemos para manifestar el vivísimo deseo de que suceda bien alguna cosa que intentamos.

Sancho aconseja á don Quijote que se vuelva á su casa dejándose de aventuras, y sin duda para demostrarle lo desinteresado del consejo, le dirige estas palabras: «Yo que dejé con el gobierno los deseos de ser más gobernador, no dejé la gana de ser conde, que jamás tendrá efecto, si vuesa merced deja de ser rey, dejando el ejercicio de su caballería, y así vienen á volverse en humo mis esperanzas.» A lo cual contestó don Quijote: «Calla, Sancho, pues ves que mi reclusion y retirada no ha de pasar de un año, que luégo volveré á mis honrados ejercicios, y no me ha de faltar reino que gane, y algun condado que darte.» Y Sancho replicó: «Dios lo oiga y el pecado sea sordo, que siempre he oido decir, que más vale buena esperanza que ruin posesion (n.º 193).»

En la pacífica aventura de las imágenes de los Santos caballeros, don Quijote forma el siguiente paralelo: «La diferencia que hay entre mí y ellos es, que ellos fueron santos y pelearon á lo divino, y yo soy pecador y peleo á lo humano. Ellos conquistaron el cielo á fuerza de brazos, porque el cielo padece fuerza, y yo hasta agora no sé lo que conquisto á fuerza de mis trabajos; pero si mi Dulcinea del Toboso saliese de los que padece, mejorándose mi ventura, y adobándoseme el juicio, podria ser que encaminase mis pasos por mejor camino del que llevo.» *Dios lo oiga y el pecado sea sordo,* dijo Sancho al momento.

100. A quien Dios se la diere, San Pedro se la bendiga.

Denota este proverbio la disposicion á conformarse con los decretos de la Providencia, sea cual fuere el éxito de nuestras pretensiones y deseos.

Despues de la empeñada discusion y chistosísima votacion secreta á que dió pié el famoso yelmo de Mambrino, dijo don Quijote: «Aquí no hay más que hacer, sino que cada uno tome lo que es suyo, y á quien Dios se la dió, San Pedro se la bendiga.»

Con este oportuno campanillazo y con no ménos desenfado y brio que el que en ocasion análoga demostró el bizarro republicano Pavía, capitan general de Madrid, cerró de golpe y porrazo aquella tempestuosa sesion, la más tempestuosa que jamás se haya visto ni oido en esta bendita tierra que tan buenos garbanzos y tan buenos nabos produce.

En aquel lance del desafío con el lacayo Tosilos, al ver que éste se allanaba á tomar por consorte á la hija de doña Rodriguez, dijo tambien don Quijote: «Pues esto así es, yo quedo libre y suelto de mi promesa: cásense en hora buena, y pues Dios nuestro Señor se la dió, San Pedro se la bendiga.»

Por último, al caballero de la Blanca Luna, á aquel que habia de dar fin á sus andantescas aventuras, en el mismo instante de aceptarle el desafío, con ánimo resuelto le dirigió don Quijote las siguientes palabras: «Tomad pues la parte del campo que quisiéredes, que yo haré lo mismo, y á quien Dios se la diere, San Pedro se la bendiga.»

He preferido esta última leccion por ser la más corriente y la adoptada por la Academia.

En el Persíles usa tambien Cervántes este refran, diciendo, como en los dos primeros de los citados pasajes, *A quien Dios se la dió.* Otros, en lugar de *San Pedro,* dicen *San Anton se la bendiga.*

101. Váyase el diablo para diablo.

Con este refran exhorta don Quijote á Sancho á que ponga manos en el desencanto de Dulcinea, como puede verse en el primero de los pasajes citados en el número 82.

La Academia no incluye este refran, pero acepta la expresion *Vaya el diablo para malo*, con que, dice, se exhorta á ejecutar alguna cosa prontamente para evitar inconvenientes ó malas consecuencias.

En el Persíles se usa en un sentido algo conforme con el que explica la Academia, como lo demuestra el pasaje siguiente: «Si va á decir verdad, señores Alcaldes, tan marida es Mari Cobeña de Tozuelo, y él marido della, como lo es mi madre de mi padre, y mi padre de mi madre: ella está en cinta, y no está para danzar ni bailar: cásenlos y váyase el diablo para malo, y á quien Dios se la dió, San Pedro se la bendiga (n.º 100).»

La Academia trae tambien la expresion, ó adagio, *Vaya el diablo para ruin*, y dice que suele usarse para sosegar alguna pendencia ó discordia, y volver á conciliar la amistad. Indudablemente puede usarse con este objeto, pero no se limita el uso á este solo caso, como lo demuestran claramente dos distintos pasajes del Quijote de Avellaneda. Dice el primero: «¿Teneis buen apetito de almorzar, Sancho amigo? Ese, dijo él, señor mio, *gloria tibi, Domine*, nunca me falta, y es de manera, que (en salud sea mentado, y vaya el diablo para ruin) no me acuerdo en todos los dias de mi vida haberme levantado harto de la mesa.» El segundo es como sigue: «Pues, Sancho, si vuestro amo ha de alquilar dos camas, una para mí y otra para vos, ¿no será mejor que nos ahorremos el real de la una cama, para comprar con él un gentil plato de mondongo y un cuartal de pan, con que os pongais hecho un trompo, y vaya el diablo para ruin!»

Paréceme tiempo perdido el querer determinar con toda precision el sentido de estas tres frases, expresiones, ó mas bien adagios, y que los tres pueden emplearse indistintamente para animar á la ejecucion de alguna cosa, cualesquiera que sean las consecuencias, y *Salga el sol por Antequera*.

XV.

102. Regostóse la vieja á los bledos, no dejó verdes ni secos.

No usa Cervántes de este refran mas que en el segundo de los pasajes citados en el número 26.

En la Coleccion del Marqués de Santillana se escribe el refran de este modo: *Regostóse la vieja á los bledos, nin dejó verdes nin secos.* Esta misma leccion adopta la Coleccion de Nuñez, y tambien el autor del Diálogo de las lenguas, pero este escribe *arregostóse.* En la Coleccion de Zaragoza se dice: *Arregostóse la vieja á los bledos, ni deja verdes ni secos.* La Academia trae estas dos versiones: *Arregostóse la vieja á los bledos, ni dejó verdes ni secos; — Empicóse la vieja á los bledos, no dejó verdes ni secos.*

Expresa este proverbio que la fuerza de la aficion á alguna cosa nos hace atropellar por todo.

Para significar la fuerza de los naturales instintos ó de una mala educacion se dice: *La cabra siempre tira al monte; — La zorra mudará los dientes, mas no las mientes; — Burla burlando, váse el lobo al asno; — El polvo de la oveja alcohol es para el lobo.*

En el Persíles encontramos un adagio que Cervántes califica de antiguo, con el cual se pondera la fuerza del hábito ó costumbres adquiridas: *La costumbre es otra naturaleza.* Avellaneda lo trae tambien, con esta pequeña variante: *La costumbre con-*

vierte las cosas en naturaleza. Varios son los refranes que tienen con este más ó ménos relacion; v. g.: *Tras diez dias de herrero, duerme al són el perro; — La zamarra y la vileza al que se la aveza; — Mudar costumbre es á par de muerte; — El que malas mañas há, tarde ó nunca las perderá; — Quien hace un cesto, hará ciento; — Lo que en la leche se mama, en la mortaja sale; — Lo que en el capillo se toma, con la mortaja se deja; — No me pesa de mi hijo que enfermó, sino del vezo que tomó; — Viejo es Pedro para cabrero; — Apartarnos há la azada y la pala; — Genio y figura, hasta la sepultura; — Vezo pon, que vezo quites.* En el Quijote de Avellaneda hallamos el siguiente: *La locura tarde se cura.*

108.   Muera Marta, y muera harta.

Cuando don Quijote, al verse pisado, acoceado y molido de los piés de animales inmundos y soeces, dice que esta consideracion le embota los dientes, entorpece las muelas y entomece las manos y quita de todo en todo la gana del comer, de manera que piensa dejarse morir de hambre, muerte la más cruel de las muertes, Sancho contesta: «Desa manera no aprobará vuesa merced aquel refran que dicen: muera Marta, y muera harta: yo á lo ménos no pienso matarme á mí mismo; ántes pienso hacer como el zapatero, que tira el cuero con los dientes hasta que le hace llegar donde él quiere.»

En la Coleccion del Marqués de Santillana leemos, *Muera gata, é muera farta;* pero la leccion de Cervántes además de ser la usual y corriente, es la adoptada por la Academia y la que siguen las mejores colecciones.

Con este refran expresamos la resolucion de hacer nuestro gusto por grave perjuicio que esto nos cause, y en sentido irónico podemos usarlo tambien para increpar á los que obran de esta manera.

Más vale un gusto que cien panderos.

104.   Aunque las calzo, no las ensucio.

Cuando la Duquesa dice á Sancho, suponiéndole muy apto para gobernar una ínsula, que debajo de mala capa, suele haber buen bebedor (n.º 113), responde Sancho: «En verdad, señora, que en mi vida he bebido de malicia; con sed bien podria ser, porque no tengo nada de hipócrita: ¡bebo cuando tengo gana, y cuando no la tengo, y cuando me lo dan, por no parecer ó melindroso ó mal criado, que á un brindis de un amigo ¿qué corazon ha de haber tan de mármol, que no haga la razon! Pero aunque las calzo, no las ensucio: cuanto más, que los escuderos de los caballeros andantes casi de ordinario beben agua, porque siempre andan por florestas, selvas y prados, montañas y riscos, sin hallar una misericordia de víno, si dan por ella un ojo. »

Lo que Sancho expresa alegóricamente con este refran es que áun cuando bebe, no es ningun borracho, como suponen las falsas historias. Por consiguiente, lo que el proverbio denota en general es que áun cuando uno siga su gusto ó haga alguna cosa, no lo hace inmoderadamente, de manera que degenere en exceso ó vicio.

105.   Digan, que de Dios dijeron.

Con este proverbio expresamos el poco caso que hacemos de la murmuracion ó de los dichos ajenos.

Véase el segundo de los fragmentos transcritos en el número 12. Tambien se dice: *Digan y dirán, que la pega no es gavilan.*

106.   Cada uno es como Dios le hizo.

Este suele usarse para contestar á los que se meten á censurar nuestras acciones.

A las pullas del bachiller Sanson Carrasco sobre el paradero de los cien escudos de la maleta, contesta Sancho: «Nadie tiene que meterse en si truje ó no truje, si gasté ó no gasté, que si los palos que me dieron en estos viajes se hubieran de pagar á dinero, aunque no se tasaran sino á cuatro maravedís cada uno, en otros cien escudos no habia para pagarme la mitad: y cada uno meta la mano en su pecho (n.º 221), y no se ponga á juzgar lo blanco por negro, y lo negro por blanco, que cada uno es como Dios le hizo y áun peor muchas veces.»

No se halla este refran en el Diccionario de la Academia, pero vienen á decir lo mismo los siguientes: *Cada uno estornuda como Dios le ayuda; —Cada uno tiene su modo de matar pulgas; —Cada maestrillo tiene su librillo; —Cada uno se entiende; —Cada uno se dice quien es.*

107. Cada uno es hijo de sus obras.

Con este refran manifestamos que el aprecio que las personas merecen, depende de su conducta ó modo de obrar, mas bien que de su posicion social, riquezas ó linaje. Con él suele contestarse á los que censuran el humilde orígen de alguno.

«Halduos puede haber caballeros (dice don Quijote): cuanto más, que cada uno es hijo de sus obras.»

Al notar el Duque que Dulcinea en lo de la alteza del linaje no corre parejas con las Orianas, con las Alastrajareas, con las Madasimas, ni con otras de este jaez, contéstale el enamorado y discreto caballero: «A eso puedo decir, que Dulcinea es hija de sus obras, y que las virtudes adoban la sangre.»

Sancho Panza dice tambien de sí mismo: «Aunque pobre, soy cristiano viejo, y no debo nada á nadie, y si ínsulas deseo, otros desean otras cosas peores, y cada uno es hijo de sus obras, y debajo de ser hombre puedo venir á ser Papa, cuanto más gobernador de una ínsula.»

No se dirá de este adagio que no se halle á toda la altura de la ciencia democrático-federal.

Quien ruin es en su villa, ruin es en Sevilla; —Quien ruin es en su tierra, ruin es fuera de ella.

108. Bien predica quien bien vive.

Este proverbio denota cuánto ayuda á la persuasion el buen ejemplo. No deberian echarlo en saco roto los grandes oradores de los congresos y plazuelas; porque ¿qué vale ni qué significa que Sagasta ponga á las nubes las ideas conservadoras, ni que Serrano ó Topete ponderen las maravillas de la ordenanza militar, ni que el otro pinte con magnificencia las grandes ventajas de la unidad religiosa, ni que así Figueras, como Pí, como Orense el chico no cesen de encarecernos la suprema necesidad del órden, ni que Salmeron nos hable hasta de moral pública, ni que los monárquicos revolucionarios pidan, como las ranas, unos mostachos de los buenos, ni que Castelar nos transporte á aquellos deliciosos oasis de los monasterios, ni que tantos y tantos nos vengan charlando de libertades, y de derechos, y de tolerancia, y de civilizacion, y de ciencia, y de la dignidad del trabajo, y de rábanos fritos!

Don Quijote, admirado de la elocuencia de su escudero, dícele que si como tiene buen natural tuviera discrecion, podria tomar un púlpito en la mano y irse por ese mundo predicando lindezas. Pues ¡saben ustedes lo que Sancho contesta! « Bien predica quien bien vive, y yo no sé otras tologías.»

Es cierto que otros refranes nos dicen: *Haz lo que bien digo, y no lo que mal hago;* — *Haz lo que dice el fraile, y no lo que hace;* mas la elocuencia de los hechos no dejará de ser nunca la más poderosa de todas las elocuencias. Los hechos, los hechos serán los que al fin y al cabo han de convencer á todos los españoles de los grandes beneficios de la gloriosa sublevacion de setiembre, y de la república federal-democrática-social-internacional.

109. Cada uno es artífice de su ventura.

Este refran muchísimos años ántes que la constitucion federal nonata, que no será la última, reconoció la autonomía del individuo, del municipio, de la provincia, del canton ó estado, y de la federacion. En él está fundada la separacion de la Iglesia y el Estado, en él está fundada la política de no intervencion, que es la que más le sale á cuenta á Bismark, en él están fundadas las libertades económicas, en él estriba como sobre su piedra angular todo el edificio anárquico de Proudhon, y campe quien pueda, que *Este mundo es golfo redondo; quien no sabe nadar váse al hondo.*

«Tan de valientes corazones es, señor mio, decia á su conciudadano Quijote el ciudadano Sancho, tener sufrimiento en las desgracias, como alegría en las prosperidades: y esto lo juzgo por mí mismo, que si cuando era gobernador estaba alegre, agora que soy escudero de á pié, no estoy triste: porque he oido decir, que esta que llaman por ahí fortuna, es una mujer borracha y antojadiza, y sobre todo ciega, y así no ve lo que hace, ni sabe á quien derriba, ni á quien ensalza.» El ciudadano Sancho desconocia por lo visto las leyes de las evoluciones y proceso históricos. El ciudadano Quijote le corrige oportunamente, y con la más delicada cortesía parlamentaria: «Muy filósofo estás, Sancho, muy á lo discreto hablas, no sé quién te lo enseña. Lo que te sé decir es, que no hay fortuna en el mundo, ni las cosas que en él suceden, buenas ó malas que sean, vienen acaso, sino por particular providencia de los cielos, y de aquí viene lo que suele decirse, que cada uno es artífice de su ventura. Yo lo he sido de la mia; pero no con la prudencia necesaria, y así me han salido al gallarin mis presunciones.» El ciudadano Quijote reconoce el libre albedrío, sin negar la Providencia, ni la Predestinacion.

En el Persíles se halla citado tambien este adagio.

XVI.

110.   Ruin sea quien por ruin se tiene.

Este refran amonesta á no sentir tan bajamente de sí mismo, que se dé ocasion á ser mirado con desprecio. Hoy por hoy no hace gran falta el consejo; porque todo el mundo se estima en mucho, y todo el mundo comprende perfectamente toda la extension de sus individuales, y toda la dignidad del ciudadano.

Don Quijote se lo aplica á Sancho á propósito del proyectado enlace de éste con la doncella tercera de la infanta que con el tiempo habia de robar, y de la merced del condado que pensaba hacerle. «Hágalo Dios, como yo deseo, y tú, Sancho, has menester, y ruin sea quien por ruin se tiene.»

En la Adjunta del Viaje al Parnaso se lee: «Todo poeta á quien sus versos le hubieren dado á entender que lo es, se estime y tenga en mucho, ateniéndose á aquel refran: Ruin será el que por ruin se tiene.»

111.   De los hombres se hacen los obispos, que no de las piedras.

«Paréceme á mí, dice Sancho, que en esto de los gobiernos todo es comenzar, y podria ser que á quince dias de gobernador me comiera las manos tras el oficio, y supiese más dél que de la labor del campo en que me he criado.» Y la Duquesa le contesta: «Vos teneis razon, Sancho, que nadie nace enseñado (n.º 112), y de los hombres se hacen los obispos, que no de las piedras.»

Con estas palabras se propone advertir la Duquesa que con la diligencia y la buena voluntad, los más humildes pueden hacerse dignos de aspirar á los más encumbrados honores.

Este pasaje vale un Perú para demostrar en la cátedra de historia desde cuán antiguo están arraigadas en España las ideas democráticas, y que eso de hacer todo un gobernador de un cualquiera es cosa que se cae de puro vieja. Y quien dice gobernador, dice presidente, rey, emperador ó lo que sea.

Véase sino ese otro texto del mismo Quijote que acaba de remachar el clavo. «Pero el haberse casado con un caballero tan gentilhombre y tan entendido como aquí nos le han pintado, en verdad en verdad, que aunque fuese necedad, no fué tan grande como se piensa, porque segun las reglas de mi señor, que está presente y no me dejará mentir, así como se hacen de los hombres letrados los obispos, se pueden hacer de los caballeros, y más si son andantes, los reyes y los emperadores. Razon tienes, Sancho, dijo don Quijote, porque un caballero andante, como tenga dos dedos de ventura, está en potencia propincua de ser el mayor señor del mundo.»

Dígase en vista de estos documentos si la democracia es cosa de ayer en España.

Los que de ningun modo transijan con el ofensivo vocablo *obispos*, pueden, al compás de las volteretas revolucionarias, variar el refran de mil maneras, v. g.: *De los patriotas se hacen los empleados, que no de los tontos; — De los progresistas se hacen los realistas, que no de los federales; — De los contrabandistas se hacen los estanqueros, que no de los carabineros; — De los paisanos se hacen los coroneles, que no de los quintos; — De los hombres de corazon se hacen los generales, que no de los militares*, etc., etc.

Generalmente se suprime la segunda parte del adagio, como lo hace el mismo Cervántes en el Licenciado Vidriera, donde dice sencillamente: *De los hombres se hacen los obispos.*

En el Quijote de Avellaneda hallamos otro proverbio tan democrático como el anterior, que dice, *Aunque negras, no tiznamos*, y además el siguiente que raya ya en demagógico: *Tan bueno es como el Rey y el Papa el que no tiene capa.*

112. Nadie nace enseñado.

El pasaje del Quijote inserto en el número anterior es el único en que se halla consignado este retrógrado refran de todo punto falso en el estado actual de la civilizacion hispana. Aquí todo el mundo nace enseñado, y todo el mundo sirve para todo.

113. Debajo de mala capa suele haber un buen bebedor.

« Todo cuanto ha dicho aquí el buen Sancho son sentencias catonianas, ó por lo ménos, sacadas de las mesmas entrañas del mismo Micael Verino, *florentibus occidit annis*. En fin, en fin, hablando á su modo, debajo de mala capa suele haber buen bebedor.»

. Lo que la Duquesa quiere decir con esto, es que á veces en los sugetos cuyas prendas exteriores no prometen gran cosa, suelen encontrarse prendas y circunstancias de gran valía.

Cuéntase que Gonzalez Brabo al ver á los diputados de las últimas Córtes monárquicas dijo que acababa de llegar á Madrid un tren de tercera clase. Posteriormente les ha tocado el turno á los trenes de carga, y sin embargo, ya se ha visto como de lo que parecian bultos y fardos han ido saliendo grandes estadistas, grandes diplomáticos, grandes ministros, grandes presidentes, grandes marqueses y condes, grandes generales, grandes oradores, grandes sabios, grandes de toda laya: lo cual demuestra que el cuarto estado, lo mismo que el primero ó que el undécimo, es tan bueno para un fregado comó para un barrido, y que no hay que fiarse de las apariencias, ni de esas distinciones arbitrarias de razas, clases, estados y cantones. Buenos bebedores y vividores sin distincion de capas ni capotes los da España á granel, y precisamente los de capa raida suelen ser los más finos.

Ignoro en qué se funda la Academia para asegurar que antiguamente se dijo *vividor* en vez de *bebedor*. En las colecciones del Marqués de Santillana, de los Refranes glosados, de Nuñez y de Zaragoza se lee: *So mala capa yace buen bebedor.* Cervántes en el Celoso extremeño escribe: *Debajo de mala capa suele estar buen bebedor.* Covarrubias dice: *Debajo de mala capa hay buen bebedor.* La leccion de la Academia es la siguiente: *Debajo de una mala capa hay un buen bebedor.* El autor de la Pícara Justina vuelve el refran al revés de este modo: *Debajo de buena capa hay mal bebedor*, lo que puede ser tan verdad como lo primero. En la Coleccion de Malara se lee el siguiente: *Debajo del buen sayo está el hombre malo.*

En el Celoso extremeño junta Cervántes este proverbio con aquel otro que expresa de una manera más lata y comprensiva el mismo pensamiento: *Debajo del sayal hay al.* El autor de la Pícara Justina lo escribe como Cervántes; pero en el Diálogo de las lenguas así como en todas las colecciones antiguas se dice: *So el sayal hay al. El hábito no hace al monje*, dice por fin otro adagio; y otro corre tambien de boca en boca, que pudiera ocasionar una muy séria protesta del canton valenciano, que dice así: *Médicos de Valencia, haldas largas y poca ciencia.*

114. Algo va de Pedro á Pedro.

Así dice Martos hablando de Sagasta, y así dice Sagasta hablando de Martos. Este es el tema que están glosando ahora los periódicos radicales y los progreseros.

«Mire como habla, señor barbero, que no es todo hacer barbas, y algo va de Pedro á Pedro. Dígolo porque todos nos conocemos, y á mí no se me ha de echar dado falso: y en esto del encanto de mi amo, Dios sabe la verdad (n.º 257), y quédese aquí, porque peor es meneallo.»

Con este refran expresamos la diferencia que va de un sugeto á otro, y suele usarse contra los que nos creen capaces de hacer lo que hacen ellos ú otras personas.

En la mayor parte de las colecciones se lee, *Mucho va de Pedro á Pedro;* y en la del Marqués de Santillana, *Diferencia va de Pedro á Pedro.*

115. Un diablo parece á otro.

Revolucionario—conservador, conservador-revolucionario, conservador-unionista, conservador-progresista, conservador-radical, conservador-federal, conservador-intransigente, conservador-internacional, conservador-socialista, conservador en, con, de, bajo, dentro, por ó para la revolucion, lo mismo son sangrías que ventosas, porque de Rios Rosas á Carvajal no hay un canto de real.

Sancho opinaba que aquel olorcillo algo hombruno que sintió al acercarse á la señora doña Dulcinea debia de ser que con el ejercicio del aecho del trigo estaba sudada y algo correosa. «No sería eso, respondió don Quijote, sino que tú debias de estar romadizo, ó te debiste de oler á tí mismo, porque yo sé bien lo que huele aquella rosa entre espinas, aquel lirio del campo, aquel ámbar desleido. Todo puede ser, respondió Sancho, que muchas veces sale de mí aquel olor que entónces me pareció que salia de su merced de la señora Dulcinea; que no hay de qué maravillarse, que un diablo parece á otro.»

De este pasaje, único del Quijote en que se usa el adagio de que tratamos, se infiere claramente que la Academia circunscribe demasiado el sentido, puesto que lo que realmente expresa es que muchas personas ó cosas que á primera vista nos parecen muy diferentes adolecen sin embargo de los mismos defectos.

La Coleccion de Zaragoza dice, *Hay un diablo que parece á otro.* La Academia admite esta version: *Hay un diablo que se parece á otro;* — *Hay muchos diablos que se parecen unos á otros.* Otro refran, y es mucha verdad, nos advierte que *Hay muchos Pedros Fernandez.*

XVII.

116. En otras casas cuecen habas, y en la mia á calderadas.

Denota este adagio que en todas partes se hallan trabajos, miserias, vicios, defectos, etc. Suele escribirse del modo siguiente, que es como lo escribe la Academia: *En cada casa cuecen habas, y en la nuestra á calderadas,* ó *En todas partes cuecen habas, y en la nuestra á calderadas,* y se usa generalmente para disculpar el vicio ó defecto que se pone á alguna persona ó lugar, dando á entender que son mayores los de otras personas ó lugares, como puede verse en el pasaje citado en el número 66.

Tambien suele usarse para consolar al que padece alguna desgracia, como recordándole que otros las padecen mayores; porque *Mal de muchos gozo es,* ó *consuelo es,* segun consta en las colecciones del Marqués de Santillana y de Zaragoza; bien que tampoco falte un adagio de opinion contraria que nos dice, *Mal de muchos, consuelo de tontos.*

Cuando aplicamos el refran en este segundo sentido, suele suprimirse la segunda frase, diciendo sencillamente: *En todas partes cuecen habas.* Ahora las habas son los sucesos de Alcoy, Sevilla, Granada, Málaga, Cartagena, Valencia, etcétera, etcétera, etcétera. Ayer fueron los sucesos de París, mañana serán los de Italia y de Alemania, y pasado mañana los de Inglaterra y los Estados Unidos. La pólvora y el petróleo abundan en todas partes, y las Sociedades secretas y la Internacional han acreditado ser buenas guisanderas. Bien que eso de cocer habas no requiere que digamos muy trascendentales conocimientos cu-

8

linarios. Las clases conservadoras ó pecuniarias se asustan de ver contrarestada la soberanía del oro, por la soberanía teocrática. Como que con el oro se pagan las charangas y los grandes conciertos de artillería, creen que con el oro les basta para meter en un puño á *los trastornadores del órden público.* Dijo un famoso conservador que España podia sufrir la anarquía mansa, la anarquía brava, el cantonalismo, el comunismo, todo, todo, ménos la Inquisicion. Pero Bismark se rie de la Inquisicion y del Papa, Víctor Manuel cree que las excomuniones no tienen el alcance de los cañones rayados, Austria y Bélgica van trampeando, Rusia va haciendo su agosto, Inglaterra y los Estados Unidos, fiados en la solidez de sus libres instituciones, y de sus gavetas, y en la muchedumbre de aguas del océano, se rien de la demagogia roja y de la demagogia blanca. Francia no las tiene todas consigo. Allá verémos, ó allá verán los que puedan verlo. Lo cierto es que en otras casas cuecen habas, y en la mia á calderadas.

117. Tan buen pan hacen aquí como en Francia.

En ninguna ocasion podia venir más á pelo este refran. Francia pasó por las glorias de París y nosotros por las de Cartagena; Francia tiene una república conservadora, y nosotros tenemos unos conservadores de la república; Francia tiene un Duque de Magenta, y nosotros un Duque de la Torre; Francia empolla los huevos democráticos para que el doctor Fausto se coma la tortilla, y nosotros los empollamos para que se la coma Mefistófeles. Ni los legitimistas franceses quieren entrar en el gran concierto de las naciones modernas, ni los legitimistas españoles quieren tomar parte en la gran danza de los reyes y conservadores revolucionarios.

Sancho Panza cita este refran en el extenso pasaje transcrito en el número 89.

En el Persíles y Segismunda, al ver el falso cautivo que se le iba descubriendo la treta del cautiverio, despues de contestar con mucho desparpajo al interrogatorio alcaldesco, exclama: «Y

si el señor Alcalde quiere ir contra la caridad cristiana, recoge-
rémos los cuartos y alzarémos la tienda, y á Dios aho, que tan
buen pan hacen aquí como en Francia.»

De estos dos pasajes se infiere que Cervántes usa de este refran en un sentido opuesto al anterior, denotando que en cualquier país y en cualquiera condicion se puede ir viviendo y ti-
rando. Esto no quita que en tono irónico pueda usarse tambien
en el mismo sentido de *En todas partes cuecen habas.*

119. Todo el mundo es uno.

Admite todas las aplicaciones de los dos anteriores. «¿Tambien en Candaya, dice Sancho, hay alguaciles de córte, poetas
y seguidillas? por lo que puedo jurar que imagino que todo el
mundo es uno.»

Dícese tambien: *Todo el mundo es país. — Acá y allá más
hadas há; — Tan bueno es Pedro como su amo,* ó *Tan lindo es
Pedro como su compañero; — ¿A do irá el buey que no are?;
— Cual más, cual ménos, toda la lana es pelos.*

XVIII.

119. Ver la mota en el ojo ajeno, y nó la viga en el suyo.

«Así que es menester, dice Sancho á su amo, que el que ve la mota en el ojo ajeno vea la viga en el suyo, porque no se diga de él : espantóse la muerte de la degollada (n.º 122).»

Con este refran se reprende á los que reparan en los defectos de los demás, sin reparar en los propios.

Las colecciones de Vallés y de Nuñez dicen, suprimiendo el verbo: *La paja en el ojo ajeno, y nó la viga en el nuestro.* En la misma de Vallés y en la del Marqués de Santillana hallamos el siguiente: *El alcaravan ha de duro; á todos consejo, é á sí ninguno.*

120. Cada uno se dé una vuelta á la redonda.

El objeto de este adagio es el mismo que el del anterior.

Ginés de Pasamonte dice al guarda que trataba de ponerle tachas á su alcurnia: «Ginés me llamo, y nó Ginesillo, y Pasamonte es mi alcurnia, y nó Parapilla, como voacé dice, y cada uno se dé una vuelta á la redonda, y no hará poco.»

En el Coloquio de los perros de Mahudes hallamos otro adagio, que por medio de una alusion á un hermoso apólogo, expresa el mismo pensamiento de una manera más poética: *Mírate á los piés, y desharás la rueda.* La Coleccion de Zaragoza dice: *Miraos á los piés, y desharéis la rueda.*

Aconseja tambien examinarse á sí mismo ántes de censurar á los demás, el siguiente, entresacado de la misma coleccion:

Meté las manos en vuestro seno, veréis vuestro mal y nó el ajeno. La Academia lo escribe así: *Mete la mano en tu seno, no dirás de hado ajeno.*

121. Dijo la sarten á la caldera, quitate allá ojinegra.

Este refran increpa todavía de un modo más directo á los que, teniendo ciertos vicios ó defectos, los echan en cara á los demás.

De él se vale Sancho, como puede verse en uno de los pasajes insertos en el prólogo, para hacer notar á don Quijote que al mismo tiempo que le reprendia por decir refranes, los ensartaba su merced de dos en dos.

Las colecciones del Marqués de Santillana y del Comendador dicen: *Dijo la sarten á la caldera, tirte allá culnegra;* la de Zaragoza, *Dijo la sarten á la caldera, quitate allá culnegra;* los Refranes glosados, *Dijo la sarten á la caldera, anda para culnegra;* el Diálogo de las lenguas, *Dijo la sarten á la caldera, tira allá culnegra,* y la Academia, *Dijo la sarten á la caldera, tírate allá, culinegra.* En los MM. de Salazar se hallan estas dos variantes: *Dijo la olla á la cobertera, tirte allá culnegra;* — *Dice la pica al cuervo, compadre, sodes negro. Responde el cuervo, comadre, maias maias ende avedes.*

Es uno de los refranes más parlamentarios, y de los que más entran de lleno en el azaroso juego de las instituciones y en el inmoral y sangriento de los partidos. Dice Topete á Contreras: «Usted es un pirata;» y contesta Contreras: «*Dijo la sarten al cazo, quitate allá, que me tiznas.*» Dice Posada Herrera á Sagasta: «Usted es un gran elector,» y contesta Sagasta: «*Dijo el asno al mulo, arre acá, orejudo.*» Dice Prim á Odonnell: «Es usted una ametralladora,» y Odonnell replica: «*Dijo el asno al burro, arre allá, orejudo.*» Dice Salmeron á Roque Bárcia: «Es usted un... un... ¡cómo diré!... si señor, un bullanguero,» y Roque Bárcia responde: «*Dijo la corneja al cuervo, quitate allá negro; y el cuervo á la corneja, quitaos allá negra.*» Dice Olózaga á Rios Rosas: «Usted, usted, señor mio, no es más que un gran pedazo de orador, un destripacuentos»; y contesta Rios Rosas: «*Ea, sus, y traga el avestruz.*» Todos los grandes capitanes generales con el mando y el palo se encaran con la sombra de Narvaez para decirle: «Fué usted un hombre de Barrabás»; y la sombra, haciendo del ojo, contesta: «*Echese una piedra en la manga; no puede ser el cuervo más negro que las alas.*»

122. Espantóse la muerta de la degollada.

Vicálbaro se espanta de Alcoy; Alcolea, de Granada; Madrid, de Cartagena; las provincias, de Madrid; Olózaga, de los carlistas; Salmeron, de la teocracia; Rios Rosas, de la Inquisicion; Bismark, de la Internacional negra; Castelar, de la Internacional roja; Serrano, de la indisciplina; Topete, de sus propios barcos; Figueras, de su propia camisa. Todos los españoles vivimos espantados, excepto Suñer y Capdevila, el mayor, que no teme á rey ni Roque, ni á la tisis, ni á Dios.

En las colecciones del Marqués de Santillana y de Zaragoza se lee: *Maravillóse la muerta de la degollada.*

Cervántes no emplea este refran mas que en el pasaje aducido en el número 119.

En los MM. de Salazar se halla el siguiente: *Maravéllome é fame maravellado, que gallina morena pone güevo blanco.*

123. La culpa del asno no se ha de echar á la albarda.

La Coleccion de Vallés y la Academia dicen: *La culpa del asno, echarla á la albarda.*

Con este refran se reprende á los que por disculpar sus yerros y defectos los atribuyen á otros que no tuvieron parte en ellos.

Así es, que cuando el vencido don Quijote dijo que no queria colgar las armas ni ahorcar á Rocinante, respondióle Sancho: «Muy bien dice vuesa merced, porque segun opinion de discretos, la culpa del asno no se ha de echar á la albarda: y pues de este suceso vuesa merced tiene la culpa, castíguese á sí mesmo.»

Antes de la gorda, todos los revolucionarios convinieron unánimemente en que la albarda eran los obstáculos tradicionales.

Quitados los obstáculos tradicionales, la albarda fué la interinidad; coronado ya el edificio y colocado sobre la cúpula el rey democrático, la albarda fué el rey democrático; derribada la estatua del rey democrático, fueron la albarda los radicales monárquicos; vuelto Ruiz Zorrilla á su monasterio de la Tablada, fueron la albarda los radicales republicanos; estrangulados los radicales republicanos, fué la albarda Figueras; retirado Figueras á la vida privada de París, fué la albarda Pí y Margall; quitado de enmedio Pí y Margall, fueron la albarda los cantones independientes; derruidos los cantones, ello dirá. Sabe Dios las albardas que todavía nos han de echar encima. Por ahora dicen que ciertos patriotas españoles, muy españoles, eso sí, andan por esos mundos pidiéndole por amor del diablo á Bismark una albarda alemana. Es una delicia ver cómo todos los partidos revolucionarios se echan en cara unos á otros los desahogos de la libertad: los moderados echan la culpa á los unionistas, los unionistas á los progresistas, los progresistas á los radicales, los radicales á los republicanos, los republicanos unitarios á los republicanos federales, los federales relamidos á los federales sucios, los revolucionarios de abajo á los de arriba, y los de arriba á los de abajo. Y la culpa no la tiene la albarda. El asno, señores revolucionarios, es la revolucion, es decir, el sistema: los partidos y las partidas no son otra cosa que las inocentes albardas. Y quien piensa al asno, no les quepa á ustedes la menor duda, son las sectas.

Contra los que no pudiendo vengarse de la misma persona que les ofendió se vengan en alguna cosa suya, hay un refran que dice: *De que non pueden al asno, tórnanse á la albarda,* refran que cita Avellaneda en su Quijote, y que ponen en práctica esos valentones que no osando combatir á los enemigos en armas, asesinan, aconsejan asesinar, ó cohonestan el asesinato de personas indefensas.

De los que truecan los frenos y confunden las especies sin acertar en lo que hacen, se dice tambien: *Por dar en el asno, dar en la albarda.* La raza latina en vez de romperle la cabeza á Bismark, trata de rompérsela á la Iglesia. ¡Qué aberracion! Las ranas piden á Júpiter un rey.

124. En salvo está el que repica.

Empléase este refran para manifestar que estamos seguros de no caer en la falta ó error que de nosotros se teme, y que sabemos manejarnos.

Eh este sentido lo usa Cervántes en tres diversos pasajes del Quijote.

«Por mí, replicó don Quijote, miente tú, Sancho, cuanto quisieres, que yo no te iré á la mano, pero mira lo que vas á decir. Tan mirado y remirado lo tengo, que á buen salvo está el que repica, como se verá por la obra.»

En la carta del mismo Sancho á Teresa se lee: «No ha sido Dios servido de depararme otra maleta con otros cien escudos como los de marras; pero no te dé pena, Teresa mia, que en salvo está el que repica, y todo saldrá en la colada del gobierno.»

El otro pasaje en que tambien lo usa, puede verse en el prólogo.

Como claramente se infiere de estos ejemplos, Cervántes emplea este refran en el mismo sentido de los contenidos en los números 22 y 23; lo que no quita que tambien pueda usarse, como dice la Academia, contra aquel «que reprende á otro el modo de portarse en las acciones peligrosas, estando él en seguro ó fuera del lance.»

En este sentido descrito por la Academia, se dice tambien: *A bien te salgan, hijo, tus barraganadas; el toro era muerto, y hacia alcocarras con el capirote por las ventanas.* A los cobardes que se jactan de valientes les cuadra perfectamente aquel otro adagio: *El mal del milano, las alas quebradas y el pico sano*, ó como dice el autor del Diálogo de las lenguas: *El mal del milano, el ala quebrada y el papo sano.* A los que blasonan de valentía despues de pasado el riesgo se les dice: *A moro muerto, gran lanzada.*

Aunque Cervántes en dos de los pasajes citados escribe *A buen salvo está el que repica*, he preferido la otra leccion que él mismo usa, por ser la de la Academia, la del Marqués de Santillana, la de Covarrubias, la de Timoneda, la del Diálogo de las lenguas, etc. Hernan Nuñez escribe: *En salvo está quien repica.*

XIX.

125. Cada oveja con su pareja.

Enseña que cada uno se contenga en su estado, igualándose sólo con los de su esfera, sin pretender ser mayor ni bajarse á ser menor de lo que le compete.

Al hacer la renuncia de su gobierno, exclama Sancho: «Quédense en esta caballeriza las alas de la hormiga, que me levantaron en el aire para que me comiesen vencejos y otros pájaros, y volvámonos á andar por el suelo con pié llano, que si no le adornaren zapatos picados de cordoban, no le faltarán alpargatas toscas de cuerda: cada oveja con su pareja, y nadie tienda la pierna de cuanto fuere larga la sábana (n.º 201): y déjenme pasar, que se hace tarde.»

Se dice tambien: *Cada asno con su tamaño; — Todas las aves con sus pares;* y el Sancho de Avellaneda hace uso de otro adagio muy parecido, que no está en el Diccionario de la Academia: *Do quiera que vayas, de los tuyos hayas.* El autor del Diálogo de las lenguas escribe, *adonde quiera,* y tambien, *do quiera.*

126. Al hijo de tu vecino, límpiale las narices, y mételo en tu casa.

Harto sabido se tendria Teresa Panza que *El melon y casamiento han de ser acertamiento;* mas ateniéndose sin duda al adagio, *Si quieres bien casar, casa con tu igual,* no consiente de ningun modo en casar á su hija Mari-Sancha tan altamente, que no la alcancen sino con llamarla Señoría, como lo deseaba Sancho. Al decir éste: «Séase ella Señoría, y venga lo que viniere», respóndele con mucha oportunidad Teresa: «Medíos, Sancho, con vuestro estado, no os querais alzar á mayores, y advertid al refran que dice: al hijo de tu vecino límpiale las narices, y métolo en tu casa. Por cierto que seria gentil cosa casar á nuestra María con un condazo, ó con un caballerote, que cuando se le antojase la pusiese como nueva, llamándola de villana, hija del destripaterrones y de la pela ruecas: nó en mis dias, marido; para eso por cierto he criado yo á mi hija: traed vos dineros, Sancho, y el casarla dejadlo á mi cargo, que ahí está el hijo de Juan Tocho, mozo rollizo y sano, y que le conocemos, y sé que no mira de mal ojo á la mochacha, y con éste, que es nuestro igual, estará bien casada, y la tendrémos siempre á nuestros ojos, y serémos todos unos, padres y hijos, nietos y yernos, y andará la paz y la bendicion de Dios entre todos nosotros, y no casármela vos ahora en esas córtes, y en esos palacios grandes, á donde ni á ella la entiendan, ni ella se entienda.»

Este refran, como claramente se infiere de las palabras de Teresa, aconseja á los padres que para casar á sus hijos escojan personas cuyas prendas les sean bien conocidas.

Tambien puede emplearse, como el anterior, en el sentido del citado en este mismo número que aconseja la igualdad en los matrimonios.

Dice otro adagio: *Ruin con ruin, que así casan en dueñas.*

En la Gitanilla cita Cervántes el refran, *Antes que te cases, mira lo que haces*, y en la Adjunta al Viaje al Parnaso, aquel otro que nos advierte que ninguno es tan feo, que no halle su igual con quien acomodarse: *Cuando nace la escoba, nace el asno que la roya.* Bien que generalmente se aplica este refran á los novios, Cervántes lo endosa á los poetas. «Todo poeta, dice, no se desprecie de decir que lo es, que si fuere bueno, será digno de alabanza, y si malo, no faltará quien le alabe, que cuando nace la escoba, etc.»

127. Por su mal le nacieron alas á la hormiga.

Además de este refran, trae la Academia el siguiente : *Da Dios alas á la hormiga para morir más aina.* No parece que puedan ser considerados como dos refranes distintos, segun se colige de las diversas interpretaciones que les da la Academia. El Diccionario de Autoridades dice que significan lo mismo. Entrambos, á mi modo de ver, expresan el mismo pensamiento de que la próspera fortuna es causa muchas veces de nuestra perdicion, y que donde creíamos encontrar nuestra ventura, hallamos muchas veces nuestra desdicha.

En el pasaje inserto en el número 125 alude Sancho á este refran, y en el del número 89 lo cita íntegro. Ambos textos justifican la interpretacion que le damos.

Un personaje del Persíles alude tambien á él cuando dice : «Verdaderamente nosotros estamos faltos de juicio, pues nos queremos persuadir que podemos subir al cielo sin alas, pues las que nos da nuestra pretension son las de la hormiga.»

En la Coleccion del Marqués de Santillana no consta este refran, cuyo pensamiento es debido á Plinio. Covarrubias escribe : *Naciéronle alas á la hormiga para perderse;* la Coleccion de Vallés trae estas dos versiones : *Naciéronle alas á la hormiga por su mal;* — *Sálenle alas á la hormiga para ser perdida;* Hernan Nuñez dice : *Nacen alas á la hormiga para que se pierda más aina;* en el Diccionario de Autoridades y en la Coleccion de Iriarte leemos : *Por su mal crió alas la hormiga,* y tambien se dice : *Por su mal crió Dios alas á la hormiga.*

128. Quien te cubre te descubre.

«Ven acá, mentecata é ignorante (dice Sancho á su mujer); si yo dijera que mi hija se arrojara de una torre abajo, ó que se fuera por esos mundos como se quiso ir la infanta doña Urraca, teneis razon de no venir en mi gusto; pero si en dos paletas y en ménos de un abrir y cerrar de ojos te la chanto un Don y una Señoría á cuestas, y te la saco de los rastrojos, y te la pongo en toldo y en peana y en un estrado de más almohadas de velludo, que tuvieron moros en su linaje los Almohadas de Marruecos, ¿por qué no has de consentir y querer lo que yo quiero! ¡Sabeis por qué, marido? respondió Teresa, por el refran que dice: quien te cubre te descubre: por el pobre todos pasan los ojos como de corrida, y en el rico los detienen; y si el tal rico fué un tiempo pobre, allí es el murmurar y el maldecir, y el peor perseverar de los maldicientes, que los hay por esas calles á montones, como enjambres de abejas.»

En efecto, los atavíos, las riquezas, los honores y dignidades en quien no los merece son causa de que fijen todos la vista en la indignidad de la persona. Y como con los honores ni bienes de fortuna no es fácil ocultar los principios bajos, la mala educacion ó los malos sentimientos; de aquí aquel otro adagio: *Aunque la mona se vista de seda, mona se queda.*

Que la república arrancase de los pechos revolucionarios las cruces, bandas y cintas, signos de desigualdad revolucionaria, estuvo muy en su lugar; mas que ni siquiera perdonase las cruces de las iglesias y cementerios, signos de la igualdad más absoluta, y que por otra parte en nada se oponen á la libertad de conciencia ni á la libertad de cultos, áteme usted esos cabos.

129. Vióse el perro en bragas de cerro, y no conoció á su compañero.

Reprende á los que, elevados á más próspera fortuna ó á empleos superiores, desprecian á los que ántes fueron sus iguales ó compañeros.

«¿Y qué se me da á mí, dice Sanchica, que diga el que quisiere, cuando me vea entonada y fantasiosa: vióse el perro en bragas de cerro y lo demás?»

Esto mismo dicen los federales *ordenados* al ver patalear á los intransigentes que no han conseguido calzarse todavía con las bragas de cerro. Como que el nuevo mundo federal es tan mundano como los antiguos mundos, no hay que darle vueltas ni constituciones.

La Coleccion del Marqués de Santillana omite la segunda parte del refran diciendo: *Vídose el perro en bragas de cerro*. En la Coleccion de Zaragoza y en la de Hernan Nuñez, además de la leccion adoptada, hallamos la siguiente: *Vídose el villano en bragas de cerro, y él fiero que fiero*. La Academia admite tambien esta segunda version, con la variante de *fierro que fierro*, en lugar de *fiero que fiero*. Es probable sea errata, pues que la misma Academia en el Diccionario de Autoridades escribe *fiero que fiero*.

Este y otros refranes de la misma estofa han adquirido gran predicamento desde la gloriosísima resurreccion de la España con honra. La Córte de nuestros antiguos reyes zahirió con ellos á la moderna Córte saboyana, los republicanos á los saboyanos, y todo por pura envidia. Son refranes de oposicion. *Cuando el villano está rico, no tiene pariente ni amigo; — No se acuerda el cura de cuando fué sacristan; — Cuando el villano está en el mulo, no conoce á Dios ni al mundo; — ¡De cuándo acá Perico con guantes?; — No te hinches, y no reventarás; —Panadera érades ántes, aunque ahora traeis guantes.*

En el Quijote de Avellaneda hallamos el siguiente: *El ruin, cuanto más le ruegan, más se ensancha*, ó como se lee en las colecciones del Marqués de Santillana, de Vallés y de Nuñez: *El ruin, miéntras más le ruegan, más se extiende*. En el Gil Blas de Santillana hallamos este: *Honores mudan costumbres.*

130. No es la miel para la boca del asno.

O bien, *No se hizo la miel para la boca del asno*. En lugar de *asno* algunos dicen *jumento*. Cree la Academia que con este refran se reprende á los que eligen lo peor entre lo que se les presenta, despreciando lo mejor. En mi concepto, se restringe demasiado el sentido, puesto que cabe aplicar el adagio á cuantos no son dignos de alguna cosa, ó no son capaces de apreciarla, ora por falta de conocimiento, ora por falta de buen gusto.

¿Qué es eso de cantones? preguntaban los federales inconscientes. Una cosa parecida pregunta Teresa á su marido. «¿Qué es eso de ínsulas, que no lo entiendo?» Y Sancho contesta con mucha gravedad: «No es la miel para la boca del asno: á su tiempo lo verás, mujer.»

Cuando Sancho Panza amenazó á su amo con una huelga ó *paro*, pidiéndole aumento de salario, despues de decirle don Quijote que se entrase por el mare magnum de las historias caballerescas buscando un solo ejemplo que abonase su conducta, concluye apostrofándole de este modo: «¡O pan mal conocido! ¡ó promesas mal colocadas! ¡ó hombre que tiene más de bestia que de persona! ¡Ahora cuando yo pensaba ponerte en estado, y tal, que á pesar de tu mujer te llamaran Señoría, te despides? ¡Ahora te vas, cuando yo venía con intencion firme y valedera de hacerte señor de la mejor ínsula del mundo? En fin, como tú has dicho otras veces, no es la miel, etc. Asno eres, y asno has de ser, y en asno has de parar cuando se te acabe el curso de la vida, que para mí tengo, que ántes llegará ella á su último término, que tú caigas y dés en la cuenta de que eres bestia.»

En la Ilustre Fregona, la desairada Argüello, amoscada con el cruel desengaño que acababa de recibir del garrido Asturiano, ántes de apartarse de la puerta, dijo, poniendo los hocicos por el agujero de la llave: no es la miel para la boca del asno.

Don Quijote, el usurpador, dice tambien á su escudero: «Pues sábete que no es la miel para la boca del asno, ni la órden de caballería se suele ni puede dar sino á hombres de brio, animosos, valientes y esforzados, y nó á golosos y perezosos como tú.»

131. Jo que te estrego, burra de mi suegro.

Una de las tres labradoras á quienes don Quijote habia tomado por Dulcinea y sus doncellas, al oir cómo llamaban á su compañera reina, princesa, duquesa y señora universal del Toboso, contestó á las rendidas razones escuderiles de esta suerte: «Mas jo que te estrego, burra de mi suegro: mirad con qué se vienen los señoritos ahora á hacer burla de las aldeanas, como si aquí no supiésemos echar pullas como ellos: vayan su camino, é déjennos hacer el nueso, y serles ha sano.»

Avellaneda, como Cervántes, usa una vez sola este refran, y es en la carta que Sancho escribe á *Mari-Gutierrez*, donde dice: «Si quereis venir, ya os tengo dicho lo que nos dará el Archipámpanos cada mes de salario; y así os mando que ántes que esta carta salga de aquí, os vengais á servir á la Archipampanesa, trayendo todos los bienes muebles y raices con vos, que ahí están, sin dejar un palmo de tierra ni una sola hoja del huerto; y no me seais respostona, que me canso ya de vuestras impertinencias, y tanto será lo de más como lo de ménos; y no os haya de decir, como acostumbro con el palo en la mano: Jo, que te estriego, burra de mi suegro.»

Segun la opinion de la Academia, perfectamente apoyada en el sentido literal, este refran advierte á los que se resienten tontamente por haberles hecho algun bien.

En este sentido parece tomarlo Avellaneda; mas no cabe asegurar lo mismo respecto al pasaje de Cervántes, pues la labradora que emplea el refran es la resentida. Parece que el sentido en que Cervántes lo usa es en el de reprender irónicamente á los que fingiendo acariciar, ofenden. Covarrubias lo interpreta y explica del modo siguiente: «Los labradores traen este refran á diversos propósitos, especialmente cuando asientan la mano á sus mujeres, si son inquietas.»

En la Coleccion del Marqués de Santillana se suprime el vocativo, diciendo sencillamente, *Xo que te estriego*. Malara y Covarrubias escriben: *Xo que te estriego, burra de mi suegro,* y Vallés lo varía de esta suerte: *Xo que te estrego, asna coja.*

XX.

132. Júntate á los buenos, y serás uno dellos.

El Marqués de Santillana dice : *Allégate á los buenos, é serás uno dellos*. Esta version es la adoptada por Vallés, Covarrubias, el autor de los Refranes glosados y el del Diálogo de las lenguas. El Comendador griego y la misma Academia en el Diccionario de Autoridades omiten la conjuncion copulativa: *Allégate á los buenos, serás uno de ellos. Arrímate á los buenos*, como dice Iriarte, ni *Júntate á los buenos*, como se lee en el Quijote, en ninguna otra parte lo he visto. Avellaneda en su Quijote dice: *El que se llega á los buenos ha de ser uno dellos.*

Enseña este refran el provecho que de las buenas compañías se saca.

El único pasaje del Quijote en que Cervántes lo usa es como sigue : «¿Por ventura, dijo el eclesiástico, sois vos aquel Sancho Panza que dicen, á quien vuestro amo tiene prometida una ínsula? Sí soy, respondió Sancho, y soy quien júntate á los buenos, y serás uno dellos, y soy yo de aquellos, no con quien naces, sino con quien paces (n.º 133).»

Mucho ántes de que la ciencia moderna hubiese inscrito en las flamantes constituciones el derecho de asociacion, ya estaba consignado en este adagio, con la diferencia de que el adagio no extiende el derecho á las sociedades secretas, á los clubs, casinos y cafés políticos, ni á la Internacional, ni á los bailes en los templos con asistencia de las autoridades; y en cambio no prohibe las Conferencias de San Vicente de Paul, ni las asociaciones católicas, ni las procesiones, ni siquiera proscribe á los Jesuitas y demás órdenes religiosas. En suma, el adagio no convierte el derecho de asociacion en un derecho absoluto como lo hacen las constituciones escritas, y mucho ménos en un derecho despótico, como lo hacen los revolucionarios más conservadores de la revolucion.

Y por si alguna duda quedase de los justos y equitativos límites del derecho de asociacion, allá va otro refran que acaba de redondear el pensamiento: *No te allegues á los malos, no serán aumentados.* Pueden considerarse como una repeticion ó ampliacion suya, todos los siguientes, que igualmente nos aconsejan evitar las malas compañías: *Hados y lados, hacen dichosos ó desdichados; — La manzana podrida pierde á su compañia; — Ojos malos á quien los mira pegan su malatía; — Huye del malo, que trae daño; — Perdido es quien tras perdido anda.*

132. No con quien naces, sino con quien paces.

Este refran nos enseña que el trato y comunicacion frecuente hacen en órden á las costumbres más que la buena crianza y linaje.

Además de usarlo Cervántes en el pasaje anteriormente transcrito y en uno de los comprendidos en el prólogo, lo pone tambien en boca de Sancho en el pasaje siguiente: «Este mi amo, por mil señales he visto que es un loco de atar, y áun yo tambien no le quedo en zaga, pues soy más mentecato que él, pues le sigo y le sirvo, si es verdadero el refran que dice: díme con quién andas, decirte he quién eres (n.º 134): y el otro de, no con quien naces, sino con quien paces.»

Sabido es que *En casa del tamborilero todos son danzantes,* y que en casa del *gaitero* sucede lo mismo, y que *En casa del alboguero todos son albogueros,* y que *Quien con perro se echa, con pulgas se levanta,* y que *Quien con lobos anda, á aullar se enseña,* ó como dice Avellaneda, *Quien entre leones anda, á bramar se enseña.*

124. Díme con quién andas, decirte he quién eres.

Es tan evidente la verdad y buen consejo que encierran los refranes de los dos números anteriores, que el adagio por una induccion muy obvia pretende aquilatar el carácter y buenas ó malas calidades de un sugeto, sólo con ver sus amistades y aficiones favoritas. Lo que dice el refran con respecto al trato de las personas, tiene la misma aplicacion con respecto al trato con tales ó cuales libros. Cuando veo á un católico que se recrea con la lectura de ciertos papeluchos, digo para mis adentros *malum signum.*

Al contar don Quijote á Sancho cómo durante los tres dias que estuvo en comunicacion y trato con los encantados, ninguno de ellos pegó ojo, ni él tampoco, responde Sancho : « Aquí encaja bien el refran de, díme con quién andas, decirte he quién eres: ándese vuesa merced con encantados ayunos y vigilantes, mirad si es mucho que ni coma ni duerma miéntras con ellos estuviere.»

Este pasaje y el segundo de los citados en el número anterior son los únicos del Quijote en que se cita este adagio.

Amigo lector, no te fies de espiritistas, ni espiritados, que anda en ello la mano del diablo. En cuanto al andante caballero, basta leer el índice de su biblioteca, para inferir con el adagio lo que habia de ser de su pobre entendimiento.

El Marqués de Santillana escribe : *Díme con quién andabas, é decirte he qué fablabas ;* en los Refranes glosados se lee : *Díme con quién paces, y decirte he qué haces ;* la Coleccion de Vallés ofrece las dos variantes siguientes : *Díme con quién andas, y decirte he lo que hablas ;—Díme con quién vas, decirte he lo que harás ;* y en la de Hernan Nuñez son tres distintas, más ó ménos parecidas á las anteriores : *Díme con quién paces, y decirte he qué haces ; — Díme con quién irás, decirte he qué harás ; — Díme con quién vas, decirte he qué mañas has.* La Academia no lo incluye en el Diccionario de Autoridades; pero en las últimas ediciones adopta estas dos formas que son las más parecidas á la de Cervántes: *Dime con quién andas, te diré quién eres;* — *Dime con quién andas, y diréte quién eres.*

Para burlarnos de los que se dejan llevar de los malos ejemplos decimos: *Ovejas bobas, por do va una van todas.* Otros refranes nos enseñan la facilidad con que se aunan y entienden los que son de unas mismas costumbres é inclinaciones, sobre todo siendo malas: *El lobo y la vulpeja ambos son de una conseja;* — *Lo que la loba hace, al lobo aplace;* — *Berzas y nabos, para una son entrambos;* — *Yo como tú, y tú como yo, el diablo nos juntó.* Hé aquí la gran ley química, como diria el doctor Mata, á que obedece la generacion y organizacion de los partidos, partidas, partos y malos partos políticos. El refran de las ovejas bobas explica la unidad del partido progresista, y la obediencia pasiva con que aclama á los reyes ignotos y conocidos, vengan de donde vinieren.

135. Cuando la cabeza duele, todos los miembros duelen.

«Mucho me pesa, Sancho, que hayas dicho y digas que yo te saqué de tus casillas, sabiendo que yo no me quedé en mis casas. Juntos salímos, juntos fuímos y juntos peregrinamos: una misma fortuna y una misma suerte ha corrido por los dos: si á tí te mantearon una vez, á mí me han molido ciento, y esto es lo que te llevo de ventaja. Eso estaba puesto en razon, respondió Sancho, porque, segun vuesa merced dice, más anejas son á los caballeros andantes las desgracias, que á sus escuderos. Engáñaste, Sancho, dijo don Quijote, segun aquello: *quando caput dolet*, etc. No entiendo otra lengua que la mia, respondió Sancho. Quiero decir, dijo don Quijote, que cuando la cabeza duele, todos los miembros duelen: y así, siendo yo tu amo y señor, soy tu cabeza, y tú mi parte, pues eres mi criado, y por esta razon, el mal que á mí me toca ó tocare, á tí te ha de doler, y á mí el tuyo. Así habia de ser, dijo Sancho; pero cuando á mí me manteaban como á miembro, se estaba mi cabeza detrás de las bardas mirándome volar por los aires, sin sentir dolor alguno: y pues los miembros están obligados á dolerse de la cabeza, habia de estar ésta obligada á dolerse de ellos.»

Aparte de la chistosa aplicacion que hace don Quijote de este aforismo de Hipócrates, puede usarse tambien para expresar que cuando los superiores obran mal, se resienten los inferiores, como demostrado lo tienen en España los generales que se insubordinan, los maestros al *cembalo* de los partidos, los malos diputados, los malos periodistas y los peores gobiernos. *Quien ha mal capellan, mal sacristan; — Si el prior juega á los naipes, ¡qué harán los frailes?*

Muchos otros refranes censuran el mal ejemplo que dan los padres á sus hijos: *A uso de iglesia catedral, cuales fueron los padres, tales los hijos serán; — Cual la madre, tal la hija y tal la manta que las cobija; — De padre cojo, hijo renco; — Cual el cuervo, tal`el huevo; — De casta le viene al galgo el ser rabilargo; — El hijo de la gata, ratones mata; — El hijo del asno, dos veces rebuzna al dia.*

De los hijos que, á pesar del buen ejemplo y buena educacion que de sus padres recibieron, resultan malos, se dice: *De padre santo, hijo diablo.*

136. Si el ciego guia al ciego, ambos caen en el hoyo.

Cuando el escudero del Caballero del Bosque dijo que su amo era tonto, pero valiente, y más bellaco que tonto y que valiente, Sancho le respondió: «Eso no es el mio: digo que no tiene nada de bellaco; ántes tiene un alma como un cántaro: no sabe hacer mal á nadie, sino bien á todos, ni tiene malicia alguna: un niño le hará entender que es de noche en la mitad del dia, y por esta sencillez le quiero como á las telas de mi corazon, y no me amaño á dejarle por más disparates que haga.» «Con todo eso, hermano y señor, dijo el del Bosque, si el ciego guia al ciego, ambos van á peligro de caer en el hoyo. Mejor es retirarnos con buen compás de piés y volvernos á nuestras querencias, que los que buscan aventuras, no siempre las hallan buenas.»

Covarrubias traduce de esta manera la sentencia de la Sagrada Escritura : *Si un ciego guia á otro, ambos caerán en el barranco*. Don Alfonso el Sabio dice en una ley de las Partidas : «Onde conviene por fuerza, que cuando un ciego guia á otro ciego, ambos cayan en el foyo.» En ninguna coleccion figura como refran, ni lo incluye la Academia en la última edicion del Diccionario. Sin embargo, en el Diccionario de Autoridades lo admite como refran en la forma siguiente : *Un ciego guia á otro ciego*, y dice que denota «que si el que no sabe enseña á otro, ambos se quedan ignorantes.»

No es lo peor de todo que en España nos guien los ciegos, sino que los ciegos den palo de ciego, como en este momento lo está haciendo en Barcelona un general izquierdo, arremetiendo con uno de los sacerdotes más ejemplares, más respetados y más queridos de todas las personas honradas.

XXI.

137. El buey suelto bien se lame.

Refran más liberal que Riego. Aun cuando acostumbra emplearse, como lo hace Sancho, contra la esclavitud del matrimonio, es evidente que grita y clama contra la tiranía de los cuarteles, cárceles, presidios, reglamentos, ordenanzas y leyes de todo género. En este adagio se apoyan los estudiantes que hacen novillos, los soldados que buscan la flor del berro, los mozalbetes que andan á picos pardos, los casados que trasnochan, las mujeres independientes, los prófugos é insurrectos de todas cataduras, los ex-ministros que toman las calzas de villadiego, y hasta la gente pacífica que por huir de la polvareda de la revolucion, salva los Pirineos ó cruza el Estrecho.

Sancho Panza, al escuchar las discretas razones de don Quijote acerca de la eleccion de esposa, quedóse admirado y pensativo hablando entre sí. «¿Qué murmuras, Sancho?» díjole entónces don Quijote. A lo cual respondió el interpelado: «No digo nada, ni murmuro de nada: sólo estaba diciendo entre mí, que quisiera haber oido lo que vuesa merced aquí ha dicho, ántes que me casara, que quizá dijera yo agora: el buey suelto bien se lame.»

Pedro Vallés y Hernan Nuñez, escriben, suprimiendo el artículo: *Buey suelto bien se lame.* Covarrubias y la Academia, tanto en el Diccionario de Autoridades, como en la edicion última, escriben el adagio como Cervántes.

Otro refran dice, *Quien puede ser libre, no se cautive.* Más democrático todavía es el siguiente: *Ese es rey, el que no ve rey.* Pero.el más autónomo de cuantos se han ideado es aquel de que, *Cada uno puede hacer de su capa un sayo.*

139. Viva quien vence.

Cata ahí resumida y brevemente compendiada la famosa teoría de los hechos consumados, y la otra teoría de la obediencia paciente y pasiva.

Concluida aquella hablada danza de artificio con que fueron solemnizadas las bodas de Camacho el rico, don Quijote, que nada de lerdo tenia, preguntó á una de las ninfas que quién la habia compuesto, pues que harto se le traslucia que el autor debia de ser más amigo de Camacho que de Basilio. Sancho Panza, que todo lo escuchaba, dijo: «El rey es mi gallo (n.º 139), á Camacho me atengo.» A lo cual replicó don Quijote: «En fin, bien se parece, Sancho, que eres villano, y de aquellos que dicen: viva quien vence.»

La contestacion del bueno de don Quijote revela mucha sencillez y grande atraso de ideas. Los que vencen son leales, los vencidos son traidores, como dijo el otro: verdad profundísima, que en una sesion de Córtes de inolvidable memoria supo poner muy de realce el difunto general Prim, trazando magistralmente y con seguro pulso aquella delgada línea que separa al héroe del bandido.

Este refran es además el principio cardinal de toda la gramática parda, y por lo tanto no puede negarse que es de suma trascendencia política, y de mucha honra y provecho acá en España.

139. El rey es mi gallo.

El pasaje últimamente transcrito es el único en que cita Sancho este adagio, hermano carnal del anterior, é idéntico en el fondo, aunque más popular y poético en la forma.

El rey mi gallo, dice la Coleccion del Comendador griego, la única en que he visto este refran. Covarrubias, sin embargo, trae otro casi igual, cuyo orígen explica en los términos siguientes: «Acostumbraban en algunas provincias y lugares, como era en Atenas en ciertos dias de regocijo parear gallos uno con otro que peleasen, y ateniéndose unos á uno y otros á otro debian hacer sus apuestas por cuál dellos venceria, de donde nació el proverbio tan usado, *Este es mi gallo.*»

Al gallo vencedor se le llamaba *rey*, y por lo tanto el sentido literal del refran de Cervántes equivale á, *El que vence es el mio, ó Apuesto por el vencedor.* En el pasaje anteriormente citado, se ve que entre Camacho y Basilio opta Sancho por el más rico.

140. Ándeme yo caliente, y ríase la gente.

Esta es la fórmula más genuina, más expresiva de aquella indiferencia filosófica, de aquel *qué se me da á mí*, de que tan sólo son capaces las grandes almas. Bárcia diciéndoles cuatro frescas á los suyos, Contreras imperturbable y sereno ante el estricto cumplimiento de sus deberes cantonales, Pí ó Figueras sin hacer caso del propio peligro, despreciando impávidos toda la ciencia estratégica y la lógica de Krupp, Salmeron con el agua en la boca negándose redondamente á ponerle una sola tilde á su sistema krausiano, Castelar gritando, sálvese la patria y cargue el diablo con Krause y los cantones, Serrano, Sagasta y los más acérrimos monárquicos de la revolucion haciendo ejército para salvar la república, Martos haciendo órden, Topete contemplando los escombros de Cartagena, son figuras catonianas dignas de los mejores tiempos de la antigua Roma.

El famoso Estebanillo Gonzalez dice: «Mi gusto es mi honra: *Ande yo caliente, y ríase la gente.*»

A este adagio no le importan un bledo la opinion pública ni la voluntad nacional: así se rie de la popularidad como de la maldicion de la historia. El hombre público que desee vivir tranquilo, no debe echarlo en olvido ni un solo instante, sobre todo en estos precisos momentos históricos de licencia y descoco, en que la lengua, la pluma y el lápiz andan jugando al santo mocarro con las coronas y mitras, bandas y bordados, sin perdonar la virtud del sacerdote ni la honra de las damas.

Sanchica, al imaginarse repantigada ya en su coche, excitando la envidia y la murmuracion de las clases desheredadas, exclama como tantos otros: «Pisen ellos el lodo, y ándeme yo en mi coche, levantados los piés del suelo. Mal año y mal mes para cuantos murmuradores hay en el mundo: y ándeme yo caliente y ríase la gente.»

Vallés, Nuñez y Covarrubias escriben, como Cervántes, *Andeme yo caliente;* el autor del Diálogo de las lenguas, la Academia é Iriarte escriben *Ande;* y tanto en la citada Coleccion de Vallés, como en la de los Refranes glosados, se lee, *Vaya yo caliente.*

Expresa exactamente el mismo concepto, y áun con más claridad y energía, aquel otro adagio de, *Huélame á mí la bolsa, y hiédate á tí la boca.*

141. Sobre mí la capa cuando llueva.

Con este adagio, del cual no he podido hallar sombra ni rastro en ninguna parte, y que no es más que una bellísima variante del número anterior, queda perfectamente redondeada toda la filosofía del yo.

Despues de pronunciada la sentencia de Sancho acerca de aquel graciosísimo desafío á quien más correria entre el lugareño que pesaba once arrobas y aquel su vecino que no pesaba más que cinco, uno de los labradores presentes, viendo tan mal parado el negocio, dijo de este modo: «Lo mejor es que no corran, porque el flaco no se muela con el peso, ni el gordo se descarne, y échese la mitad de la apuesta en víno, y llevemos estos señores á la taberna de lo caro, y sobre mí la capa cuando llueva.»

XXII.

142. De paja ó de heno, mi vientre lleno.

Refiriéndose á la apócrifa historia de Avellaneda, dice don Quijote: «Yo no sé lo que le movió al autor á valerse de novelas y cuentos ajenos, habiendo tanto que escribir en los mios: sin duda se debió atener al refran : de paja y de heno, etc.»

En el extenso pasaje inserto en el número 89, Cervántes aduce tambien este refran, poniéndolo en boca de Sancho, y dejándolo asimismo sin concluir.

Hállase, tal como aparece aquí escrito, en las colecciones de Vallés y de Hernan Nuñez, mas nó en la del Marqués de Santillana, ni en ninguna otra de las más notables. Tampoco lo traen las últimas ediciones del Diccionario de la Academia; pero sí consta en el Diccionario de Autoridades, que lo escribe é interpreta del modo siguiente: «*De paja ú de heno el pancho lleno;* refran que enseña, que para haber de trabajar, es menester estar bien alimentado, aunque la comida sea grosera.»

Dicen otros refranes análogos: *A la hambre no hay pan duro; — A gana de comer, no hay mal pan; — A gran hambre, no hay pan duro, ni malo, ni bazo; — A pan de quince dias, hambre de tres semanas.*

143. Tripas llevan piés, que no piés á tripas.

Suele omitirse la preposicion *á*, diciendo mejor, *que no piés tripas.* Dícese tambien: *Tripas llevan corazon, que no corazon tripas.*

El refran en la primera forma inculca la necesidad del alimento para la conservacion, fuerza y agilidad del cuerpo. La segunda forma, reconociendo la influencia de lo físico en lo moral, mucho ántes de darse de este fenómeno las estrafalarias explicaciones que modernamente se han dado, inculca la necesidad del alimento para el sustento de las fuerzas del ánimo.

Cervántes lo usa en las dos formas, como puede verse en los pasajes siguientes. Al aconsejar el Duque á Sancho que en siendo gobernador se ocupe en el ejercicio de la caza, Sancho le responde: «Eso nó: el buen gobernador la pierna quebrada y en casa (n.º 234). Mia fe, señor, la caza y los pasatiempos más han de ser para los holgazanes, que para los gobernadores: en lo que yo pienso entretenerme, es en jugar al triunfo envidado las Pascuas y á los bolos los domingos y fiestas, que esas cazas ni cazos no dicen con mi condicion, ni hacen con mi conciencia. Plega á Dios, Sancho, que así sea, porque del dicho al hecho hay gran trecho (n.º 160). Haya lo que hubiere, replicó Sancho, que al buen pagador no le duelen prendas (n.º 20), y más vale á quien Dios ayuda, que al que mucho madruga (n.º 173): y tripas llevan piés, que no piés á tripas: quiero decir, que si Dios me ayuda y yo hago lo que debo con buena intencion, sin duda que gobernaré mejor que un gerifalte: no sino pónganme el dedo en la boca, y verán si aprieto ó nó.»

En otro lugar dice el mismo Sancho, ya gobernador: «Por ahora dénme un pedazo de pan y obra de cuatro libras de uvas, que en ellas no podrá venir veneno, porque en efecto no puedo pasar sin comer: y si es que hemos de estar prontos para estas batallas que nos amenazan, menester será estar bien mantenidos, porque tripas llevan corazon, que no corazon tripas.»

Dícese tambien: *Las tripas estén llenas, que ellas llevan las piernas;* — *Suelas y vino andan camino;* — *Pan y vino anda camino, que no moro garrido;* — *Con pan y vino se anda el camino;* — *No vayas sin bota camino, y cuando fueres, no la lleves sin vino;* — *Ajo crudo y vino puro pasan el puerto seguro.* Léese en el Celoso extremeño: *Seca la garganta, no gruñe ni canta.*

Pertenecen á la misma escuela higiénica los siguientes: *Quien bien come y bien bebe, bien hace lo que debe; — Pan de ayer, carne de hoy y vino de antaño, traen al hombre sano; — Pan y vino y sangre cria buena carne; — ¿Quereis que os diga? quien no come , no costriba; — Despues de Dios, la olla; — Dijo la leche al vino, bien seais venido, amigo; y volvióse hácia el agua, y dijo, esteis en hora mala; — En buen año y en malo, ten tu vientre reglado (mediado, y tambien, regulado); — Si quieres cedo engordar, come con hambre, y bebe á vacar; — A la cabeza el comer la endereza; — Tripa llena, ni bien huye, ni bien pelea.*

Aun cuando pertenezcan á otro ramo de higiene, no será del todo fuera de sazon recordar los siguientes: *El viejo que se cura , cien años dura; — Si quieres vivir sano, házte viejo temprano, y lo que traes en invierno, tráelo en verano; — Quien quiere ser mucho tiempo viejo, comiéncelo presto.*

144. Los duelos con pan son ménos.

« ¿Quién más calor y más frio, exclama Sancho, que los miserables escuderos de la andante caballería? Y áun ménos mal si comiéramos, pues los duelos con pan son ménos; pero tal vez hay, que se nos pasa un dia y dos sin desayunarnos, sino es del viento que sopla. »

En el pasaje siguiente se verá cuán acertadamente aplica tambien el mismo refran: « Estaba el rucio boca arriba, y Sancho Panza le acomodó de modo que le puso en pié, que apénas se podia tener, y sacando de las alforjas, que tambien habian corrido la mesma fortuna de la caida, un pedazo de pan, lo dió á su jumento, que no le supo mal, y díjole Sancho, como si lo entendiera: todos los duelos con pan son buenos. »

En el Casamiento engañoso y en el Coloquio de los perros de Mahudes, dice Cervántes, *Todos los duelos con pan son ménos,* y de la misma manera escribe este refran el autor del Diálogo de las lenguas. Las colecciones del Marqués de Santillana, Vallés, Nuñez y Refranes glosados, así como Lope de Rueda en Los Engaños, dicen exactamente como dice Sancho en el segundo de los transcritos pasajes del Quijote: *Todos los duelos con pan son buenos*, por donde se echa de ver que ésta debió de ser la leccion más autorizada y más antigua. Sin embargo, he preferido la del primero de los dos transcritos pasajes del Quijote, por ser la más corriente hoy dia, aparte de ser tambien la sancionada por la Academia.

Aun cuando el vocablo *pan* puede ser tomado en sentido recto, como lo toma Sancho en el segundo pasaje, es claro que no sólo significa alimento, sino toda clase de bienes y conveniencias.

Que las conveniencias y buenos bocados traen consigo humor festivo y alegre, lo comprueba el no ménos sabido y vulgar adagio, *Bien canta María despues de harta; — Bien parla María despues de harta; — Canta Marta despues de harta; — Canta Marta cuando está harta.*

145. Váyase el muerto á la sepultura, y el vivo á la hogaza.

No lo trae el Diccionario de la Academia, pero viene á decir literalmente lo mismo aquel otro refran, *El muerto al hoyo y el vivo al bollo.*

Dice la Academia que con este refran se indica que á pesar del sentimiento por la muerte de las personas queridas, no podemos ménos de excusarnos de tomar alimento y volver á los afanes de la vida.

Despues de la aventura del cuerpo muerto y de la total dispersion de los encamisados, quiso mirar don Quijote si el cuerpo que venía en la litera eran huesos ó nó, pero no lo consintió Sancho, diciéndole: «Señor, vuestra merced ha acabado esta peligrosa aventura, lo más á su salvo de todas las que yo he visto. Esta gente, aunque vencida y desbaratada, podria ser que cayese en la cuenta de que los venció sólo una persona, y corridos y avergonzados desto volviesen á rehacerse y á buscarnos, y nos diesen en qué entender: el jumento está como conviene, la montaña cerca, la hambre carga, no hay que hacer sino retirarnos con gentil compás de piés y, como dicen, váyase el muerto á la sepultura y el vivo á la hogaza.»

Segun la ocasion y segun el tono con que se pronuncie este adagio, puede revelar ó una serenidad muy estoica, ó un alma de Cain.

En Covarrubias y en el Diccionario de Autoridades se lee : *El muerto á la cava, y el vivo á la hogaza;* en la Coleccion de Zaragoza y en la del Comendador : *El muerto á la fosada, y el vivo á la hogaza.*

146. Cuando Dios amanece, para todos amanece.

Este refran, como los de los números 89 y 90, expresa en general que Dios provee á las necesidades de todas las criaturas. Pero como se emplea muy frecuentemente en el sentido descrito por la Academia, enseñándonos la obligacion que tenemos de comunicar nuestros bienes y felicidades á los demás, y en este sentido lo usa Sancho, hé aquí el motivo de haberlo colocado en este lugar.

Saboreando Sancho el salpicon de vaca con cebolla y las manos cocidas de ternera, volvióse al doctor Recio y le dijo: «Mirad, señor doctor, de aquí adelante no os cureis de darme á comer cosas regaladas, ni manjares exquisitos, porque será sacar á mi estómago de sus quicios, el cual está acostumbrado á cabra, á vaca, á tocino, á nabos y á cebollas, y si acaso le dan otros manjares de palacio, los recibe con melindre, y algunas veces con asco : lo que el maestresala puede hacer, es traerme estas que llaman ollas podridas, que miéntras más podridas son, mejor huelen, y en ellas puede embaular y encerrar todo lo que él quisiere, como sea de comer, que yo se lo agradeceré y se lo pagaré algun dia : y no se burle nadie conmigo, porque ó somos ó no somos; vivamos todos y comamos en buena paz y compaña, pues cuando Dios amanece, para todos amanece.»

XXIII.

147. Iglesia, mar ó casa real.

Dos veces emplea Cervántes este proverbio que califica de antiguo: una en el pasaje de la Historia del Cautivo, inserto en el prólogo, y otra en la Gitanilla. En el magnífico mensaje ó discurso de apertura en que el elocuente y provecto gitano pinta al novicio Andrés las costumbres y estatutos de la insigne órden de la gitanería, tan puesta en razon y en políticos fundamentos, dice el preopinante: «En conclusion, somos gente que vivimos por nuestra industria y pico, y sin entretenernos con el antiguo refran: iglesia, ó mar, ó casa real, tenemos lo que queremos; pues nos contentamos con lo que tenemos.»

No obstante la antigüedad de que habla Cervántes, no figura este refran en la Coleccion del Marqués de Santillana ni en la de Zaragoza. Hernan Nuñez dice: *Iglesia ó mar ó casa real, quien quiere medrar.* Iriárte, conociendo que empezaban á correr malos vientos para la Iglesia, creyó sin duda deber guisar el adagio al gusto de la época diciendo: *Tres cosas hacen al hombre medrar, ciencia y mar y casa real.* Ahora que ya no tenemos casa real, podria decirse: *Jugada de bolsa, lengua ó fusil,* entendiendo por *lengua,* tribuna, club ó periódico, y por *fusil, pronunciamiento,* barricada, ardid electoral, etc.

Otros refranes, no ménos antiguos que el primero, decian: *Abeja y oveja y parte en la igreja desea á su hijo la vieja;* — *Bonete y almete hacen casas de copete.*

148. Más vale migaja de Rey, que merced de Señor.

No se halla este adagio en el Tesoro de Covarrubias, ni en el Diccionario de la Academia, ni tampoco figura en ninguna de las obras de Cervántes fuera del pasaje del Quijote últimamente transcrito.

Además del sentido literal en que lo toma Cervántes, admite un sentido traslaticio mucho más lato, denotando que el favor y la proteccion deben buscarse siempre en los más poderosos, puesto que como dice otro adagio, *De buena casa, buena brasa.*

En la Coleccion del Marqués de Santillana se lee: *Más valen meajas de rey, que zatico de caballero.* En la de Zaragoza se sustituye el equívoco vocablo *meajas* por el de *migajas*, que es el más propio. En la de Hernan Nuñez se sustituye el singular al plural, diciendo, *Más vale migaja de rey, que zatico de caballero.*

Otro refran dice: *Sirve á señor noble, aunque sea pobre*, y en el Diálogo de las lenguas hallamos el siguiente: *A escaso señor, artero servidor.*

149. Quien á buen árbol se arrima, buena sombra le cobija.

Despues de las palabras citadas en el número 132, «y soy de aquellos, no con quien naces, sino con quien paces,» añade Sancho: «Y de los, quien á buen árbol se arrima, buena sombra le cobija: yo me he arrimado á buen señor, y há muchos meses que ando en su compañía, y he de ser otro como él, Dios queriendo, y viva él y viva yo, que ni á él faltarán imperios que mandar, ni á mí ínsulas que gobernar.»

Estas mismas cuentas galanas que Panza echan allá en sus adentros todos los políticos de segunda, tercera, cuarta y última fila, y en la verdad de este refran estriba la disciplina indispensable para la organizacion de los partidos. No quiere decir el refran que todos esos modernos señores de horca y cuchillo que nos están ahorcando, sean buenos árboles, ni mucho ménos; porque tambien dice el adagio: *Quien á ruin árbol se arrima, ruin sombra le cobija.*

En los MM. de Salazar se lee este adagio en la siguiente forma algo catalanizada: *Qui á buen árbol se aplega, buena sombra le cuebre.*

150. Quien te da el hueso, no te quiere ver muerto.

La Coleccion del Marqués de Santillana dice: *El que te da un hueso, no te querria ver muerto.* Las de Vallés y de Nuñez, además de la leccion de la del Marqués, traen esta otra, *Quien te da un hueso, no te quiere ver muerto,* que es la adoptada por Iriarte y por la Academia.

Enseña este refran que no nos quiere mal quien nos hace algun regalo por poco que valga.

La Duquesa dice en su carta á Teresa: «Ahí le envio, querida amiga, una sarta de corales con extremos de oro: yo me holgara que fuera de perlas orientales; pero quien te da el hueso, no te quiere ver muerta: tiempo vendrá en que nos conozcamos y comuniquemos, y Dios sabe lo que será (n.º 258).»

Muy semejante á este es aquel otro adagio que dice: *En el escudillar, verás quien te quiere bien y quien te quiere mal.*

En el Rinconete y Cortadillo leemos el siguiente, *Quien bien quiere á Beltran, bien quiere á su can,* citado tambien en el Diálogo de las lenguas, y con el cual denotamos que el que quiere bien á alguna persona, muestra igualmente interés por todas las cosas que á ella atañen.

Para ponderar el mucho amor de los padres y la frecuente ingratitud de los hijos hay otro refran, citado tambien en el Diálogo de las lenguas, y que Cervántes alega en el siguiente fragmento del Persíles: «El amor que el padre tiene á su hijo desciende, y el descender es caminar sin trabajo, y el amor del hijo con el padre asciende y sube, que es caminar cuesta arriba, de donde ha nacido aquel refran que dice: *Un padre para cien*

10

hijos, ántes que cien hijos para un padre.» Generalmente se dice, como en el Diálogo de las lenguas: *y no cien hijos para un padre.*

151. Haz lo que tu amo te manda, y siéntate con él á la mesa.

«Si vuesa merced (dice Sancho) quiere dar á cada paso en estos, que no sé si los llame disparates, no hay sino obedecer y bajar la cabeza, atendiendo al refran: haz lo que tu amo te manda, y siéntate con él á la mesa.»

La Coleccion del Marqués de Santillana dice: *Faz lo que te manda tu señor, é pósate con él á la mesa.* La de Zaragoza: *Haz lo que tu amo te manda, y asiéntate con él á la tabla.* La de Hernan Nuñez: *Haz lo que te manda tu señor, y sentarte has con él al sol.* La Academia dice: *Haz lo que tu amo te manda, y sentaráste con él á la mesa.* Iriarte, además de la de Nuñez, admite tambien la leccion de Cervántes, igual á la del Diálogo de las lenguas.

Este refran inculca en los criados la obediencia, dando á entender la mucha estimacion que de sus amos logran, obedeciéndoles puntualmente.

Otros refranes nos advierten que no conviene usar familiaridad con los superiores: *Ni en burlas ni en veras, con tu amo partas peras;* — *Quien con su mayor burló, primero rió y despues lloró.* El siguiente encarece el cariño, respeto y paciencia que deben tener los criados con sus amos y las mujeres con sus maridos: *De baldon de señor ó de marido, nunca zaherido.* En un mismo pasaje del Licenciado Vidriera hallamos reunidos los dos que siguen: *La honra del amo descubre la del criado;* — *Mira á quien sirves, y verás cuan honrado eres.*

XXIV.

152. La diligencia es madre de la buena ventura.

Don Quijote, creyendo que no podia serles de provecho la estada en el castillo, dice á Dorotea: «Es comun proverbio, fermosa señora, que la diligencia es madre de la buena ventura, y en muchas y graves cosas ha mostrado la experiencia que la solicitud del negociante trae á buen fin el pleito dudoso; pero en ningunas cosas se muestra más esta verdad, que en las de la guerra adonde la celeridad y presteza previene los discursos del enemigo, y alcanza la victoria ántes que el contrario se ponga en defensa.»

Uno de los consejos que para el buen acierto del gobierno dió don Quijote á Sancho, dice así: «Sea moderado tu sueño, que el que no madruga con el sol, no goza del dia: y advierte, ó Sancho, que la diligencia es madre de la buena ventura, y la pereza la contraria jamás llegó al término que pide un buen deseo.»

En el Rinconete y Cortadillo cita tambien Cervántes este refran.

Recomiendan igualmente la actividad en el trabajo y diligencia en las cosas los siguientes: *Más hace el que quiere, que el que puede; — Ayúdate, y ayudaráte Dios; — Sufre por saber, y trabaja por tener; — Quien busca, halla; — Quien no alza, no halla; — Quien trabaja, tiene alhaja; — Barba pone mesa, que no pierna tiesa; — Quien trae azada, trae zamarra; — El pan bien escardado hinche la troj á su amo; — Estierca y escarda, y cogerás buena parva; — Quien hila y tuerce, bien se le parece; — Quien bien hila, larga trae la camisa; — Quien hila cada dia cantidad de un huevo de gallina, no irá á pedir camisa á su vecina; — La mujer que poco vela, tarde hace luenga tela; — Tras el trabajo viene el dinero y el descanso; — Quien quiere mucho holgar, no deje de trabajar.*

Condenan la ociosidad y pereza los que siguen : *Quien huelga, no medra;* — *Con lo que sana el hígado, enferma la bolsa;* — *La mujer que poco hila, siempre trae mala camisa;* — *Hombre sentado, ni capuz tendido, ni camison curado;* — *Quien de invierno anda á pájaros y de verano á nidos, no prestará trigo á sus vecinos;* — *La hoz en el haza, y el hombre en la casa;* — *La ociosidad es madre de los vicios;* — *Muchos males engendra la ociosidad;* — *La pereza nunca hizo nobleza;* — *El perezoso siempre es menesteroso;* — *El perezoso tenga la hormiga delante del ojo;* — *No seas perezoso, no serás deseoso;* — *Manos del oficial envueltas en cendal;* — *Mano sobre mano como mujer de escribano;* — *Pereza ¿quieres sopas?;* — *¿Qué oficio teneis? Este que veis;* — *Siete al saco, y el saco en tierra;* — *Siete á la hanega, y ella en tierra;* — *Quien tiene boca, no diga á otro, sopla;* — *Quien á mano ajena espera, si mal yanta, peor cena;* — *Quien á mano ajena aguarda, mucho come y tarde se harta.*

153. El que no madruga con el sol, no goza del dia.

Cervántes no cita este adagio mas que en el pasaje transcrito en el número anterior. Me atrevo á calificar de adagio esta hermosa máxima, no obstante de no constar como tal en ninguna de las colecciones ni en ningun diccionario.

Es verdad que no hace gran falta, teniendo tan á mano los siguientes : *Quien mucho duerme, poco aprende;* — *Quien mucho duerme, lo suyo y lo ajeno pierde;* — *Quien se levanta tarde, ni oye misa ni toma carne;* — *Madruga y verás, trabaja y habrás;* — *Si quieres buena fama, no te dé el sol en la cama;* — *El molinero andando gana, que no estándose en la cama;* — *Quien madruga, halla la pájara en el nido; el que se duerme, hállale vacío;* — *A raposo durmiente, no le amanece la gallina en el vientre;* — *Dormiré, dormiré, buenas nuevas hallaré;* — *Reniego de bestia, que en invierno tiene siesta.*

En suma, *A quien madruga, Dios le ayuda.* Este refran, citado en el Quijote de Avellaneda, denota que poniendo por nuestra parte todos los medios y diligencia para el logro de nuestros fines ó deseos, es fácil verlos cumplidos, contando siempre, como debe suponerse, con el favor del cielo.

154. En la tardanza está el peligro.

Cuatro veces cita Cervántes este refran, que no se halla contenido en el Diccionario de la Academia, variándole lijeramente.

Al contestar don Quijote á la fermosa Infanta que acababa de pedirle la restauracion de sus señoríos, dijo: «La partida sea luégo, porque me va poniendo espuelas el deseo y el camino, porque suele decirse, que en la tardanza está el peligro: y pues no ha criado el cielo, ni visto el infierno ninguno que me espante ni acobarde, ensilla, Sancho, á Rocinante y apareja tu jumento y el palafren de la Reina, y despidámonos del Castellano y destos señores, y vámonos de aquí luégo al punto.»

En ocasion análoga dice tambien á la princesa Micomicona, reina del gran reino Micomicon de Etiopía: «Con el ayuda de Dios, y la de mi brazo, vos os veréis presto restituida en vuestro reino, y sentada en la silla de vuestro antiguo y grande estado, á pesar y á despecho de los follones que contradecirlo quisieren: y manos á la labor, que en la tardanza dicen que suele estar el peligro.»

Sancho queria completar la suma de los azotes entre árboles, pero don Quijote preferia guardarlo para la aldea. Sancho respondió que hiciese su gusto, «pero que él quisiera concluir con brevedad aquel negocio á sangre caliente y cuando estaba picado el molino, porque en la tardanza suele estar muchas veces el peligro, y á Dios rogando y con el mazo dando (n.º 156), y que más valia un toma que dos te daré (n.º 186) y el pájaro en la mano que el buitre volando (n.º 185).»

Cuando se trató de la expedicion por los aires al reino de Candaya, Sancho se negaba á ello dando entre otras razones la de que á la vuelta ya no habria ínsula ni ínsulos en el mundo que le conociesen, y añadia luégo: «pues se dice comunmente que en la tardanza va el peligro, y que cuando te dieren la vaquilla, acudas con la soguilla (n.º 181), perdónenme las barbas destas señoras, que bien se está San Pedro en Roma (n.º 94).»

Avellaneda usa una vez este adagio, y tambien el siguiente: *Más vale que lo que se ha de hacer tarde se haga temprano*. En el Coloquio de los perros cita Cervántes aquel otro tan conocido, *Más vale tarde que nunca.*

155. Obra empezada, medio acabada.

Don Quijote ántes de subir sobre Clavileño, apartando á Sancho entre unos árboles del jardin, y asiéndole ambas manos, le dijo: «Ya ves, Sancho hermano, el largo viaje que nos espera, y que sabe Dios cuándo volverémos dél, ni la comodidad y espacio que nos darán los negocios: y así querria que ahora te retirases en tu aposento, como que vas á buscar alguna cosa necesaria para el camino, y en un daca las pajas te dieses á buena cuenta de los tres mil y trecientos azotes, á que estás obligado, siquiera quinientos, que dados te los tendrás, que el comenzar las cosas, es tenerlas medio acabadas.»

Evidentemente alude Cervántes á este refran, con el cual se recomienda la actividad, y sobre todo al emprender una obra ó trabajo, encareciendo lo dificultoso del principio.

Parece que no reza el adagio con la obra magna é interminable de *la coronacion del edificio.*

Otros refranes redondean el pensamiento: *Lo que no se empieza, no se acaba; — Peine encordado, cabello enhebrado; — El salir de la posada es la mejor jornada; — Lo que has de hacer cras, pon mano y haz; — Hoy me iré, cras me iré, mala casa mantendré; — Quien primero viene, primero tiene; — Quien primero viene, primero muele; — El primero que llega, ese las calza; — Mensajero frio, tarda mucho y vuelve vacío.*

156. A Dios rogando, y con el mazo dando.

Sancho enhila este refran á renglon seguido del del n.º 154, en el tercero de los pasajes allí incluidos. Tambien lo mete á modo de cuña en el discurso siguiente: «Pero querria yo saber de mi señora doña Dulcinea del Toboso, adónde aprendió el modo de rogar que tiene: viene á pedirme que me abra las carnes á azotes, y llámame alma de cántaro y bestion indómito, con una tira mira de malos nombres que el diablo los sufra. ¡Por ventura son mis carnes de bronce! ¿ó váme á mí algo en que se desencante ó nó! ¡Qué canasta de ropa blanca, de camisas, de tocadores y de escarpines, aunque no los gasto, trae delante de sí para ablandarme, sino un vituperio y otro, sabiendo aquel refran que dicen por ahí, que un asno cargado sube lijero por una montaña (n.º 209), y que dádivas quebrantan peñas (n.º 211), y á Dios rogando y con el mazo dando, y que más vale un toma que dos te daré (n.º 186)! »

Tambien lo usa Cervántes en la Gitanilla con esta pequeña variante: *Al cielo rogando, y con el mazo dando.*

Este refran no solamente nos aconseja la diligencia y el trabajo, sino tambien la paciencia y constancia, contando con el auxilio de Dios, pero tambien con nuestro propio esfuerzo, para alcanzar lo que deseamos.

Al mismo objeto van encaminados los siguientes: *El que está en la aceña muele, que no el que va y viene; — Manos y vida componen villa; — Dios y vida componen villa; — Por mucho pan, nunca mal año; — No por mucho pan mal año; — Pobre importuno saca mendrugo; — Romero hito saca zatico; — Porfía mata la caza; — La maza de Fraga saca polvo debajo del agua; — Por miedo de gorriones no se dejen de sembrar cañamones; — Topaste en la silla, por acá, tia.*

157. Aquí morirá Sanson, y cuantos con él son.

Hé aquí el único pasaje del Quijote en que emplea Sancho este refran: « Volvió Sancho á su tarea con tanto denuedo, que ya habia quitado las cortezas á muchos árboles: tal era la riguridad con que se azotaba: y alzando una vez la voz, y dando un desaforado azote en una haya, dijo: aquí morirá Sanson y cuantos con él son.»

La Academia no lo incluye en el Diccionario. En las colecciones del Marqués de Santillana, de Vallés y de Hernan Nuñez aparece escrito de este modo: *Muera Sanson, é cuantos con él son.*

Parece que expresa la confianza de dejar concluida una cosa haciendo un último esfuerzo, ó bien la satisfaccion de haberla concluido.

XXV.

158. No se toman truchas á bragas enjutas.

Despues de haber echado Sancho la cuenta de los azotes, halló que por junto sumaban ochocientos y veinte y cinco reales. «Estos (añade luégo) desfalcaré yo de los que tengo de vuesa merced, y entraré en mi casa rico y contento, aunque bien azotado, porque no se toman truchas..... y no digo más.»

En la Gitanilla cita Cervántes este refran, sin truncarlo, escribiendo la primera parte de la frase de la misma manera que en el Quijote, que es como se lee en las colecciones de Zaragoza, de Nuñez y de Iriarte. La Academia, conformándose con el uso, dice *pescan* en vez de *toman*. En la Coleccion del Marqués de Santillana se halla el siguiente que expresa el mismo concepto: *Quien peces quiere, el rabo se moje;* y en las de Nuñez é Iriarte: *Quien peces quiere, de mojarse tiene.*

Estos refranes denotan que no se consiguen las cosas difíciles sin mucho trabajo, y á veces sin mucho peligro.

Los siguientes vienen á decir lo mismo: *Nunca mucho costó poco; — No hay atajo sin trabajo; — Quien no se aventura, no pasa la mar; — Algo hemos de hacer para blanca ser; — Cuando pienses meter el dedo en seguro, toparás en duro; — A pan duro, diente agudo; — Todo es menester, migar y sorber; — Aun no ensillamos, y ya cabalgamos; — A la primera azonada ¿quereis sacar agua?; — Eso se quiere la mona, piñoncitos mondados.*

159. No se ganó Zamora en una hora.

Al oir don Quijote los suspiros que arrancaba del pecho el escudero al dar en los árboles los azotes que fingia darse en las espaldas, temeroso de que no se le acabase la vida á Sancho, dejando incumplido su deseo, le dijo: «Por tu vida, amigo, que se quede en este punto este negocio, que me parece muy áspera esta medicina, y será bien dar tiempo al tiempo, que no se ganó Zamora en una hora.»

La Coleccion de Zaragoza, además de escribir este refran de la misma manera que Cervántes, que es como lo pone la Academia, lo escribe tambien invirtiendo el giro de la frase: *En una hora no se ganó Zamora.*

Además del trabajo y diligencia indispensables, las cosas requieren el debido tiempo en su ejecucion. Así es que con este adagio animamos á los que se impacientan por no ver conseguido el fin que se proponen, ó bien contestamos á los que, desconociendo las dificultades, nos acusan por nuestra tardanza en conseguirlo.

Dícese tambien: *Paso á paso se va léjos; — Un solo golpe no derriba al roble; — Poco á poco hila la vieja el copo; — Huélgome un poco, mas hilo mi copo; — A la larga, el galgo á la liebre mata; — A su tiempo maduran las brevas; — Una y otra gota apagan la sed; — La gotera cava la piedra; — Tantas veces da la gotera en la piedra, que hace mella; — La peña es dura y el agua menuda, mas cayendo cada dia, hace cavadura; — La peña es dura, pero más recia es la cuña; — Con otro ea, llegarémos á la aldea.*

Algunos refranes reprenden tambien la actividad mal dirigida por querer emprender muchas cosas á un tiempo, ó intentar cosas incompatibles, v. g.: *Quien mucho abarca, poco aprieta; — Perrillo de muchas bodas, no come en ninguna por comer en todas; — Soplar y sorber no puede ser.* El primero lo usa Avellaneda.

160. Del dicho al hecho hay gran trecho.

Sí, señores mios: una cosa es ponerse el órden en la punta de la lengua, otra cosa el tenerlo en la conciencia, en las costumbres y en la calle; una cosa es soltar el chorro de todas las inviolabilidades en la constitucion escrita, otra cosa el poder vivir seguro en su casa; una cosa son las estrellas del cielo del pensamiento que la retórica nos pinta, otra cosa las estrellas reales que nos hace ver un soberano garrotazo patriótico; una cosa es prometer el oro y el moro, otra cosa el votar contribuciones é imponer donativos voluntarios; una cosa es la abolicion de las quintas por respeto á las madres sensibles, otra cosa el acostarse y levantarse todo bicho viviente con la amada carabina; una cosa es ahuecar mucho la voz para decir, *los progresos de la ciencia moderna*, otra cosa el saber el abecé; una cosa es gritar, *viva la libertad*, otra cosa el gritar, *piés ¿para qué os quiero?* y atrancar puertas y ventanas; una cosa es la idea, otra cosa es la nómina; una cosa son castillos, otra cosa son ventas; una cosa son molinos de viento, otra cosa gigantes descomunales.

En el primero de los pasajes insertos en el número 143 cita don Quijote este refran, y tambien lo cita Sancho al ver la facilidad con que el buen Hidalgo trazaba su expedicion á Berbería para librar del cautiverio á don Gregorio. «Muy bien lo pinta y facilita vuesa merced, dijo Sancho; pero del dicho al hecho hay gran trecho, y yo me atengo al renegado, que me parece muy hombre de bien y de muy buenas entrañas.»

En el Coloquio de los perros de Mahudes así discurre el filósofo Berganza: «Ahora promete uno de enmendarse de sus vicios, y de allí á un momento cae en otros mayores: una cosa es alabar la disciplina, y otra el darse con ella; y en efecto, del dicho al hecho hay gran trecho.»

En la Coleccion de Zaragoza se lee: *Del dito al fato hay gran rato.*

161. Harbar, harbar, como sastre en víspera de Pascuas.

Así se dice de los que por hacer las cosas de prisa y atropelladamente las hacen mal.

Refiriéndose Sancho Panza al mal aconsejado autor de la Historia apócrifa de don Quijote, hace la reflexion siguiente: «¡A dinero y al interés mira el autor! Maravilla será que acierte, porque no hará sino harbar, harbar, como sastre en víspera de pascuas, y las obras que se hacen aprisa, nunca se acaban con la perfeccion que requieren.»

Los modernos lo hemos arreglado de otro modo. El periodismo ha comunicado al pensamiento la velocidad del vapor y del telégrafo. El constituir á un país era obra de romanos: siete siglos, atando corto, les costó á nuestros padres el trazar los borradores de nuestra constitucion; y en lo que va de siglo ya nos hemos constituido y reconstituido cien veces. Una constitucion la hace ó deshace ahora un cualquiera al tiempo de sorberse un vaso de agua.

Este refran no figura en ninguna coleccion, ni tampoco lo trae la Academia. El Diccionario de Autoridades cita la frase de Cervántes, pero sin considerarla como proverbio. Otros refranes en cambio nos advierten, que *Quien echa agua en la garrafa de golpe, más derrama que ella coge,* y que *No por mucho madrugar, amanece más aina.*

162. Mezclar berzas con capachos.

Proceder desordenadamente confundiendo las cosas, ó, como dice Clemencin, mezclar cosas inconexas y desconcertadas.

«Una de las tachas que ponen á la tal historia, dijo el Bachiller, es que su autor puso en ella una novela intitulada *El Curioso impertinente,* no por mala ni por mal razonada, sino por no ser de aquel lugar, ni tiene que ver con la historia de su merced el señor don Quijote. Yo apostaré, replicó Sancho, que ha mezclado el hideperro berzas con capachos.»

Ni como refran, ni como frase, no consta en ninguna coleccion ni en ningun diccionario.

163. Si os duele la cabeza, untaos las rodillas.

«Señor, respondió Sancho, si va á decir verdad, yo no me puedo persuadir, que los azotes de mis posaderas tengan que ver con los desencantos de los encantados, que es como si dijésemos: si os duele la cabeza, untaos las rodillas: á lo ménos yo osaré jurar que en cuantas historias vuesa merced ha leido, que tratan de la andante caballería, no ha visto algun desencantado por azotes; pero por sí ó por nó, yo me los daré cuando tenga gana, y el tiempo me dé comodidad para castigarme.»

Bien claramente se infiere el sentido de este refran. Con él hacemos burla de los que emplean medios del todo inoportunos y disparatados para el logro de alguna cosa. En la moderna España revolucionaria, en nombre de la libertad de conciencia y en odio á la intolerancia, se roba, apalea y mata á los sacerdotes, se derriban templos, se profanan imágenes sagradas, se promueven escándalos y se persigue á todos los católicos. ¡Que los carlistas en armas obtienen una victoria? pues palo á los que oyen misa. *Si os duele la cabeza, untaos las rodillas.*

Sólo en la Coleccion de Hernan Nuñez he visto este refran, así escrito: *Duéleme el colodrillo, y úntame el tobillo.* Quizá deba decir *úntasme.* De todos modos, esta forma del adagio, tan diferente de la que usa Sancho, me parece que debe de ser la más adecuada y legítima.

164. ¿Quién ha de llevar el gato al agua?

No emplea Cervántes este refran en ninguna de sus obras; mas alude á él en las intrincadas razones con que el Vizcaino increpa á don Quijote: «Si lanza arrojas, y espada sacas, el agua cuán presto verás que al gato llevas.»

El adagio ¿*Quién ha de poner el cascabel al gato?* parece que no difiere en un ápice del anterior, y que entrambos pueden usarse, tanto para ponderar la dificultad de alguna cosa, como para encarecer el riesgo que su ejecucion ofrece.

En el Quijote de Avellaneda hallamos el proverbio de, *Quien más no puede, morir se deja*, no incluido en el Diccionario de la Academia. Con él se nos advierte que muchas veces no está en mano del hombre el vencer ciertas dificultades, y que basta el haber hecho todos los esfuerzos posibles para vencerlas.

165. Aun falta la cola por desollar.

Con este refran denotamos que para el logro y consecucion de alguna cosa resta mucho que hacer, y áun lo más peligroso ó dificil.

«El diablo, amigo Sancho (dice el sabio Merlin), es un ignorante y un grandísimo bellaco: yo le envié en busca de vuestro amo; pero nó con recado de Montesinos, sino mio, porque Montesinos se está en su cueva esperando su desencanto, que áun le falta la cola por desollar.»

En el siguiente pasaje usa Sancho este adagio en el sentido de *áun falta lo peor:* «Así que, ó Sancho, entre las tantas calumnias de buenos, bien pueden pasar las mias, como no sean más que las que has dicho. Ahí está el toque, cuerpo de mi padre, replicó Sancho. ¿Pues hay más? preguntó don Quijote. Aun falta la cola por desollar, dijo Sancho: lo de hasta aquí son tortas y pan pintado, mas si vuesa merced quiere saber todo lo que hay acerca de las caloñas que le ponen, yo le traeré aquí luégo al momento quien se las diga todas, sin que le falte una meaja, que anoche llegó el hijo de Bartolomé Carrasco, que viene de estudiar de Salamanca hecho bachiller, etc.»

La Coleccion del Marqués de Santillana dice: *Oh! áun el rabo está por desollar*, y el autor del Diálogo de las lenguas escribe: *Aun os queda la cola por desollar.* Dícese tambien: *Aun está el rabo por desollar*, ó *Aun falta el rabo por desollar*, ó *Aun le ha de sudar el rabo.*

Para burlarnos de los que dan por terminado lo que todavía falta comenzar, decimos: *Si tras este que ando mato, tres me faltan para cuatro.*

166. Pedir peras al olmo.

Esta frase significa sencillamente, *pretender ó querer lo imposible*. Por lo tanto, sería circunscribir demasiadamente el sentido el decir con la Academia, «que se usa para explicar que en vano se esperaria de alguno lo que naturalmente no puede provenir de su educacion ó de su conducta.»

Dice doña Rodriguez: «Pensar que el Duque mi señor me ha de hacer justicia, es pedir peras al olmo, por la ocasion que ya á vuestra merced en puridad tengo declarada.»

La interpretacion de la Academia puede perfectamente aplicarse al ejemplo citado; pero nó al siguiente pasaje, en que Sancho se niega á subir sobre Clavileño. Dice así: «Pero pensar que tengo de subir en él, ni en la silla, ni en las ancas, es pedir peras al olmo. Bueno es, que apénas puedo tenerme en mi rucio y sobre una albarda más blanda que la mesma seda, y querrian ahora que me tuviese en unas ancas de tabla, sin cojin ni almohada alguna.»

167. Pedir cotufas en el golfo.

El sentido de esta frase es idéntico al de la anterior. Esto no obsta para que tambien se use en el sentido que indica Covarrubias: «*Pedir gollorias en golfo*, se dice cuando uno de regalado ó impertinente, pide lo que no se le puede dar, atento el lugar donde se halla.» Covarrubias califica esta frase de refran.

«Mas haga lo que quisiere, dice Sancho refiriéndose á Basilio, no fuera él pobre, y casárase con Quiteria. ¿No hay más sino no tener un cuarto, y querer casarse por las nubes? A la fe, señor, yo soy de parecer que el pobre debe de contentarse con lo que hallare, y no pedir cotufas en el golfo.»

En otro lugar dice el mismo Sancho: «Dígame, señor bachiller, ¿entra ahí la aventura de los yangüeses, cuando á nuestro buen Rocinante se le antojó pedir cotufas en el golfo?»

168. Querer poner puertas al campo.

«No te enojes, Sancho, ni recibas pesadumbre de lo que oyeres, que será nunca acabar: ven tú con segura conciencia, y digan lo que dijeren, y es querer atar las lenguas de los maldicientes, lo mesmo que querer poner puertas al campo. Si el gobernador sale rico de su gobierno, dicen dél que ha sido un ladron, y si sale pobre, que ha sido un para poco, y un mentecato.»

El sentido de esta frase es algo más limitado que el de las anteriores. *Poner puertas al campo*, dice la Academia, es tratar de impedir lo que no se puede evitar.

169. Dar coces contra el aguijon.

En opinion de la Academia, significa esta frase, «obstinarse en resistirse á fuerza superior.» Me parece que mas bien equivale á obstinarse en conseguir lo imposible, y que por lo tanto el sentido es algo más lato.

Así parecen confirmarlo los siguientes ejemplos del Quijote. «Par diez, vuesa merced tiene razon, respondió el Castellano, que aconsejar á este buen hombre es dar coces contra el aguijon; pero con todo eso me da muy gran lástima, que el buen ingenio que dicen que tiene en todas las cosas este mentecato, se le desagüe por la canal de su andante caballería.»

Cuando la aventura de los batanes, viendo Sancho el buen suceso de haber atado los piés á Rocinante, dice á don Quijote: «Ea, señor, que el cielo conmovido de mis lágrimas y plegarias, ha ordenado que no se pueda mover Rocinante, y si vos quereis porfiar, y espolear, y dalle, será enojar á la fortuna, y dar coces, como dicen, contra el aguijon.»

170. Echarlo todo á doce, aunque no se venda.

La Academia no trae este refran; pero explica el sentido de la frase *Echarlo á doce*, diciendo en el Diccionario de Autoridades, que significa: «Desbarrar, enfadarse y meter á bulla alguna cosa para que se confunda y no se hable más de ella.»

Las colecciones del Marqués de Santillana, de Vallés y de Nuñez consignan el adagio con estas lijerísimas variantes: *Echémoslo á doce, siquiera nunca se venda; — Echadlo á doce, y nunca se venda; — Echémoslo á doce, y nunca se venda.*

Puede emplearse en tono de burla contra los que obran de la manera descrita por la Academia; v. g. contra todas las grandes figuras de la revolucion de setiembre, y es una grande injusticia echarles el muerto á los federales.

En el pasaje siguiente del Quijote se verá que no usa Sancho esta frase como refran. «Aparéjese la señora Dulcinea, que si no responde como es razon, voto hago solemne á quien puedo, que le tengo que sacar la buena respuesta del estómago, á coces y á bofetones: porque ¿dónde se ha de sufrir que un caballero andante tan famoso como vuestra merced se vuelva loco, sin qué ni para qué, por una!... No me lo haga decir la señora, porque por Dios que despotrique, y lo eche todo á doce, aunque no se venda: bonico soy yo para eso, mal me conoce, pues á fe que si me conociese, que me ayunase. A fe, Sancho, dijo don Quijote, que á lo que parece, que no estás tú más cuerdo que yo. No estoy tan loco, respondió Sancho, mas estoy más colérico.»

XXVI.

171. En casa llena presto se guisa la cena.

Cuando los medios abundan, fácilmente se consigue el fin.

Sancho aplica muy oportunamente este refran, refiriéndose á la buena provision de refranes que para todo tenia, como puede verse en uno de los fragmentos insertos en el prólogo.

En otro lugar dice: «Al buen pagador no le duelen prendas (n.º 20), y en casa llena presto se guisa la cena: quiero decir, que á mí no hay que decirme ni advertirme de nada, que para todo tengo, y de todo se me alcanza un poco.»

El autor de la Pícara Justina dice: *En casa ajena pronto se guisa la cena*, y la Coleccion de Zaragoza redondea el pensamiento de este modo: *En casa ajena presto se guisa la cena, y en la vacía más aina.*

Aconseja que para cada accion se pongan los medios proporcionados á su logro el siguiente: *La pierna en el lecho, y el brazo en el pecho.*

Para denotar que sin los medios oportunos no se consigue lo que se desea, decimos: *Quien no trae soga, de sed se ahoga; — Quien deja el camino real por la vereda, piensa que ataja y rueda; — Quien deja la fuente por el arroyo, muchas veces se pone de lodo.*

Contra el que emplea medios desproporcionados se dice: *No se saca arador con pala de azadon, ó No se caza arador á pala de azadon.*

11

Por último, cuando el fin no es asequible, de nada sirven los medios y esfuerzos, como lo demuestra el adagio: *¿Para qué va la negra al baño, si blanca no puede ser?*

172. A quien Dios quiere bien, la casa le sabe.

Así es como escribe Cervántes este refran, y de la misma manera aparece escrito en las colecciones del Marqués de Santillana, de Juan de Malara, de Blasco de Garay, de Hernan Nuñez, y en el Tesoro de Covarrubias. El Diccionario de Autoridades dice: *A quien Dios quiere, la casa le sabe.* Por lo tanto, la leccion *la casa le sube* que se halla en las últimas ediciones del Diccionario de la Academia, áun cuando no altere profundamente el sentido, es de presumir que contenga una errata. En los Refranes glosados se lee: *Al que Dios quiere bien, la casa le sabe,* y en la Coleccion de Pedro Vallés, *A quien Dios quiere bien, la casa le sabe, y á quien mal, la casa y el hogar.*

Con este refran se da á entender (dice el citado Diccionario de Autoridades) «que el que es afortunado no necesita de hacer diligencias, pues las conveniencias se le vienen sin buscarlas.»

Nada bueno puede hacer el hombre sin contar con la gracia de Dios; pero en cambio Dios lo puede todo, sin contar para nada con la voluntad del hombre, y á pesar de la voluntad del hombre, y á pesar de la misma voluntad nacional, llamada por licencia parlamentaria y antipoética, omnipotente.

Una sola vez cita Sancho este adagio. Véase el pasaje citado en el n.º 208.

Pero el refran, tratándose de materia tan importante, no habia de quedarse corto; así que, dando mil vueltas á una misma verdad, nos dice tambien: *A quien Dios quiere bien, la hormiga le va á buscar;—A quien Dios quiere bien, la perra le pare lechones;—Quien está en ventura, hasta la hormiga le ayuda; —Cuando Dios quiere, con todos aires llueve;—Cuando Dios quiere, en sereno llueve;* y luégo remacha el clavo, diciendo: *Cuando Dios no quiere, los santos no pueden.*

Aparte del auxilio del cielo, que este debe ir siempre por

delante, nacemos tan desamparados, que por muchos y muy grandes que sean los humos de nuestra autonomía, sucede que á cada paso necesitamos del favor y auxilio de nuestros semejantes, sin excluir á los que más humildes nos parecen; porque, como advierte un refran del libro de Avellaneda, *Un ánima sola, ni canta ni llora*, y *Piedra sin agua, no aguza en la fragua*.

Contra los que creen bastarse á sí mismos, verbigracia, los que sólo quieren la república para los republicanos (buen provecho les haga), se inventó aquel adagio: *El herrero de Arganda él se lo suena y él se lo macha, y él se lo saca á vender en la plaza*.

A los egoistas que niegan su favor ó ayuda á los demás, les coge de lleno aquello de, *El que solo come su gallo, solo ensilla su caballo*.

Pero como Dios quiere que por nuestra parte pongamos los medios, hay un refran que dice, *Ayúdate, y ayudarte ha Dios*. Contra los negligentes y descuidados hablan los refranes, *Cuerpo, cuerpo, que Dios dará paño*, y *Fiate en la Virgen y no corras*. Este último no le parecia muy católico á Fígaro; pero lo es, y muchísimo; pues que Dios exige nuestra buena voluntad y eficaz cooperacion, y no abonó nunca, ni por asomo, el descuido ni la holgazanería.

No sería justo tampoco echarnos á dormir, fiando en el cuidado y trabajo ajeno, y por eso se dice tambien: *Ayúdate, y ayudarte he; — Alábate cesto, que venderte quiero*. El adagio *Hazme la barba, hacerte he el copete*, nos enseña que los favores deben ser mútuos.

172. Más vale á quien Dios ayuda, que al que mucho madruga.

Conviene madrugar, como lo demuestran los refranes citados en el número 153, conviene darse maña, como lo acreditan asimismo los citados en el 152; pero no basta; y no hay que andar pidiéndole á Dios cuentas, como lo hacen los socialistas.

Debemos tomar lo que nos da, puesto que no sólo nos lo da gratis, sino que nos lo da sin merecerlo, y á pesar de estarle abofeteando el rostro desde que nacemos hasta que morimos. Este refran, esencialmente cristiano, encierra más filosofía que cien tomos en folio. Es un corolario ó complemento del anterior, y además un correctivo indispensable á los de los números 152 y 153; pues que no faltan necios que presumen tanto de sí mismos, que no cuentan con Dios para nada. Es además una protesta popular contra la doctrina de la separacion de la Iglesia y el Estado. La Santidad de Pio IX se lo ha comentado y explicado á Bismark y á Guillermo de una manera admirable, y por mucho que madruguen la filosofía y la cancillería prusianas, no podrán ponerle á la palabra de Dios una sola tilde.

Sancho Panza lo aduce en el primero de los pasajes insertos en el número 143, único lugar en que lo usa Cervántes.

La Academia en las últimas ediciones escribe este adagio de la misma manera que Cervántes, que es como lo escribe el Comendador griego. El Marqués de Santillana dice, *Más vale quien Dios ayuda, que quien mucho madruga;* Covarrubias y Malara, *Más vale á quien Dios ayuda, que á quien mucho madruga;* Vallés, *Más vale á quien Dios ayuda, que quien mucho madruga;* Blasco de Garay, *Más vale al que Dios ayuda, que al que mucho madruga,* y el Diccionario de Autoridades, *Más vale el que Dios ayuda, que quien mucho madruga.*

Puede considerarse poco ménos que como una variante de este adagio, el siguiente, que se halla en los Refranes glosados y en las colecciones de Nuñez y de Malara: *Más puede Dios ayudar, que velar ni madrugar.* Pedro Vallés lo trae tambien, pero con la levísima variante de la conjuncion: *Más puede Dios ayudar, que velar y madrugar.*

XXVII.

174. En cada tierra su uso.

Con este proverbio se denota la diversidad de usos y costumbres entre unos pueblos y otros, ya para disculpar los que nos parezcan raros ó extravagantes por diferenciarse de los nuestros, ya para inculcar la conveniencia de respetar y observar los del país en donde se vive.

En el siguiente pasaje del Quijote puede verse con cuánta oportunidad lo aplica Sancho. «Guió don Quijote, y habiendo andado como docientos pasos, dió con el bulto que hacía la sombra, y vió una gran torre, y luégo conoció que el tal edificio no era alcázar, sino la iglesia principal del pueblo, y dijo: con la iglesia hemos dado, Sancho. Ya lo veo, respondió Sancho, y plega á Dios que no demos con nuestra sepultura, que no es buena señal andar por los cimenterios á tales horas, y más habiendo yo dicho á vuesa merced, si mal no me acuerdo, que la casa desta señora ha de estar en una callejuela sin salida. Maldito seas de Dios, mentecato, dijo don Quijote: ¿adónde has tú hallado, que los alcázares y palacios reales estén edificados en callejuelas sin salida! Señor, respondió Sancho, en cada tierra su uso, quizá se usa aquí en el Toboso edificar en callejuelas os palacios y edificios grandes: y así suplico á vuesa merced me deje buscar por esas calles ó callejuelas que se me ofrecen, podria ser que en algun rincon topase con ese alcázar, que le vea yo comido de perros, que así nos trae corridos y asendereados.»

Al recibir Rinconete y Cortadillo la intimacion de ir á la aduana del señor Monipodio á darle obediencia, y la órden terminante de no robar sin la competente licencia, dice Cortado: «Yo pensé que el hurtar era oficio libre, horro de pecho y alcabala, y que si se paga es por junto, dando por fiadores á la garganta y á las espaldas; pero pues así es, y en cada tierra hay su uso, guardemos nosotros el de esta, que por ser la más principal del mundo, será el más acertado de todo él.»

En el primer ejemplo adopta Cervántes la leccion del Comendador griego. La Coleccion del Marqués de Santillana dice: *En cada tierra el su uso.* En la de Zaragoza leemos: *En cada tierra su uso, y trastejaba de noche.* Esta adicion limita mucho el concepto del adagio, pues precisa á usarlo en sentido irónico para hacer burla de los usos extravagantes. La Academia lo adiciona tambien de este otro modo: *En cada tierra su uso, y en cada casa su costumbre.*

Guarda cierta analogía con el anterior, áun cuando el sentido no sea rigorosamente el mismo, el siguiente: *En cada villa su maravilla.*

175. Cuando á Roma fueres, haz como vieres.

Sólo en el siguiente pasaje lo usa Cervántes: «Luégo al punto todos á una levantaron los brazos y las botas en el aire, puestas las bocas en su boca, clavados los ojos en el cielo, no parecia sino que ponian en él la puntería, y desta manera meneando las cabezas á un lado y á otro, señales que acreditaban el gusto que recebian, se estuvieron un buen espacio trasegando en sus estómagos las entrañas de las vasijas. Todo lo miraba Sancho, y de ninguna cosa se dolia; ántes por cumplir con el refran que él muy bien sabía, de, cuando á Roma fueres, haz como vieres, pidió á Ricote la bota, y tomó su puntería como los demás, y con no ménos gusto que ellos.»

Es traduccion de un conocido proverbio latino. La Academia no lo trae en esta forma, pero en cambio nos ofrece tres lecciones distintas: *Donde fueres, haz como vieres;* — *Donde quiera* que fueres, *haz como vieres;* — *Por donde fueres, haz como vieres.* La Coleccion del Marqués de Santillana dice: *Ve do vas, como vieres así faz.* El Comendador é Iriarte adoptan esta leccion, sustituyendo el verbo *haz* al anticuado *faz.* En los Refranes glosados hallamos la siguiente, casi igual á la primera de la Academia: *Donde fueres, harás como vieres.* En la Coleccion de Zaragoza hay tres: *Do fueres, harás como vieres;* — *Ve do fueres, haz como vieres;* — *Ve do vas, como vieres así harás.*

176. Cual el tiempo, tal el tiento.

Así como el refran del número anterior nos aconseja, en cuanto sea lícito, acomodarnos á los usos y costumbres del país donde moremos, este nos aconseja lo mismo con respecto al tiempo en que vivimos. Pero tan trocadas andan á veces las cosas, que por mucho perjuicio que nos ocasione el ir contra el hilo de la corriente, el honor nos prescribe volverle la espalda á la voluntad nacional, y seguir nuestro camino sin hacer gran caso de estas reglas de mundana prudencia, por aquello de que vale más ir solo que mal acompañado. ¡Medrados estaríamos, si por no chocar con los estrafalarios gustos de la civilizacion moderna, tuviésemos que cantar todos la marsellesa, y bailar el can-can, y jugarnos á los dados la corona de San Fernando, y hacer girones la bandera española, y burlarnos de Dios, y perseguir y matar á sus ministros! No lo dice para tanto el refran, ni mucho ménos.

En el pasaje del Quijote inserto en el número 48 puede verse cómo enlaza y aplica Sancho este adagio. Teresa lo sabía de memoria tan puntualmente como su marido, y no lo aplicaba con ménos oportunidad, como lo demuestra el diálogo siguiente: «Las hijas de los gobernadores no han de ir solas por los caminos, sino acompañadas de carrozas y literas, y de gran número de sirvientes. Par Dios, respondió Sanchica, tan bien me vaya yo sobre una pollina, como sobre un coche: hallado la habeis la melindrosa. Calla mochacha, dijo Teresa, que no sabes lo que te dices, que tal el tiempo, tal el tiento: cuando Sancho, Sancha, y cuando gobernador, señora, y no sé si digo algo. Más dice la señora Teresa de lo que piensa, dijo el paje, y dénme de comer, y despáchenme luégo, porque pienso volverme esta tarde.»

En este pasaje dice Cervántes *Tal el tiempo* en vez de *Cual el tiempo*, y en La Tia fingida, sustituye á estas expresiones, *Segun el viento*. «No todas veces (dice) lleva el marinero tendidas las velas de su navío, ni todas las lleva cogidas; pues segun el viento, tal es el tiento.» La Academia, Cervántes en el ejemplo del número 48, é Iriarte siguen la leccion de Hernan Nuñez: *Cual el tiempo, tal el tiento*. En los manuscritos de Salazar se lee esta: *Cual tiempo tal á tiempo*. La Coleccion de Zaragoza consigna estas dos: *Cual tiempo, tal atiento;* — *Toma el tiempo segun viene*.

Tambien se dice: *Cada cosa para su cosa*, y *Cada cosa en su tiempo, y los nabos en adviento*.

177. Tanto se pierde por carta de más, como por carta de ménos.

Este es el refran del justo medio, y sirve para reprender el exceso ó defecto en lo que se hace ó dice, aconsejando que se huyan los extremos, pues como dice Lope de Vega:

> Señales son del juicio
> Ver que todos lo perdemos,
> Unos por carta de más,
> Otros por carta de ménos.

Bueno y prudente es el consejo, y Fray Luis de Granada nos lo recomienda muy eficazmente en el tratado de la doctrina cristiana; mas hay que andar con piés de plomo al aplicarlo, y no tomar el rábano por las hojas; pues con el tal justo medio suelen hacerse muy lindas entruchadas. Ocasiones hay en que no se puede pecar por carta de más, y ocasiones en que tampoco puede pecarse por carta de ménos. Un solo ejemplo valga por todos. Unos somos católicos con el Papa y con el *Syllabus*, otros no son católicos ni con el Papa ni con el *Syllabus*, y así lo declaran sin tapujos ni rodeos, y lo tienen á mucha honra; pero hay otros, el diablo cargue con ellos, que son católicos sin las exigencias de Roma y sin las exageraciones del *Syllabus*, á saber, católicos que no quieren pecar por carta de más ni por carta de ménos. Ni al vado, ni á la puente.

No se dejó engatusar don Quijote como esos pobres católicos de medio pelo, que intentan dictar reglas de prudencia y de buen vivir al Concilio Ecuménico. «En esto de acometer aventuras, créame vuesa merced, señor don Diego, que ántes se ha de perder por carta de más, que de ménos, porque mejor suena en las orejas de los que lo oyen: el tal caballero es temerario y atrevido, que no: el tal caballero es tímido y cobarde.»

Cuando la Duquesa preguntó al Duque si sería bien ir á recibir á la Dueña Dolorida, pues era condesa y señora principal, Sancho se apresuró á responder que por lo de condesa debian salir á recibirla; pero que por lo de dueña era de parecer que no se moviesen un paso. «¿Quién te mete á tí en esto, Sancho? dijo don Quijote. ¿Quién, señor? respondió Sancho: yo me meto, que puedo meterme, como escudero que ha aprendido los términos de la cortesía en la escuela de vuesa merced que es el más cortés y bien criado caballero que hay en toda la cortesanía, y en estas cosas, segun he oido decir á vuesa merced, tanto se pierde por carta de más como por carta de ménos: y al buen entendedor pocas palabras» (n.º 35).

Cuando la Duquesa dijo á Sancho que corria á su cargo el regalo del rucio y que lo pondria sobre las niñas de sus ojos, Sancho contestó: «En la caballeriza basta que esté, que sobre las niñas de los ojos de vuestra grandeza, ni él ni yo somos dignos de estar un solo momento, y así lo consentiria yo como darme de puñaladas: que aunque dice mi señor que en las cortesías ántes se ha de perder por carta de más que de ménos, en las jumentiles y asininas se ha de ir con el compás en la mano y con medido término.»

Al ver don Quijote el denuedo con que Sancho se metia entre las hayas para abrirse las carnes con el poderoso y flexible azote, le dijo: «Mira, amigo, no te hagas pedazos, da lugar que unos azotes aguarden á otros, no quieras apresurarte tanto en la carrera, que en la mitad della te falte el aliento, quiero decir, que no te dés tan recio, que te falte la vida ántes de llegar al número deseado, y porque no pierdas por carta de más ni de ménos, yo estaré desde aparte contando por este mi rosario los azotes que te dieres.»

La Coleccion de Iriarte es la única en que me consta que figure este refran. Iriarte dice: *Tanto se peca por carta de más, como por carta de ménos*. La Academia y Covarrubias lo consideran simplemente como frase.

Pero es exactamente igual á éste, el adagio, *Tanto es lo de más, como lo de ménos*, que se lee en la Coleccion del Comendador, y que tambien usa Cervántes, bien que en un diverso sentido. «Vos, hermano Sancho, dijo Carrasco, habeis hablado como un catedrático; pero con todo eso confiad en Dios y en el señor don Quijote, que os ha de dar un reino, no que una ínsula. Tanto es lo de más, como lo de ménos, respondió Sancho, aunque sé decir al señor Carrasco, que no echará mi señor el reino que me diera en saco roto, que yo he tomado el pulso á mí mismo, y me hallo con salud para regir reinos y gobernar ínsulas.»

Dice otro refran muy hermoso, y probablemente bastante moderno: *Regla y compás, cuanto más, más*.

XXVIII.

178. La ocasion la pintan calva.

Cervántes no emplea este refran, pero alude á él, tanto en el Quijote, como en el Persíles y en el Viaje al Parnaso, como puede verse en los fragmentos siguientes: «Así tomaba la ocasion por la melena;» — «No dejes, señor, que la ocasion que agora se te ofrece te vuelva la calva en lugar de la guedeja;» — «El primero quizá que haya sabido aprovecharse de las guedejas que la ocasion le ofrecia;» — «Para semejantes casos nunca la ocasion vuelve las espaldas, ántes en la mitad de las imposibilidades ofrece su guedeja;» — «Sin tener asida á la calva ocasion por el copete. »

El sentido del refran es que no debe dejarse perder la ocasion oportuna de hacer ó conseguir alguna cosa, segun se verá explicado en el siguiente pasaje del Quijote de Avellaneda. « Yo no salí de casa sino para ganar honra y fama, para lo cual tenemos ahora ocasion á la mano; y bien sabes que la pintan los antiguos con copete en la frente y calva de todo el celebro, dándonos con eso á entender que pasada ella, no hay de donde asirla.»

Expresa el mismo concepto el siguiente: *Quien tiempo tiene y tiempo atiende, tiempo viene que se arrepiente.* Bartolomé de Torres Naharro dice en la Himenea: *Quien tras tiempo tiempo espera, tiempo vien que se arrepiente,* refran compuesto del anterior y del siguiente de la Coleccion de Zaragoza: *Quien tiempo tiene y tiempo espera, tiempo viene que desespera.* Tambien dice el adagio: *Más vale aceña parada que amigo molinero;* — *Abre el ojo, que asan carne;* — *El llanto sobre el difunto.*

179. Cuando viene el bien, mételo en tu casa.

«¡Sé yo por ventura (exclama Sancho), si en esos gobiernos me tiene aparejada el diablo alguna zancadilla donde tropiece y caiga y me deshaga las muelas? Sancho nací, y Sancho pienso morir. Pero si con todo esto de buenas á buenas, sin mucha solicitud y sin mucho riesgo me deparase el cielo alguna ínsula, ó otra cosa semejante. no soy tan necio que la desechase, que tambien se dice: cuando te dieren la vaquilla, corre con la soguilla (n.º 181), y cuando viene el bien, mételo en tu casa.»

180. El buen dia, meterle en casa.

Escribe Teresa Panza á la señora Duquesa: «Yo, señora, estoy determinada, con licencia de vuesa merced, de meter este buen dia en mi casa, yéndome á la córte á tenderme en un coche, para quebrar los ojos á mil envidiosos que ya tengo.»

En el siguiente endiablado pasaje del Coloquio de los perros de Mahudes se lee el refran íntegro: «El buen dia meterle en casa, pues miéntras se rie no se llora; quiero decir que aunque los gustos que nos da el demonio son aparentes y falsos, todavía nos parecen gustos.»

Ni este ni el anterior se hallan en el Diccionario de la Academia; pero expresa el mismo pensamiento, completándolo, el siguiente, sacado de la Coleccion de Nuñez: *Al buen dia ábrele la puerta, y para el malo te apareja.* La Coleccion de Zaragoza dice: *El buen dia mételo en tu casa.* Iriarte adopta la misma forma de Cervántes, sin más diferencia que la adicion de la proposicion *a*. Dice así: *Al buen dia meterle en casa.*

En otro pasaje del Coloquio de los perros de Mahudes, dice Cipion: «Mejor será que este buen dia ó buena noche la metamos en nuestra casa, y pues la tenemos tan buena en estas esteras, y no sabemos cuánto durará esta nuestra ventura, sepamos aprovecharnos della y hablemos toda esta noche, sin dar lugar al sueño que nos impida este gusto, de mí por largos tiempos deseado »

181. Cuando te dieren la vaquilla, corre con la soguilla.

Dice Sancho: «Tengo más de limpio que de goloso, y mi señor don Quijote, que está delante, sabe bien que con un puño de bellotas ó de nueces nos solemos pasar entrambos ocho dias: verdad es que si tal vez me sucede que me den la vaquilla, corro con la soguilla: quiero decir, que cómo lo que me dan, y uso de los tiempos como los hallo.»

Dos veces más cita Sancho este refran, conforme puede verse en el pasaje contenido en el número 179, y en el último de los insertos en el 154.

Teresa, que se lo habia oido decir á su marido, lo aplica como pudiera aplicarlo alguno de esos empleados ó soldados de la revolucion, que de todos los cambios políticos sacan raja, y que con todo el mundo hacen buenas migas. Oigámosla: «Todas estas venturas y áun mayores me las tiene profetizadas mi buen Sancho, y verás tú, hija, como no pára hasta hacerme condesa, que todo es comenzar á ser venturosa, y como yo he oido decir muchas veces á tu buen padre (que así como lo es tuyo, lo es tambien de los refranes), cuando te dieren la vaquilla, corre con la soguilla: cuando te dieren un gobierno, cógele, cuando te dieren un condado, agárrale, y cuando te hicieren tus tus con alguna dádiva, embásala: no sino dormíos, y no respondais á las venturas y buenas dichas que están llamando á la puerta de vuestra casa.»

En la Coleccion del Marqués de Santillana y en la de Vallés se lee como en dos de los ejemplos de Cervántes: *Cuando te dieren la vaquilla, corre con la soguilla.* En èl otro ejemplo (n.º 154), en vez de *corre* escribe Cervántes *acude*, leccion autorizada tambien por la Academia. En los Refranes glosados se lee *acor-*

re. Hernan Nuñez dice: *Cuando te dieren la cochinilla, acorre con la soguilla*, version que tambien figura en la Coleccion de Vallés con la única diferencia ortográfica de *corre* en vez de *acorre*. El autor de la Pícara Justina dice: *Cuando te ofrecieren la cochinilla*, etc. En los MM. de Salazar las variantes son más notables: *Cuando te dieren la cabrella, prenla con tu soguiella*.

Equivalen exactamente á este adagio los dos no ménos populares: *Cuando te dieren el anillo, pára el dedillo*, y *Cuando te dieren el buen dado, échale la mano*.

182. De la mano á la boca se pierde la sopa.

Este adagio, que se halla en las colecciones de Vallés y Nuñez, segun la interpretacion de la Academia, «advierte que en un instante pueden quedar destruidas las más fundadas esperanzas de conseguir prontamente alguna cosa.» En este concepto, podia colocarse despues del del número 79; pero tambien puede usarse para aconsejar que no se dejen pasar las ocasiones, y por este motivo lo incluyo en esta seccion.

«Sábete, hijo, dice el gran Tacaño, que de la mano á la boca se pierde la sopa.»

Cervántes no lo cita, pero la hermosa frase de *helarse las migas entre la boca á la mano*, lo recuerda involuntariamente. Aun cuando sea por via de digresion, no estará de más transcribir aquí uno de los pasajes en que don Quijote disparató más y con más gracia. Al decirle uno de los galeotes que su compañero iba á galeras por alcahuete, y por tener asimesmo sus puntas y collar de hechicero, contestó don Quijote: «A no haberle añadido estas puntas y collar, por solamente el alcahuete limpio, no merecia ir á bogar en las galeras, sino á mandallas y á ser general dellas, porque no es así como quiera el oficio de alcahuete, que es oficio de discretos, y necesarísimo en la república bien ordenada, y que no le debia ejercer sino gente muy bien nacida: y áun habia de haber veedor y examinador de los tales, como lo hay de los demás oficios, con número deputado y conocido, como corredores de lonja: y desta manera se excusarian muchos males, que se causan por andar este oficio y ejercicio entre gente idiota y de poco entendimiento, como son mujercillas de poco más ó ménos, pajecillos y truhanes de pocos años y de poca experiencia, que á la más necesaria ocasion, y cuando es menester dar una traza que importe, se les hielan las migas entre la boca y la mano, y no saben cuál es su mano derecha.»

182. En los nidos de antaño no hay pájaros hogaño.

«Advierte este refran, dice la Academia, que no se deje pasar la ocasion, por la dificultad que hay en hallarla cuando se busca.»

Este es realmente el sentido en que por regla general suele emplearse, y por este motivo lo coloco en esta seccion; pero Cervántes la única vez que lo usa, lo emplea para denotar la alternativa ó mudanza de las cosas en general, dándole un sentido muy semejante al de los contenidos en los números 78 y 79.

Cuando Sancho Panza, secundándole el bachiller Sanson, suplica llorando á don Quijote que no se muera y que viva muchos años, porque la mayor locura que puede hacer un hombre en esta vida es dejarse morir sin más ni más, sin que nadie le mate, ni otras manos le acaben que las de la melancolía, y le dice que no sea perezoso, que se levante de la cama y que se irán al campo vestidos de pastores como tenian concertado, que quizás detrás de alguna mata hallarán á la señora doña Dulcinea desencantada, y que el que es vencido hoy puede ser vencedor mañana; don Quijote contesta: «Señores, vámonos poco á poco, pues ya en los nidos de antaño no hay pájaros hogaño: yo fuí loco, y ya soy cuerdo, fuí don Quijote de la Mancha, y soy agora, como he dicho, Alonso Quijano el Bueno: pueda con vuesas mercedes mi arrepentimiento y mi verdad volverme á la estimacion que de mí se tenia, y prosiga adelante el señor escribano.»

Harto mejor que no ideando nuevas constituciones y tramando nuevos motines, se pondria algun remedio á los males y achaques de nuestra desventurada madre patria, sólo con que los re-

volucionarios Quijotes españoles se decidiesen á seguir humilde-
mente el laudable ejemplo de Alonso Quijano el Bueno. Pero
vaya usted ahora con laudables ejemplos en los felices tiempos
que corremos.

Viene á decir lo mismo esotro proverbio: *En Guadalajara, lo
que hay á la noche no hay á la mañana.*

Los siguientes hacen burla de los que por holgazanería, ó bien
por negligencia ó necedad, dejaron pasar la ocasion ó coyuntura
de alguna cosa: *Con agua pasada no muele molino; — Cuando el
necio es acordado, el mercado es ya pasado; — Cuando la sucia
empucha, luégo anubla; — El dia que no escobé vino quien no
pensé; — Por setiembre calabazas; — Despues de vendimias
cuévanos; — Al asno muerto la cebada al rabo; — Cuando vino
el orinal, muerto era Juan Pascual.*

XXIX.

184. Quien bien tiene y mal escoge, por bien que se enoja, no se venga.

Así es cómo refiere Sancho este refran la única vez que lo trae á cuento. Cuando oye decir á su amo que una vez cortada da cabeza del gigante y devuelta la pacífica posesion de su estado á la Princesa, piensa dar la vuelta al punto á España, dejando pasar y perder un tan rico casamiento, sólo por ver á la luz que sus sentidos alumbra, le replica de esta manera: «Calle por amor de Dios, y tenga vergüenza de lo que ha dicho, y tome mi consejo, y perdóneme, y cásese luégo en el primer lugar que haya cura, y sino ahí está nuestro Licenciado, que lo hará de perlas: y advierta que ya tengo edad para dar consejos, y que este que le doy le viene de molde, que más vale pájaro en mano que buitre volando (n.º 185), porque quien bien tiene y mal escoge, por bien que se enoja, no se venga.»

Bien que el arreglo de Sancho descubra ser de mano maestra, el verdadero refran, segun consta en la Coleccion del Marqués de Santillana, en la del Comendador y en el Diccionario de la Academia, dice así: *Quien bien tiene y mal escoge, del mal que le venga no se enoje.* La Coleccion de Zaragoza ofrece alguna pequeña variante: *Quien bien está y mal escoge, si mal le viene no se enoje.*

Advierte este refran que el que deja un bien cierto por otro dudoso, no debe quejarse de su desgracia.

Quien bien tiene y mal desea, vaya y viva en la galera; — *Quien bien está, no se mude;* — *Quien bien está y mal busca,*

si mal le viene Dios le ayuda; — Quien bien tiene y mal busca,
si bien le viene Dios le ayuda.

Para burlarnos del que por librarse del mal que padece desea otro mayor, decimos: *Sácame de aquí, y degüéllame allí.*

185. Más vale pájaro en mano que buitre volando.

Además de citar Sancho este adagio en el pasaje del número anterior, lo cita tambien en el tercero de los insertos en el 154 y en el que sigue: «Señor, qué tonto hubiera andado yo, si hubiera escogido en albricias los despojos de la primera aventura que vuesa merced acabara, ántes que las crias de las tres yeguas. En efecto, en efecto, más vale pájaro en mano, que buitre volando.»

Avellaneda lo emplea tambien en dos distintos pasajes.

El sentido es, que más vale lo poco seguro, que lo mucho contingente.

186. Más vale un toma que dos te daré.

Eso decian los federales cantoneros á los federales cachazudos.

La Coleccion del Marqués de Santillana dice: *Faré, faré.....* *más vale un toma que dos te daré,* y la de Pedro Vallés, *No me curo de haré, haré: más vale un toma que dos te daré.* En los MM. de Salazar se halla en esta forma: *Más vale un tien, que dos tú l' avrás.*

En el fondo es idéntico al anterior. Cervántes lo usa en el pasaje inserto en el número 16, en el tercero del número 154 y en el del número 156.

187. Más vale algo que no nada.

Como el algo sea bueno, se entiende; pues de lo contrario, más vale nada que algo. En oyendo hablar de derechos y libertades y garantías, no me llega la camisa al cuerpo.

Don Quijote aplica el refran al encantado yelmo de Mambrino. «¿Sabes (dice) qué imagino, Sancho? que esta famosa pieza deste encantado yelmo, por algun extraño accidente debió de venir á manos de quien no supo conocer ni estimar su valor, y sin saber lo que hacía, viéndole de oro purísimo, debió de fundir la otra mitad para aprovecharse del precio, y de la otra mitad hizo esta que parece bacía de barbero, como tú dices; pero sea lo que fuere, que para mí que la conozco, no hace al caso su trasmutacion, que yo la aderezaré en el primer lugar donde haya herrero, y de suerte que no le haga ventaja, ni áun le llegue la que hizo y forjó el dios de las herrerías para el dios de las batallas: y en este entretanto la traeré como pudiere, que más vale algo que no nada, cuanto más que bien será bastante para defenderme de alguna pedrada.»

La Academia, que no considera este refran como tal, suprime el *no.* Sin embargo en la Coleccion de Zaragoza vemos escrito el refran de la misma manera que lo trae Cervántes.

La razon de este refran, digno de Pero Grullo, nos la da aquel otro de, *Algo es queso, pues se da por peso.*

188. A falta de pan, buenas son tortas.

El que algo consigue debe contentarse, aunque no sea todo lo que deseaba.

Cervántes no cita íntegro este refran, y una sola vez alude á él, al final de aquel nuevo y suave coloquio entre los dos escuderos. «Por eso digo, dijo el del Bosque, que nos dejemos de andar buscando aventuras, y pues tenemos hogazas, no busquemos tortas, y volvámonos á nuestras chozas, que allí nos hallará Dios, si él quiere.»

En el Quijote de Avellaneda se lee íntegro, tal como aquí se halla escrito, de conformidad con la Coleccion de Vallés y con el Diccionario de la Academia. El Marqués de Santillana dice: *A mengua de pan, buenas son tortas,* y Hernan Nuñez, *A mengua de pan, buenas son tortas de Zaratan.*

Equivalen á este los siguientes: *A falta de vaca, buenos son pollos con tocino;* — *A mengua de carne, buenos son pollos con tocino;* — *A falta de moza, buena es Aldonza.* Avellaneda dice : *A falta de colcha, buena es manta.* El refran *Más vale pan duro que ninguno*, y aquel otro, *Más valen dos bocados de vaca, que siete de patata*, expresan verdades de la misma índole.

En el Quijote de Avellaneda hallamos el siguiente : *A quien dan no escoge.* En el Coloquio de los perros de Mahudes cita Cervántes, bien que modificándolo, aquel otro que tambien aparece en el Diálogo de las lenguas : *Del lobo un pelo, y ese de la frente.* Encierra el mismo consejo el de, *A caballo presentado no le mires el diente.*

189. Buenas son mangas despues de Pascua.

Advierte este refran que lo útil siempre viene bien, aunque venga tarde.

Como don Quijote preguntase á Sancho qué rica joya le habia dado Dulcinea en albricias, segun era costumbre en los caballeros y damas andantes darlas á los escuderos, doncellas y enanos que les llevaban nuevas, Sancho le contestó que esa buena usanza debió ser en los tiempos pasados, puesto que Dulcinea no le dió á él más que un pedazo de pan y queso, por las bardas del corral, y áun por más señas era el queso ovejuno. Díjole entónces don Quijote : «Es liberal en extremo, y si no te dió joya de oro, sin duda debió de ser porque no la tendria allí á la mano para dártela; pero buenas son mangas despues de pascua, yo la veré, y se satisfará todo.»

Cervántes escribe el refran de la misma manera que se halla en las colecciones del Marqués de Santillana y del Comendador griego : En la de Zaragoza se nota esta pequeña variante que desluce algun tanto la frase : *Buenas son mangas pasada la Pascua.*

190. No hay estómago que sea un palmo mayor que otro.

Máxima que deberian tener presente los ambiciosos. Cervántes la usa una sola vez, poniéndola en boca de Sancho en aquel gracioso pasaje inserto en el número 89. No ha adquirido la categoría de refran, pero bien lo merece.

191.   Más calientan cuatro varas de paño de Cuenca que cuatro de limiste de Segovia.

La moral de esta máxima es la misma que la de la del número anterior, pero habla más especialmente contra las vanidades del lujo. No se halla tampoco mas que en el citado pasaje del número 89, ni figura como refran en ninguna coleccion ni diccionario.

192.   No quiero perro con cencerro.

Denota este adagio que no se quiere lo que bajo la apariencia de utilidad sólo trae perjuicios.

En este sentido lo usa Sancho en el siguiente pasaje: «No hemos topado á nadie, respondió don Quijote, sino á un cojin y á una maletilla que no léjos deste lugar hallamos. Tambien la hallé yo, respondió el cabrero, mas nunca la quise alzar, ni llegar á ella, temeroso de algun desman y de que no me la pidiesen por de hurto: que es el diablo sotil (n.º 249), y debajo de los piés se levanta allombre cosa donde tropiece y caya, sin saber cómo ni cómo nó. Eso mesmo es lo que yo digo, respondió Sancho, que tambien la hallé yo, y no quise llegar á ella con un tiro de piedra: allí la dejé, y allí se queda como estaba, que no quiero perro con cencerro.»

En el Quijote de Avellaneda se halla usado dos veces. La Coleccion de Zaragoza, además de esta forma empleada por Cervántes y Avellaneda, que es la más vulgar y la adoptada por la Academia, consigna la siguiente, tomada de la Coleccion del Marqués de Santillana, que es tambien la de Malara y de Nuñez: *Aunque mi suegro sea bueno, no quiero perro con cencerro.*

193.   Más vale buena esperanza, que ruin posesion.

Este adagio, no incluido en el Diccionario de la Academia, ni en ninguna de las principales colecciones, puede considerarse como el reverso de los de los números 185 y 186.

Don Quijote al proyectar su tercera salida, negándose á darle á su escudero salario fijo por no sacar de sus términos y quicios la antigua usanza de la caballería andante, le habla en estos términos: «Sancho mio, volveos á vuestra casa, y declarad á vuestra Teresa mi intencion, y si ella gustare y vos gustáredes de estar á merced conmigo, *bene quidem*, y si no, tan amigos como de ántes, que si al palomar no le falta cebo, no le faltarán palomas (n.º 210): y advertid, hijo, que más vale buena esperanza, que ruin posesion, y buena queja, que mala paga (n.º 194). Hablo desta manera, Sancho, para probaros que tambien como vos sé yo arrojar refranes como llovidos: y finalmente quiero decir, y os digo, que si no quereis venir á merced conmigo, y correr la suerte que yo corriere, que Dios quede con vos y os haga un santo, que á mí no me faltarán escuderos más obedientes, más solícitos, y no tan empachados, ni tan habladores como vos.»

Tambien lo usa Cervántes en el primero de los pasajes insertos en el número 99.

En la Coleccion de Zaragoza hallamos un adagio muy parecido que dice así: *Más vale bien de léjos que mal de cerca.*

194. Más vale buena queja, que mala paga.

El último de los pasajes citados es el único del Quijote en que se lee este refran, con el cual denotamos, que el quedarse con motivo á la queja rehusando el premio, es preferible á quedarse mal satisfecho, admitiendo un premio que no corresponda al mérito.

Con este adagio y el anterior convenció don Quijote á Sancho de que valia más la esperanza de un gobierno que un miserable salario que se da á un cualquiera. Millares de patriotas hay en España que no admiten estancos por tener dirigida la puntería á las embajadas y ministerios.

XXX.

195. El abad de lo que canta yanta.

El inventor de este antiquísimo refran no pudo prever los brutales despojos de que la Iglesia habia de ser víctima. Ahora son el periodista, el diputado, el orador del club, el predicador de plazuela, el tenor bufo, los que holgadamente yantan y cantan. En ninguna época de la historia habian valido una frase oratoria ó un do de pecho lo que valen en estos felices tiempos del parlamentarismo y de la música estrepitosa.

Es claro que el refran habla con todo el que bajo cualquier concepto vive de su trabajo, y lo mismo es aplicable al pesetero voluntario de la libertad, que á la más encopetada prima dona. Los abades son ahora los únicos que por más que se desgañiten no yantan, por no consentirlo los progresos de la civilizacion y de la ciencia moderna.

El famoso Roque Guinart, uno de los más liberales patriotas de los tiempos antiguos, á pesar de los lladres que su perdicion procuraban, volviéndose á los capitanes que habian caido en su poder, les dijo: «Vuesas mercedes, señores capitanes, sean servidos de prestarme sesenta escudos, y la señora Regenta ochenta, para contentar esta escuadra que me acompaña, porque el abad de lo que canta yanta, y luégo puédense ir su camino libre y desembarazadamente, con un salvoconducto que yo les daré, para que si topasen con otras de algunas escuadras mias, que tengo divididas por estos contornos, no les hagan daño, que no es mi intencion de agraviar á soldados, ni á mujer alguna, especialmente á las que son principales.»

Entristecido Sancho al ver que Altisidora, á quien habia devuelto la vida, no le cumplia la palabra de darle las camisas, yendo y viniendo en esto, dijo á su amo: «En verdad, señor, que soy el más desgraciado médico que se debe de hallar en el mundo, en el cual hay físicos que con matar al enfermo que curan, quieren ser pagados de su trabajo, que no es otro sino firmar una cedulilla de algunas medicinas, que no las hace él, sino el boticario, y cátalo cantusado; y á mí, que la salud ajena me cuesta gotas de sangre, mamonas, pellizcos, alfilerazos y azotes, no me dan un ardite: pues yo les voto á tal, que si me traen á las manos otro algun enfermo, que ántes que le cure me han de untar las mias, que el abad de donde canta yanta, y no quiero creer que me haya dado el cielo la virtud que tengo, para que yo la comunique con otros de bóbilis bóbilis.»

He preferido la leccion del primero de estos dos pasajes, en razon de ser en el dia la más usada, aparte de ser la de la Academia y de la Coleccion de Iriarte. Sin embargo, la leccion del segundo pasaje, *El abad de donde canta yanta*, guarda más analogía con las de las colecciones del Marqués de Santillana, de Nuñez y de Vallés y con la del autor del Diálogo de las lenguas, que muy poco difieren entre sí, y son las siguientes: *El abat donde canta, ende yanta;* — *El abad donde canta, dende yanta;* — *El abad de do canta, de allí yanta;* — *El abad de donde canta, de allí yanta.*

Que el operario es digno de su merced, además de consignarlo las Sagradas Escrituras, lo confirman de varias maneras multitud de refranes; v. g.: *En esta vida caduca, el que no trabaja no manduca;* — *Obra hecha dinero espera;* — *No se dan palos de balde* (dígalo Sagasta); — *La necesidad hace á la vieja trotar;* — *Anda el hombre al trote por ganar su capote;* — *Quien hace los mandados se coma los bocados;* — *Cuando siembres, siembra trigo, que chícharos hacen ruido;* — *No saques espinas donde no hay espigas.*

196. Lo que cuesta poco, se estima en ménos.

En la novela «El Curioso impertinente» esto dice Camila, refiriéndose á la facilidad con que habia entregado la joya que la honra le vedaba entregar.

No consta este adagio en ninguna de las colecciones ni en el Diccionario de la Academia; pero expresa exactamente el mismo pensamiento y de una manera más poética aquel otro, *Hijo sin dolor, madre sin amor.*

197. Lo que más cuesta se estima en más.

La verdad que encierra esta máxima es la misma de la anterior, no obstante la contraposicion del pensamiento.

En el discurso de las armas y las letras se lee el siguiente pasaje: «Dicen las letras, que sin ellas no se podrian sustentar las armas, porque la guerra tambien tiene sus leyes, y está sujeta á ellas, y que las leyes caen debajo de lo que son letras y letrados. A esto responden las armas, que las leyes no se podrán sustentar sin ellas, porque con las armas se defienden las repúblicas, se conservan los reinos, se guardan las ciudades, se aseguran los caminos, se despojan los mares de corsarios, y finalmente, si por ellas no fuese, las repúblicas, los reinos, las monarquías, las ciudades, los caminos de mar y tierra estarian sujetos al rigor y á la confusion que trae consigo la guerra el tiempo que dura, y tiene licencia de usar de sus privilegios y de sus fuerzas: y es razon averiguada, que aquello que más cuesta, se estima y debe de estimar en más.»

¡Qué felicísimas ocurrencias tuvo el bueno de don Quijote!

Dicen otros refranes: *Lo que mucho vale, mucho cuesta; — Nunca mucho costó poco; — Lo que más vale, de so tierra sale; — A buen bocado, buen grito.*

198. Miéntras se gana algo, no se pierde nada.

Tampoco lo incluye la Academia, ni Sancho lo saca á colacion mas que en el pasaje inserto en el número 96.

Dice otro adagio: *Husada menuda á su dueño ayuda.*

199. Sobre un huevo pone la gallina.

En el mismo pasaje inserto en el número 96, junta Sancho éste refran con el anterior, reduciéndolo á una sencilla regla económica.

Pero el refran se extiende á denotar que para adelantar en cualquiera cosa es preciso contar con algun principio. Cuando quedó atajado el camino de la revolucion de setiembre con el nombramiento de un rey democrático, los republicanos se dieron por muy contentos y satisfechos, ateniéndose á la verdad del adagio, y áun ahora despues del primer fracaso, se conforman. La sensatez de la clase proletaria, que tanto sorprende á los que de ella esperaban la inmediata liquidacion social, se funda precisamente en esta misma verdad inconcusa de que sobre un huevo pone la gallina. El huevo es el sufragio universal, y la gallina el pueblo soberano. Si saldrá huero el huevo, ó si cantará el pollo, ó si el pollo llegará á ser gallo, esto nadie lo sabe. Ni lo sabe Bismark, ni lo sabe Pateta. Averíguelo Vargas.

200. Muchos pocos hacen un mucho.

Hé aquí otra excelente regla de economía, harto olvidada por desgracia en unos tiempos en que todo el mundo quiere hacerse rico al vapor. En ella están fundadas las cajas de ahorros; y nada se ha dicho de más sustancia contra ese lujo corruptor, plaga de todos los tiempos, pero que tan colosales proporciones adquiere en épocas de tanta degradacion y corrupcion de costumbres como la que estamos atravesando.

Sancho agrega este refran á los anteriores en el citado pasaje del número 96.

Lo mismo que se dijo del adagio anterior puede decirse de este, y con más razon si cabe. No se trata de una simple regla económica, sino de un principio metafísico, que así tiene aplicacion á la economía, como á todo lo demás.

La variedad de formas que este principio filosófico aplicado á la economía ha sugerido, la comprueban los refranes siguientes: *Muchas candelillas hacen un cirio pascual; — Quien una blanca no estima, de ciento no hará cima; — Grano á grano hinche la gallina el papo; — Un grano no hace granero, pero ayuda á su compañero; — Grano á grano allega para tu año; — Sigue á la hormiga, si quieres vivir sin fatiga; — Cada cabello hace sombra en el suelo; — Las migajas del fardel á veces saben bien.*

201. Nadie tienda más la pierna de cuanto fuere larga la sábana.

En el pasaje inserto en el número 125 puede verse el uso acertadísimo que hace Sancho de este refran.

El querer tender demasiado la pierna es la gran calamidad de nuestro siglo.

Hernan Nuñez varía el refran de este modo: *Cada uno extienda la pierna, como tiene la cubierta.*

Se dice tambien: *Cual el año, tal el jarro; — Cada uno se extiende hasta donde puede; — Extiéndete bien, que corto es el racel.*

Recomiendan las ventajas de una prudente economía los que siguen: *Quien come y condesa, dos veces pone mesa; — Quien no guarda nunca alza barba; — Quien no pone y siempre saca, suelo halla; — Quien endura, caballero va en buena mula; — Quien se viste de ruin paño, dos veces se viste al año; — Alquimia probada, tener renta y no gastar nada; — Quien tiene cuatro y gasta cinco, no ha menester bolsico; — Ahorrar para la vejez, ganar un maravedi y gastar tres; — Los dineros del sacristan, cantando se vienen, cantando se van; — Aja no tiene que comer, y convida huéspedes; — A quien no le sobra el pan, no crie can; — Allegadora de la ceniza, y derramadora de la harina; — Compra lo que no has menester, y venderás lo que no podrás excusar; — Quien compra lo que no puede, vende lo que le duele; — Ni tu pan en tortas ni tu vino en botas.*

102. Lo que has de dar al mur dálo al gato, y sacarte ha de cuidado.

Cata ahí lo de los gastos reproductivos.

Tan original como chistosa es la aplicacion que de este refran hace Sancho en el pasaje siguiente: «Tosilos se llegó adonde doña Rodriguez estaba, y dijo á grandes voces: yo, señora, quiero casarme con vuestra hija, y no quiero alcanzar por pleitos ni contiendas lo que puedo alcanzar por paz y sin peligro de la muerte. Oyó esto el valeroso don Quijote, y dijo: pues esto es así, yo quedo libre y suelto de mi promesa: cásense en hora buena, y pues Dios nuestro Señor se la dió, San Pedro se la bendiga (n.º 100). El Duque habia bajado á la plaza del castillo, y llegándose á Tosilos, le dijo: ¿es verdad, caballero, que os dais por vencido, y que instigado de vuestra temerosa conciencia os quereis casar con esta doncella! Sí señor, respondió Tosilos. Él hace muy bien, dijo á esta sazon Sancho Panza, porque lo que has de dar al mur, dálo al gato, y sacarte ha de cuidado.»

Aparte de las aplicaciones de esta índole á que se pueda prestar el refran, lo que aconseja es que no dejen de hacerse los gastos útiles ó necesarios, cuya omision pudiera ocasionarnos graves pérdidas.

El autor del Diálogo de las lenguas suprime la última frase, diciendo sencillamente, *Lo que has de dar al mur, dálo al gato.* La Academia dice: *Lo que has de dar al rato, dáselo al gato;* el Comendador griego, *Lo que has de dar al mur, dálo al gato, y quitarte ha de cuidado;* y la Coleccion de Vallés, además de esta última leccion, trae la siguiente: *Lo que has de dar al mur dálo al gato, y hará el mandado.*

Expresan exactamente el mismo concepto: *En tiempo y lugar el perder es ganar; — Quien no adoba gotera, hace casa entera; — Quien sus carros unta, á sus bueyes ayuda.*

Pero ninguno más á propósito para cerrar este párrafo, ni más digno de ser tenido en cuenta por los economistas cristianos, ni más echado en olvido en el dia de hoy que aquel que dice: *Lo que no lleva Cristo, lleva el fisco.* Refran de los de mucha trastienda y muy larga cola.

XXXI.

293. El dar y el tener, seso ha menester.

Además de usar Sancho este refran en uno de los pasajes insertos en el prólogo, lo aplica en el que sigue con tanta gracia, que no pudo ménos de reirse don Quijote. Dice así: «Toda la imágen parecia un ascua de oro, como suele decirse. Viéndola don Quijote, dijo: este caballero fué uno de los mejores andantes que tuvo la milicia divina: llamóse don San Jorge y fué además defendedor de doncellas. Veamos esta otra. Descubrióla el hombre, y pareció ser la de San Martin, puesto á caballo, que partia la capa con el pobre, y apénas la hubo visto don Quijote, cuando dijo: este caballero tambien fué de los aventureros cristianos, y creo que fué más liberal que valiente, como lo puedes echar de ver, Sancho, en que está partiendo la capa con el pobre y le da la mitad, y sin duda debia de ser entónces invierno, que si no él se la diera toda, segun era de caritativo. No debió de ser eso, dijo Sancho, sino que se debió de atener al refran que dicen: que para dar y tener, seso es menester.»

Pueden considerarse como derivaciones de esta regla general los refranes que recomiendan la liberalidad, así como los que hacen burla de la prodigalidad y de la cicatería; v. g.: *No da quien ha, mas quien vezado lo ha; — Quien da bien vende, si no es ruin el que prende; — Quien poco tiene y eso da, presto se arrepentirá; — Quien da lo suyo ántes de su muerte, merece que*

le den con un mazo en la frente; — Si no fuese por toma tú to-
ma tú, más ternia que no tú; — Quien no da de lo que tiene,
no ha de lo que quiere; — Quien no da de lo que le duele, no
alcanza lo que quiere; — Cuando pobre franco, cuando rico
—avariento; — Cuando no tenia dábate, ahora que tengo no te
daré, ruega á Dios que no tenga para que te dé; — Dádiva
ruin á su dueño semeja; — La zarza da el fruto espinando, y el
ruin llorando; — Hacino sodes, Gomez, para eso son los hom-
bres; — Lo mio mio, y lo tuyo de entrambos; — Del pan de mi
compadre, gran zatico á mi ahijado; —Bien te quiero, bien te
quiero, mas no te doy mi dinero.

En el Coloquio de los perros de Mahudes, impugna Berganza
aquel antiquísimo refran de, *Más da el duro que el desnudo.*
Vale la pena de oir sus propias palabras: «No hay mayor ni
mejor bolsa que la de la caridad, cuyas liberales manos jamás
están pobres; y así no estoy bien con aquel refran que dice:
más da el duro que el desnudo; como si el duro y avaro diese
algo, como lo da el liberal desnudo, que en efecto da el buen
deseo cuando más no tiene.»

204. El que luégo da, da dos veces.

El pasaje á que se hizo referencia en el número 196 es el único en que Cervántes menciona este refran. Dice Leonela á
Camila: «No te dé pena eso, señora mia, que no está la mon-
ta, ni es causa para menguar la estimacion, darse lo que se da
presto, si en efecto lo que se da es bueno, y ello por sí digno de
estimarse: y áun suele decirse, que el que luégo da, da dos
veces.»

No lo cita la Academia, ni figura tampoco en las colecciones.
Es más frecuente decir, como se lee en el Diablo Cojuelo: *Quien*
da luégo, da dos veces.

Conviene tener en cuenta que tan verdadero resulta el refran
cuando lo que se da es dinero ó cosa parecida, como cuando son
palos ó mojicones.

205. No hay pariente pobre.

Salvador Jacinto Polo de Medina , citado en el Diccionario de Autoridades , escribe : « Por esto entiendo yo aquel refran que dice : *No hay pariente pobre,* porque cuando uno está rico ningun pobre es su pariente. » Del contexto de este pasaje se infiere que con este adagio se censura á los que por ser ricos no hacen el menor caso de sus parientes. Bajo este concepto formaria buen juego con los incluidos en el número 129, y sobre todo con aquel de, *Cuando el villano está en el mulo, no conoce á Dios ni al mundo.* Pero tambien puede aplicarse al que no repara en gastar pródigamente, favoreciendo á parientes y amigos.

La Academia no considera este refran mas que como una frase « con que se explica el genio del que teniendo que gastar, lo hace sin reparo y largamente.» No obstante, figura como adagio en la Coleccion de Vallés.

En el siguiente pasaje del Quijote lo usa Teresa Panza en el sentido descrito por la Academia. Dice así : « Salióse en esto Teresa fuera de casa con las cartas, como si fuera en un pandero, y encontrándose acaso con el Cura y Sanson Carrasco, comenzó á bailar y á decir : á fe que agora que no hay pariente pobre, gobiernito tenemos, no sino tómese conmigo la más pintada hidalga, que yo la pondré como nueva.»

Agora que no hay pariente pobre, equivale á, *Ahora que somos ricos.*

206. El sastre del Cantillo, que cosia de balde y ponia el hilo.

Este refran se aplica al que además de trabajar sin utilidad, sufre algun perjuicio ó paga el coste.

Aquel literato Canónigo, que tan cuerdamente discurria acerca de lo que debian ser los buenos libros de caballerías, dice que habia tenido tentacion de escribir uno guardando en él todos los puntos que habia significado ; pero desistió de hacerlo, tanto por considerarlo cosa ajena de su profesion, como por no sujetarse al confuso juicio del desvanecido vulgo; y despues de haber observado lo que pasaba en el teatro, que las comedias escritas como el arte pide no sirven sino para cuatro discretos que las entienden, y no dan de comer á los que las componen, añade: «deste modo vendrá á ser mi libro al cabo de haberme quemado las cejas por guardar los preceptos referidos, y vendré á ser el sastre del Cantillo.» Este es el único pasaje del Quijote en que se alude al refran indicado.

El Marqués de Santillana dice: *El alfayate del Cantillo facia la costura de balde, é ponia el hilo;* la Coleccion de Vallés: *El alfayate del Cantillo, hacia la costura de balde y él ponia el hilo,* y tambien, *El sastre de la encrucijada, que pone el hilo de su casa;* la de Nuñez: *El alfayate del Cantillo, hacia la costura de balde, y ponia el hilo,* y tambien, *El alfayate de la encrucijada, que ponia el hilo de su casa;* Covarrubias: *El alfayate de la Adrada pone el hilo de su casa,* y *El sastre del Campillo (ó del Cántillo) que ponia de su casa el hilo;* y la Academia en el Diccionario de Autoridades da por anticuada esta leccion, *El alfayate de la encrucijada pone el hilo de su casa,* y como usual y corriente ésta: *El sastre del Campillo, coser de balde y poner el hilo.* En sus últimas ediciones del Diccionario, además de estas dos últimas lecciones, sanciona la Academia la que hemos adoptado y que difiere poco ó mucho de todas las demás.

Mateo Aleman en el Guzman de Alfarache todavía nos presenta una nueva variante, pues dice *No seamos el alfayate de la esquina que ponia hasta el hilo de su casa.* Y en la Pícara Justina se amalgama este adagio con otro idéntico en el sentido: *Como el sastre del Campillo y la costurera de Miera, que el uno ponia el hilo, y la otra el trabajo y la seda.*

XXXII.

207. Tanto vales cuanto tienes.

Así anda el mundo. Las mil y una diabluras que en él suceden, unos las hacen por tener, y otros por aparentar que tienen.
Este refran es el punto de partida de todas las modernas utopias
sociales, y la causa de esta gran tempestad de tristísimas reali-
dades que nos abruman.

Al decir don Quijote á Sancho que bien se echaba de ver que
era villano y de aquellos que dicen, viva quien vence, Sancho
replica: «No sé de los que soy; pero bien sé que nunca de las
ollas de Basilio sacaré yo tan elegante espuma, como esta que
he sacado de las de Camacho; y enseñóle el caldero lleno de
gansos y de gallinas: y asiendo de una, comenzó á comer con
mucho donaire y gana, y dijo: á la barba de las habilidades de
Basilio, que tanto vales cuanto tienes, y tanto tienes cuanto vales. Dos linajes solos hay en el mundo, como decia una agüela
mia, que son el tener y el no tener, aunque ella al del tener se
atenia: y el dia de hoy, mi señor don Quijote, ántes se toma el
pulso al haber, que al saber: un asno cubierto de oro parece
mejor que un caballo enalbardado (n.º 209).»

En otra ocasion apela tambien á la autoridad de su abuela para demostrar la verdad de la misma especuladora filosofía. «No
sino haceos miel y paparos han moscas (n.º 29), tanto vales
cuanto tienes, decia una mi agüela, y de hombre arraigado no
te verás vengado (n.º 243).»

Dícese tambien: *Tanto vales como has*, y en las colecciones

13

del Marqués de Santillana, de Vallés y de Nuñez, leemos: *Tanto vales cuanto has, y tu aver demás.*

El tema es de los más fecundos, y por ende las variaciones muchísimas. *Dineros son calidad;* — *Don dinero es gran caballero;* — *Los que han ducados, señores son llamados;* — *Los dineros hacen dueñas y escuderos;* — *A las barbas con dineros honra hacen los caballeros;* — *El dinero hace al hombre entero;* — *El rico con sólo serlo, de todos es deudo;* — *Quien tiene dineros, ha compañeros;* — *La necesidad tiene cara de hereje;* — *Quien pobreza tien, de sus deudos es desden;* — *Sobre dinero, no hay compañero;* — *No hay amigo ni hermano, si no hay dinero de mano;* — *Haz por haber y venirte han á ver;* — *Quien no ha dinero, no es placentero.*

208. Las necedades del rico pasan por sentencias en el mundo.

A continuacion del primero de los pasajes contenidos en el número 84, añade Sancho: «Y teniendo yo el mando y el palo, haré lo que quisiere: cuanto más, que el que tiene el padre alcalde (n.º 245), y siendo yo gobernador, que es más que ser alcalde, llegaos que no la dejan ver, no sino popen y calóñenme (n.º 225), que vendrán por lana, y volverán trasquilados (n.º 56), y á quien Dios quiere bien, la casa le sabe (n.º 172), y las necedades del rico pasan por sentencias en el mundo, y siéndolo yo, siendo gobernador y juntamente liberal, como lo pienso ser, no habrá falta que se me parezca.»

Este refran no consta en el Diccionario de la Academia ni en ninguna de las colecciones clásicas; pero en la de Zaragoza hallamos el siguiente: *Quien dinero tiene, sabio parece.*

209. Asno cargado de oro sube lijero por una montaña.

Así escribe Cervántes este refran, como puede verse en el pasaje inserto en el número 156. En el primero de los transcritos en el número 207 lo varía de este modo: *Un asno cubierto de oro parece mejor que un caballo enalbardado.* La forma más vulgarizada, tal como la trae la Academia y se lee en todas las principales colecciones, excepto en la del Marqués de Santillana, es la siguiente: *Asno con oro, alcánzalo todo.*

Dice tambien el adagio: *Quien tiene argén, tiene todo bien;* — *Quien dinero tiene, alcanza lo que quiere;* — *Quien tiene dineros, pinta panderos;* — *Quien dineros y pan tiene, consuegra con quien quiere;* — *Quien dineros tiene, barato come;* — *El dinero hace del malo bueno;* — *Todas las cosas obedecen á la pecunia;* — *No hay placer mas halaguero, que tener mucho dinero.*

210. Si al palomar no le falta cebo, no le faltarán palomas.

No usa Cervántes este refran mas que en el pasaje transcrito en el número 193.

La Academia no lo trae, y en las colecciones de Vallés y de Nuñez aparece escrito en esta forma: *Cebo haya en el palomar, que palomas no faltarán.* En la misma de Nuñez y en la de Iriarte se lee así: *Haya cebo en el palomar, que palomas ellas se vendrán.*

Más vulgarizados que el precedente son la mayor parte de los que siguen: *Al llamado del que le piensa viene el buey á la melena;* — *Por el dinero baila el perro;* — *Por dinero baila el perro, y por pan si se lo dan;* — *Menea la cola el can, no por tí sino por el pan;* — *¿Quieres que te siga el can? Dále pan;* — *Pedro ¿por qué atiza? Por gozar de la ceniza;* — *¿Por qué va la vieja á la casa de la moneda? Por lo que se le pega;* — *Ama sois miéntras el niño mama;* — *Ama sois miéntras el niño mama, desde que no mama ni ama ni nada.*

En el Quijote de Avellaneda y en el Diálogo de las lenguas hallamos el siguiente: *Al mozo mal mandado, ponerle la mesa y enviarle al recado.*

211. Dádivas quebrantan peñas.

En el pasaje inserto en el número 156 aduce Sancho este refran en corroboracion del comentado en el número 209. Es el único pasaje del Quijote en que lo usa Cervántes; pero lo cita en el Persíles y en la Española inglesa.

Hállase en casi todas las colecciones. Se dice tambien: *El dar quebranta las peñas*, y el autor de la Pícara Justina lo modifica de este modo: *Dádivas ablandan peñas*.

Todo el juego de las instituciones anda á impulsos de este adagio, poderoso resorte del sistema parlamentario, y estoy por decir que de todos los sistemas. No hay ley electoral que pueda resistir á su empuje, hágase lo que se quiera, y no hay que darle vueltas.

Más ablanda el dinero que palabras de caballero; — *No hay cerradura donde es oro la ganzúa;* — *Quien da parte de sus cohechos, de sus tuertos hace derechos.* Bien es verdad que *Si el corazon fuera de acero, no le venciera el dinero;* pero como no lo es, y ántes bien es de manteca muy tierna, no queda mas recurso que bajar la cabeza, y exclamar con Quevedo: *Poderoso caballero es don dinero.*

XXXIII.

212. A dineros pagados brazos quebrados.

Cuando asustado don Quijote por la tanda de más de mil azotes, que se dió ó aparentó darse Sancho, haciendo las veces de editores responsables los troncos de las hayas, le dijo á éste, hablando á lo grosero, aquello de que el asno sufre la carga, mas nó la sobrecarga (n.º 74); el buen Sancho, que no se arredraba por la aspereza de la medicina, respondióle resueltamente: «Nó, nó, señor, no se ha de decir por mí: á dineros pagados brazos quebrados: apártese vuesa merced otro poco y déjeme dar otros mil azotes siquiera, que á dos levadas destas habrémos cumplido con esta partida, y áun nos sobrará ropa.»

Asimismo se halla escrito este refran en las colecciones de Zaragoza y de Iriarte. La Academia no lo trae, y en la Coleccion del Marqués de Santillana en lugar de *A dineros pagados*, se lee: *A dineros tomados*, y en la de Nuñez: *A dineros dados*. Iriarte trae además la siguiente: *Obra pagada, brazo cortado*.

213. El pan comido y la compañía deshecha.

Al ver que don Quijote, por no señalarle salario fijo, se determinaba á hacer su tercera salida con otro escudero, Sancho enternecido y llenos de lágrimas los ojos, le habló de esta manera: «No se dirá por mí, señor mio, el pan comido, y la compañía deshecha: sí que no vengo yo de alguna alcurnia desagradecida, que ya sabe todo el mundo y especialmente mi pueblo, quién fueron los Panzas, de quien yo deciendo, y mas que tengo conocido y calado por muchas buenas obras y por más buenas palabras el deseo que vuesa merced tiene de hacerme merced, y si

me he puesto á cuentas de tanto cuanto acerca de mi salario, ha
sido por complacer á mi mujer, la cual cuando toma la mano á
persuadir una cosa, no hay mazo que tanto apriete los aros de
una cuba, como ella aprieta á que se haga lo que quiere; pero
en efeto, el hombre ha de ser hombre y la mujer mujer, y
pues yo soy hombre donde quiera, que no lo puedo negar, tambien lo quiero ser en mi casa, pese á quien pesare.»

Reprenden asimismo la ingratitud de los que se apartan del
amigo ó compañero al cesar la utilidad ó beneficio, los que siguen: *Comida hecha, compañia deshecha; — Casa hospedada,
comida y denostada; — Bocado comido no gana amigo; — Qui-
tósele el culo al cesto, y acabóse el parentesco.*

214. A buen servicio mal galardon.

La única vez que usa Cervántes este refran, cuyo objeto
guarda tanta analogía con el anterior, es en el siguiente memo-
rable pasaje: «Bien has dicho, Sancho: cuélguense mis armas
por trofeo, y al pié dellas ó al rededor dellas grabarémos en los
árboles lo que en el trofeo de las armas de Roldan estaba escrito:

Nadie las mueva,
que estar no pueda
con Roldan á prueba.

Todo esto me parece de perlas, respondió Sancho, y si no fuera por la falta que para el camino nos habia de hacer Rocinante, tambien fuera bien dejarle colgado. Pues ni él ni las armas,
respondió don Quijote, quiero que se ahorquen, porque no se
diga, que á buen servicio mal galardon.»

En el trofeo de las armas de Prim, Serrano y Topete, graba-
rá la imparcial y severa Historia: *Viva la libertad.*

La Academia no lo trae, y en las colecciones de Vallés y del
Comendador griego, á las cuales se atiene Iriarte; aparece escrito de esta manera: *A fuer de Aragon, á buen servicio mal
galardon; — Esperan los servidores galardon, y sacan baldon;
— De servidores leales se hinchen los hospitales; — Sirve á señor, y sabrás de dolor.*

215. De los desagradecidos está lleno el infierno.

No lo dice el refran por Serrano, Prim ni Topete, sino que se refiere sin distincion de partidos á los cuatro ó cuatrocientos estados que constituyen el social organismo.

«Finalmente, alzados los manteles, con gran reposo alzó don Quijote la voz y dijo: entre los pecados mayores que los hombres cometen, aunque algunos dicen que es la soberbia, yo digo que es el desagradecimiento, ateniéndome á lo que suele decirse, que de los desagradecidos está lleno el infierno. Este pecado, en cuanto me ha sido posible, he procurado yo huir desde el instante que tuve uso de razon, y si no puedo pagar las buenas obras que me hacen con otras obras, pongo en su lugar los deseos de hacerlas, y cuando estos no bastan, las publico, porque quien dice y publica las buenas obras que recibe, tambien las recompensara con otras si pudiera; porque por la mayor parte los que reciben son inferiores á los que dan, y así es Dios sobre todos, y no pueden corresponder las dádivas del hombre á las de Dios con igualdad, por infinita distancia, y esta estrecheza y cortedad en cierto modo la suple el agradecimiento.»

La Academia, así en el Diccionario de Autoridades como en los posteriores, escribe el refran de este modo: *De desagradecidos está el infierno lleno.*

Ingratitud seca las fuentes; — Rogar al santo hasta pasar el tranco; — Quien da pan á perro ajeno, pierde el pan y pierde el perro; — Cria cuervos, y te sacarán las uñas; — Cria el cuervo, y sacaráte el ojo; — Yo á vos por honrar, vos á mi por encornudar; — El habar de Cabra se secó lloviendo; — ¡ Ay abuelo! sembrasteis alazor, y naciónos anapelo.

En el Coloquio de los perros se lee aquel otro, sacado de la Sagrada Escritura, *Echar margaritas á puercos*, y en el Rinconete, esotro que nos recomienda el ser agradecidos á los bienhechores: *No es mucho que á quien te da la gallina entera, tú dés una pierna de ella.* Puede variarse de este modo: *A quien te da el capon, dále la pierna y el alon.*

XXXIV.

216.   Más sabe el necio en su casa, que el cuerdo en la ajena.

«Eso nó, Sancho, respondió don Quijote, que el necio en su casa, ni en la ajena sabe nada, á causa que sobre el cimiento de la necedad no asienta ningun discreto edificio.»

Con esta sábia reflexion impugna don Quijote el error que encerraria este refran tomándolo literalmente como él lo tomaba. Mas la verdad que el adagio enseña es que en los negocios propios más sabe aquel á quien pertenecen, por poco que entienda, que el que por no interesarle los juzga lijeramente. Es cierto que el interés aviva la atencion y la sostiene, y de aquí la observacion más reflexiva y el mayor acierto en los juicios. Con perdon de don Quijote, el refran encierra una verdad psicológica muy profunda:

La Academia en el Diccionario de Autoridades adopta esta leccion de Cervántes, poniendo por ejemplo el mismo pasaje aquí transcrito. En las últimas ediciones sanciona la leccion, *Más sabe el loco en su casa, que el cuerdo en la ajena*, que es la de Covarrubias, la de los Refranes glosados y la de las colecciones de Vallés y de Nuñez. El Marqués de Santillana escribe: *Más sabe el loco en su facienda, que el cuerdo en la ajena*, y en los MM. de Salazar se lee: *Más sabe el loco en su casa, que el advertido en la allena*.

Otro refran nos asegura que *No hay tonto para su provecho*, ó que *Ninguno es tonto para su provecho*.

217. Cada uno sabe dónde le aprieta el zapato.

En el primero de los pasajes del Quijote contenidos en el número 25, puede verse cómo juega Sancho este adagio, sin citarlo íntegro.

Tambien alude á él el ventero en el pasaje siguiente: «Mirad, hermano, tornó á decir el Cura, que no hubo en el mundo Félix Marte de Ircania, ni don Cirongilio de Tracia, ni otros caballeros semejantes que los libros de caballerías cuentan, porque todo es compostura y ficcion de ingenios ociosos, que los compusieron para el efeto que vos decís, de entretener el tiempo, como lo entretienen leyéndolos vuestros segadores: porque realmente os juro, que nunca tales caballeros fueron en el mundo, ni tales hazañas ni disparates acontecieron en él. A otro perro con ese hueso, respondió el ventero: ¡como si yo no supiese cuántos son cinco y adónde me aprieta el zapato! No piense vuestra merced darme papilla, porque por Dios, que no soy nada blanco. Bueno es que quiera darme vuestra merced á entender, que todo aquello que estos buenos libros dicen, sean disparates y mentiras, estando impreso con licencia de los señores del Consejo Real, como si ellos fueran gente que habian de dejar imprimir tanta mentira junta y tantas batallas y tantos encantamentos que quitan el juicio.»

Este adagio es una sencilla consecuencia del del número anterior. Sin desconocer la mucha verdad que entrambos encierran, bueno será no echar en olvido que el interés y el amor propio suelen ponernos una venda sobre los ojos, cuando se trata de juzgarnos á nosotros mismos. Si el ventero, por ejemplo, hubiese vivido en nuestros dias, y hubiese leido en los periódicos todo aquello de las felicidades llovidas sobre España, y de la perpetuidad de la monarquía saboyana, y luégo lo de la realidad de todos aquellos derechos garantidos por la federal, ¡quién habria capaz de apearle de su asno! Y sobre todo ¿cómo convencerle de que estaba hablando de lo que no entendia y de que era un tonto de cinco suelas?

Cada uno se dice quien es; — Cada uno se entiende hasta don-

*de puede; — Al buey viejo no cates abrigo; — A buey viejo no
le cates majada, que él se la cata.*

218. Dios me entiende.

Puede usarse esta frase en un sentido algo análogo al del anterior adagio. Véase el ejemplo siguiente: « Habia, en hora mala para mí, que no quiero decir para otro, de vivir hoy el famoso don Belianis, ó alguno de los del innumerable linaje de Amadis de Gaula, que si alguno destos hoy viviera, y con el Turco se afrontara, á fe que no le arrendara la ganancia; pero Dios mirará por su pueblo, y deparará alguno, que si no tan bravo como los pasados andantes caballeros, á lo ménos no les sería inferior en el ánimo: y Dios me entiende, y no digo más. ¡Ay! dijo á este punto la sobrina, que me maten, si no quiere mi señor volver á ser caballero andante. A lo que dijo don Quijote: caballero andante he de morir, y baje ó suba el Turco cuando él quisiere y cuan poderosamente pudiere, que otra vez digo que Dios me entiende.»

219. Cuidados ajenos matan al asno.

Así pudiera decirse de esos pobres peleles que con la mejor buena fe del mundo se prestan al papel de comparsa en la danza política, de la cual sólo sacan raja los primeros danzantes, dejándoles á ellos la metralla que roer.

En aquella graciosa conversacion de los dos escuderos, dijo el del Caballero del Bosque á Sancho Panza: « Si va á tratar dellos, no hay otro mayor loco en el mundo que mi amo, porque es de aquellos que dicen: cuidados ajenos matan al asno; pues porque cobre otro caballero el juicio que ha perdido, se hace él loco, y anda buscando lo que no sé si despues de hallado le ha de salir á los hocicos.»

Muchos otros refranes aconsejan no meternos en lo que no nos toca ni nos importa, v. g.: *Entendé en vuestros duelos, y dejá los ajenos; — Lo que no has de comer, déjalo bien cocer; — Ni es mio el trigo, ni mia la cibera, muela quien quiera; — Si el niño llorare, acállelo su madre, y si no quiere callar, déjelo llorar; — Allá se lo haya Marta con sus pollos; — Zapatero, á tu zapato.*

220. Entre dos muelas cordales nunca pongas tus pulgares.

Este refran, segun dice la Academia, aconseja no meterse á poner paz entre los parientes muy cercanos. No ha de interpretarse tan estrictamente la definicion de la Academia, que no quepa aplicarlo al que intentare por ejemplo despartir ahora á los federales transigentes é intransigentes, ó al que intentare despartir á los que sin la menor relacion de parentesco anduviesen á la greña. Sucedió una vez, y es probable haya sucedido otras muchas, que á uno que por pura caridad quiso despartir á dos pilluelos, se le quedó el reloj enredado entre las uñas de los contendientes. Y todos los dias nos traen las gacetillas casos de luengos chirlos abiertos en el jeme de los municipales y serenos, por su intervencion en las querellas y reyertas de los ciudadanos autónomos.

Este es el primero de aquellos cuatro refranes que se le pudrian en el cuerpo á Sancho, y que venian pintiparados y como peras en tabaque. Y lo explica de este modo: «Que nadie se tome con su gobernador, ni con el que manda, porque saldrá lastimado, como el que pone el dedo entre dos muelas cordales, y aunque no sean cordales, como sean muelas, no importa (n.os 44 y 244).»

Como se ve, Sancho da á este adagio mucha mayor latitud de sentido del que hemos dicho, no obstante de haber ampliado tanto la definicion de la Academia.

Hernan Nuñez escribe: *Entre dos muelas molares, nunca metas tus pulgares.* Pedro Vallés dice con ménos gracia: *No metas las manos entre dos muelas molares, que te prenderán los pulgares,* leccion que tambien se halla en la Coleccion del Comendador griego. Expresa exactamente el pensamiento que la Academia atribuye á este adagio aquel otro de, *Entre padres y hermanos no metas tus manos.*

221. Cada uno meta la mano en su pecho.

Con esta frase apelamos á la propia conciencia y fallo de los que se entrometen á censurar las ajenas acciones. Véase el ejemplo del número 106.

222. A cada uno mate su ventura, ó Dios que le hizo.

Cuando Sancho dijo al Cura y al Barbero que su amo quedaba ocupado en cierta parte y en cierta cosa que le era de mucha importancia, la cual él no podia descubrir por los ojos que en la cara tenia, entre él y el Barbero mediaron las contestaciones siguientes: «Nó, nó, Sancho Panza, si vos no nos decís dónde queda, imaginarémos, como ya imaginamos, que vos le habeis muerto y robado, pues venís encima de su caballo: en verdad que nos habeis de dar el dueño del rocin, ó sobre eso morena. No hay para qué conmigo amenazas, que yo no soy hombre que robo ni mato á nadie, á cada uno mate su ventura, ó Dios que le hizo: mi amo queda haciendo penitencia muy á su sabor. Y luégo de corrida y sin parar les contó de la suerte que quedaba, las aventuras que le habian sucedido, y cómo llevaba la carta á la señora Dulcinea del Toboso, que era la hija de Lorenzo Corchuelo, de quien estaba enamorado hasta los hígados.»

No trae la Academia este refran, ni se halla tampoco en las colecciones. Me parece que el sentido es muy semejante al del adagio, *A cada uno su alma en su palma*, con el cual significamos que no nos metemos ni debemos meternos en las acciones de otro, dejando por cuenta suya las buenas ó malas resultas.

223. Cada uno mire por el virote.

Se usa este refran para advertir que estamos obligados á atender con cuidado y vigilancia á lo que nos importa y conviene;

pero que no debemos meternos en los asuntos de los demás. Suele usarse en són de amenaza.

Como Sancho Panza no concibiese la posibilidad de reñir á secas, estando sin cólera ni enojo, el escudero del del Bosque le dice, que ántes de que comiencen la pelea se llegará bonitamente á su merced, dándole tres ó cuatro bofetadas que le hagan dispertar la cólera, aunque esté con más sueño que un liron. Y Sancho responde: « Contra ese corte sé yo otro que no le va en zaga : cogeré yo un garrote, y ántes de que vuesa merced llegue á despertarme la cólera, haré yo dormir la suya, que no despierte, si no fuere en el otro mundo, en el cual se sabe que no soy hombre que me dejo manosear el rostro de nadie, y cáda uno mire por el virote.»

En el pasaje inserto en el número 71, puede verse cómo el mismo Sancho amenaza tambien con este adagio al doctor Pedro Recio Agüero de Tirteafuera.

224. Cada puta hile, y comamos.

« ¡O válame Dios (exclama Cide Hamete Benengeli), y cuán grande que fué el enojo, que recibió don Quijote, oyendo las descompuestas palabras de su escudero!» El lance no era para ménos. Cuando la fermosa Infanta pidió de rodillas á don Quijote que la partida fuese luégo, éste mandó á Sancho que ensillase á Rocinante, aparejase su jumento y el palafren de la Reina. Lo que Sancho opuso vale la pena de oirlo de los mismos labios de Cervántes: « Sancho, que á todo estaba presente, dijo meneando la cabeza á una parte y otra: ay señor, señor, y cómo hay más mal en la aldegüela que se suena (n.º 67), con perdon sea dicho de las tocas honradas. ¡Qué mal puede haber en ninguna aldea ni en todas las ciudades del mundo, que pueda sonarse en menoscabo mio, villano! Si vuesa merced se enoja, respondió Sancho, yo callaré, y dejaré de decir lo que soy obligado como buen escudero, y como debe un buen criado decir á su señor. Dí lo que quisieres, replicó don Quijote, como tus palabras no se encaminen á ponerme miedo, que si tú le tienes, haces como quien eres, y si yo no le tengo, hago como quien soy. No es eso, pecador fuí yo á Dios, respondió Sancho, sino que yo tengo por cierto y por averiguado, que esta señora, que se dice ser reina del gran reino de Micomicon, no lo es más que mi madre, porque á ser ella lo que dice, no se anduviera hocicando con alguno de los que están en la rueda á vuelta de cabeza y á cada traspuesta. Paróse colorada con las razones de Sancho, Dorotea, porque era verdad que su esposo don Fernando, alguna vez á hurto de otros ojos, habia cogido con los labios parte del premio que merecian sus deseos, lo cual habia visto Sancho, y parecídole que aquella desenvoltura más era de dama cortesana que de reina de tan gran reino, y no pudo ni quiso responder palabra á Sancho, sino dejóle proseguir en su plática, y él fué diciendo: esto digo, señor, porque si al cabo de haber andado caminos y carreras, y pasado malas noches y peores dias, ha de venir á coger el fruto de nuestros trabajos el que se está holgando en esta venta, no hay para que darme priesa á que ensille á Rocinante, albarde el jumento, y aderece el palafren, pues será mejor que nos estemos quedos, y cada puta hile, y comamos. »

El sentido de este refran es idéntico al del número anterior. La Coleccion de Zaragoza dice: *Cada puta hile, y coma.* No se halla en el Diccionario de la Academia.

Parece que pudiera emplearse en este mismo sentido el hermoso adagio, *Cada uno en su casa, y Dios en la de todos,* que generalmente suele usarse para significar la conveniencia de que vivan separadas las familias, para evitar disensiones. Este y todos los de esta seccion hasta aquí citados hablan muy alto contra la malhadada vida pública de nuestros tiempos que tantos desastres ocasiona á la vida privada, y por consiguiente al país.

225. No sino popen, y calóñenme.

En el pasaje inserto en el número 208 puede estudiarse el sentido que da Sancho á este adagio, si tal nombre merece.

Me parece que con él se amenaza á los que se meten sin razon en nuestros asuntos, y bajo este concepto, he creido oportuno colocarle en este lugar. Pero como expresa al mismo tiempo que no nos dejamos engañar con falsas caricias y halagos, podria colocarse tambien despues del del número 25. No está en la Academia.

226. Ténganos el pié al herrar, y verá del que cosqueamos.

Tampoco lo trae la Academia, y èn la Coleccion de Zaragoza se lee de esta forma: *No le habeis tenido el pié al herrar.*

El único pasaje del Quijote en que lo usa Sancho es refiriéndose al autor de la Historia de don Quijote, cuando dice: «Atienda ese señor moro, ó lo que es, á mirar lo que hace, que yo y mi señor le darémos tanto ripio á la mano en materia de aventuras y de sucesos diferentes, que pueda componer no sólo una segunda parte, sino ciento. Debe de pensar el buen hombre sin duda, que nos dormimòs aquí en las pajas, pues ténganos el pié al herrar, y verá del que cosqueamos: lo que yo sé decir, es que si mi señor tomase mi consejo, ya habíamos de estar en esas campañas deshaciendo agravios y enderezando tuertos, como es uso y costumbre de los buenos andantes caballeros.»

Lo mismo, y con más razon quizás, puede decirse de este refran lo que se dijo del que antecede. Puede usarse en són de amenaza contra los que se entrometen en nuestros asuntos; pero tambien con él significamos que no somos lerdos y no nos dejamos engañar.

Al caballero que preguntaba si Constanza, la Ilustre Fregona, era niña que se dejase manosear y requebrar de los huéspedes, le contesta la Gallega: «Sí, tenedle el pié al herrar, bonita es la niña para eso: par Dios, señor, si ella se dejase siquiera mirar, nadara en oro: es más áspera que un erizo: es una traga ave marías: labrando está todo el dia y rezando.»

XXXV.

227. Mal ajeno de pelo cuelga.

Con este refran se denota que los males ajenos suelen mirarse con indiferencia, y que cada uno atiende á su propio interés sin importarle nada el del prójimo. Nunca ha sido tan claramente demostrada en España la verdad de este proverbio como en estos tiempos de estúpido egoismo. Aquí se cometen descarados robos, asesinatos, sacrilegios que espantan, arden casas, caen templos, acá un asqueroso motin, allá una sangrienta batalla, la justicia atropellada, la moral escarnecida, Dios insultado..... y sigue la animacion y lujo de los paseos, siguen los bailes, siguen los teatros, y siguen los toros, y siguen los bufos, y sigue el cancan.

«Cuerpo de mí, exclama Sancho: ¡tan encubierta estaba la causa de mi dolor, que ha sido menester decirme, que me duele todo aquello que alcanzó el palo ? Si me dolieran los tobillos, áun pudiera ser que se anduviera adivinando el porqué me dolian; pero dolerme lo que me molieron, no es mucho adivinar. A la fe, señor nuestro amo, el mal ajeno de pelo cuelga, y cada dia voy descubriendo tierra de lo poco que puedo esperar de la compañía que con vuesa merced tengo, porque si esta vez me ha dejado apalear, otra y otras ciento volverémos á los manteamientos de marras, y á otras muchacherías, que si ahora me han salido á las espaldas, despues me saldrán á los ojos. Harto mejor haria yo (sino que soy un bárbaro y no haré nada que bueno sea en toda mi vida), harto mejor haria yo, vuelvo á decir, en volverme á mi casa y á mi mujer y á mis hijos, y sustentarla y criarlos con lo que Dios fuere servido de darme, y no andarme tras vuesa merced por caminos sin camino y por sendas y carreras que no las tienen, comiendo mal y bebiendo peor.»

En la Coleccion del Marqués de Santillana se lee: *Duelo ajeno, cuelga de pelo*, y en la de Zaragoza, así como en el Diálogo de las lenguas: *Duelo ajeno, de pelo cuelga*, y en la de Nuñez: *Mal ajeno cuelga de pelo.* Tambien se dice: *Cuidado ajeno de pelo cuelga.*

Cada uno quiere llevar el agua á su molino, y dejar en seco al del vecino; — *Primero son mis dientes que mis parientes;* — *Más cerca tengo mis dientes que mis parientes;* — *El ques farto, del ayuno non tien cuidado ninguno;* — *El harto, del ayuno no tiene cuidado ninguno;* — *La buena vida padre y madre olvida;* — *Siempre te bien quise, y nunca te bien hice;* — *Mal haya el vientre que del bien no le viene miente*, ó, *Mal haya el vientre que del cielo no le viene miente.*

228. Allá darás rayo.

No lo cita Sancho mas que en el pasaje inserto en el número 61.

Sancho el bueno, al usar de este refran, sigue las huellas de Sancho el malo. Lo que con él expresa es que no quiere cargar con los perjuicios que le ocasionaria el meterse en negocios ajenos. Avellaneda lo usa dos veces, variándolo: una de ellas dice, *Allá darás rayo, que no en mi sayo*, y la otra, *Allá darás rayo en casa del sayo.* Generalmente se dice: *Allá darás rayo en casa de Tamayo*, ó bien: *Allá vayas rayo en casa de Tamayo.* Hernan Nuñez trae esta variante: *Allá darás rayo, en casa de Ana Gomez.*

El mismo concepto expresan los siguientes: *Lo que no fué en mi año no fué en mi daño;* — *El que tiene búa, ese la estruja;* — *Por los bueyes que son de mi padre, siquiera aren siquiera no aren.* Forman tambien juego con estos los de los números 140 y 141.

14

229. Pápenle duelos.

Al decir don Quijote que procuraria haber á las manos alguna espada hecha por tal maestría, que al que la trujera consigo
no le pudiesen hacer ningun génèro de encantamentos, respondió Sancho : « Yo soy tan venturoso, que cuando eso fuese, y
vuestra merced viniese á hallar espada semejante, sólo vendria
á servir y aprovechar á los armados caballeros, como el bálsamo, y á los escuderos que se los papen duelos.»

Con esta expresion familiar, que en rigor no puede llamarse
refran, dice la Academia que se moteja la indiferencia de alguno respecto de los males ajenos que debia excusar ó remediar.

230. No hay amigo para amigo.

A propósito de la estrecha amistad del rucio y Rocinante escribe el historiador de El Ingenioso Hidalgo : « Digo que dicen,
que dejó el autor escrito que los habia comparado en la amistad
á la que tuvieron Niso y Euríalo, y Pílades y Orestes : y si esto es
así, se podia echar de ver para universal admiracion, cuán firme
debió ser la amistad destos dos pacíficos animales, y para confusion de los hombres, que tan mal saben guardar amistad los
unos á los otros. Por esto se dijo : no hay amigo para amigo:
las cañas se vuelven lanzas (n.º 231), y el otro que cantó : de
amigo á amigo la chinche etc. (n.º 232). Y no le parezca á alguno que anduvo el autor algo fuera de camino en haber comparado la amistad destos animales á la de los hombres, que de las
bestias han recebido muchos advertimientos los hombres y aprendido muchas cosas de importancia, como son de las cigüeñas el
cristel, de los perros el vómito y el agradecimiento, de las gru-
llas la vigilancia, de las hormigas la providencia, de los elefan-
tes la honestidad, y la lealtad del caballo.»

Este refran enseña que no se debe confiar demasiado en los
que se venden por amigos. No lo trae la Academia.

En el fondo dicen lo mismo los siguientes: *El mayor amigo la pega; — En tiempo de higos no hay amigos; — Amigos y mulas fallescen á las duras; — Tramontana no tiene abrigo ni el pobre amigo.*

281. Las cañas se vuelven lanzas.

Tampoco lo trae la Academia, ni Cervántes lo usa mas que en el pasaje últimamente transcrito. El concepto es exactamente el mismo que el del anterior y el del que sigue.

En el Quijote de Avellaneda vemos otro adagio que suele aplicarse al que obsequia y sirve á otro contra su voluntad, y sólo por el interés que le va en ello: *Manos besa el hombre, que quisiera ver cortadas.* Tambien cita Avellaneda aquel otro proverbio que expresa la emulacion y rivalidad que suelen mediar entre los hombres de una misma clase, profesion ú oficio: *¿ Quién es tu enemigo? El que es de tu oficio.* Tambien se dice: *Ese es tu enemigo, el que es de tu oficio,* ó bien: *Araña, ¿quién te arañó? Otra araña como yo.*

282. De amigo á amigo la chinche etc.

Tampoco emplea Cervántes este refran mas que en el citado pasaje del número 230.

Enseña que no se debe confiar demasiado en los que se venden por amigos.

El Marqués de Santillana dice: *De compadre á compadre chinte en el ojo.* En la de Zaragoza hallamos estas versiones: *De amigo á amigo, chinche en el ojo; — De compadre á compadre, chinche en el ojo.* La Academia adopta las dos, pero en vez de *chinche* dice *sangre.* El autor del Diablo Cojuelo dice más sencillamente: *Al amigo, chinche en el ojo.* Hernan Nuñez escribe: *De amigo á amigo chispe en el ojo,* y advierte que otros dicen *chinche,* otros *chinela* y otros *agraz en el ojito.*

XXXVI.

283. Mejor parece la hija mal casada, que bien abarraganada.

No trae este refran la Academia, ni figura en ninguna de las principales colecciones. Cervántes sólo lo usa en el pasaje siguiente: «Mirad tambien que Mari-Sancha vuestra hija no se morirá si la casamos, que me va dando barruntos que desea tener marido, como vos deseais veros con gobierno, y en fin, en fin, mejor parece la hija mal casada, que bien abarraganada.»

El sentido es tan evidente, que no requiere explicacion ninguna.

En el Quijote de Avellaneda hallamos otro chistosísimo que tampoco consta ni en el Diccionario de la Academia ni en las colecciones: *Lo que á las mujeres se dice una vez, se lo dice á solas el demonio diez.*

284. La mujer honrada, la pierna quebrada y en casa.

Recomienda este refran el recato y recogimiento que deben observar las mujeres.

Teresa Panza, que no quiere que su hija se case con ningun condazo, ní quiere dar que decir á los que la vieren andar á ella misma vestida á lo condesil, ó á lo de gobernadora, dice á su ambicioso marido: «Si Dios me guarda mis siete, ó mis cinco sentidos, ó los que tengo, no pienso dar ocasion de verme en tal aprieto: vos, hermano, idos á ser gobierno, ó ínsulo, y entonaos á vuestro gusto, que mi hija ni yo, por el siglo de mi madre, que no nos hemos de mudar un paso de nuestra aldea: la mujer honrada, la pierna quebrada y en casa, y la doncella honesta, el hacer algo es su fiesta (n.º 236): idos con vuestro don Quijote á vuestras aventuras, y dejadnos á nosotras con nuestras malas venturas, que Dios nos las mejorará, como seamos buenas.»

La noche en que Sancho el Gobernador salió de ronda, á aquellos mozalbetes que se habian escapado de casa de sus padres por ver mundo, les habló de esta manera: «Vamos, y dejarémos á vuesas mercedes en casa de su padre: quizá no les habrá echado ménos, y de aquí adelante no se muestren tan niños, ni tan deseosos de ver mundo: que la doncella honrada la pierna quebrada y en casa: y la mujer y la gallina por andar se pierden aina (n.º 235): y la que es deseosa de ver, tambien tiene deseo de ser vista: no digo más.»

Ya en otra ocasion habia dicho el mismo Sancho: El buen gobernador la pierna quebrada y en casa. Véase el pasaje íntegro en el número 143.

235. La mujer y la gallina, por andar se pierden aina.

Lo mismo que el anterior, recomienda á las mujeres el recogimiento, advirtiéndoles los riesgos á que se exponen por no estar recogidas en casa.

El pasaje últimamente citado es el único del Quijote en que figura este refran, uno de los más antiguos y vulgares, puesto que figura en todas las colecciones.

Se dice tambien: *La mujer y la gallina, hasta la casa de la vecina; — La mujer y el fraile, mal parecen en la calle; — La mujer placera dice de todos, todos de ella; — Bueno es misar y casa guardar; — Mi comadre la andadora, si no es en su casa, en todas mora; — Fui á casa de mi vecina y denostéme, vine á mi casa y conhortéme.*

236. La doncella honesta, el hacer algo es su fiesta.

Manifiesta este refran la necesidad que hay de tener ocupadas á las jóvenes para preservarlas de los vicios que la ociosidad suele traer consigo. En el primero de los pasajes transcritos en el número 234 puede verse cuán oportunamente lo aplica Teresa Panza.

Muchos son los adagios encaminados al mismo objeto, aparte de los que ya se citaron en el número 152 y los demás de la misma seccion. *Boca con rodilla, y al rincon con la almohadilla; — La mujer y la sardina, de rostros en la ceniza; — Dueña que mucho mira, poco hila; — Lino ni lana no quieren ventana; — Con mal anda el huso cuando la barba no anda de suso; — La mujer algarera nunca hace larga tela; — La mujer de buen recado hinche la casa hasta el tejado; — El ama brava es llave de su casa; — Todo el año holgaba, la víspera de Pascua hilaba; — La albendera los disantos hilandera.*

XXXVII.

287.   Honra y provecho no caben en un saco.

No cita íntegro este refran, pero alude á él aquel autor á quien encontró don Quijote en una imprenta de Barcelona: «Yo no imagino mis libros (dice) para alcanzar fama en el mundo, que ya en él soy conocido por mis obras: provecho quiero, que sin él no vale un cuatrin la buena fama.»

Segun la Academia, enseña este adagio que regularmente los empleos de honor y distincion no son de mucho lucro; pero tambien puede usarse para expresar la dificultad de adquirir grandes riquezas sin valerse de medios ilícitos; ó que los que atienden mucho al interés, suelen atender poco á la fama y buen nombre.

Parece que hubo de usarse tambien el adagio *Honra y provecho caben en un saco*, con el cual se denotaria que puede tambien conciliarse la adquisicion de las riquezas con la buena fama, como se adquieran por medios lícitos.

No es que lo haya visto en ninguna coleccion, pero Cervántes supone que el tal refran estaba en uso, segun lo comprueba el siguiente pasaje del Persíles: «En fin la digo que si en alguna cosa se verificaba la verdad de un antiguo refran castellano, era en las farsantes, donde la honra y provecho cabian en un saco.»

El refran *Honra y provecho no caben en un saco* lo trae la Academia, y consta asimismo en las colecciones del Comendador y de Iriarte, así como en el Gil Blas de Santillana. La Coleccion de Zaragoza lo incluye tambien, con la sola diferencia de poner el verbo en singular. Lope de Rueda dice: *Honra y barbechos no caben en los sacos.*

En la Coleccion del Marqués de Santillana hallamos el siguiente, que tambien figura en las de Vallés y de Nuñez, y en el Diálogo de las lenguas: *Honra sin provecho, anillo en el dedo.*

288. Más vale el buen nombre que las muchas riquezas.

Una sola vez usa Cervántes este refran, que no consta en las principales colecciones ni en el Diccionario de la Academia, poniéndole en boca de Sancho en el discurso que sigue: «No sino ándense á cada triquete conmigo á díme y diréte, Sancho lo dijo, Sancho lo hizo, Sancho tornó, y Sancho volvió, como si Sancho fuese algun quienquiera, y no fuese el mismo Sancho Panza el que anda ya en libros por ese mundo adelante, segun me dijo Sanson Carrasco, que por lo ménos es persona bachillerada por Salamanca, y los tales no pueden mentir, si no es cuando se les antoja, ó les viene muy á cuento: así que no hay para que nadie se tome conmigo, y pues que tengo buena fama, y segun oí decir á mi señor, que vale más el buen nombre que las muchas riquezas, encájenme ese gobierno y verán maravillas, que quien ha sido buen escudero, será buen gobernador.»

La Academia trae los siguientes que expresan el mismo concepto, y con más energía: *Comer arena ántes que hacer vileza; — Más vale comer grama y abrojo, que traer capirote en el ojo; — Aquel es rico que está bien con Dios.*

289. La codicia rompe el saco.

Este refran se dirige contra los ambiciosos, enseñando que muchas veces se frustra el logro de una ganancia moderada por el ánsia de aspirar á una exorbitante.

En acabando de leer la Duquesa la carta que Sancho el Gobernador habia escrito para su Teresa, le dijo estas palabras: «En dos cosas anda un poco descaminado el buen Gobernador: la una, en decir ó dar á entender que este gobierno se le han dado por los azotes que se ha de dar, sabiendo él, que no lo puede negar, que cuando el Duque mi señor se lo prometió, no se soñaba haber azotes en el mundo: la otra es, que se muestra en ella muy codicioso, y no querria que orégano fuese, porque la codicia rompe el saco, y el gobernador codicioso hace la justicia desgobernada.»

La terrible noche de la aventura de los batanes en aquella tierna súplica que Sancho dirige á su amo para que no le deje allí solo, le dice lo siguiente: «Yo salí de mi tierra y dejé hijos y mujer por venir á servir á vuesa merced, creyendo valer más y no ménos; pero como la codicia rompe el saco, á mí me ha rasgado mis esperanzas, pues cuando más vivas las tenía de alcanzar aquella negra y malhadada ínsula, que tantas veces vuestra merced me ha prometido, veo que en pago y trueco della me quiere ahora dejar en un lugar tan apartado del trato humano.»

En el diálogo de los dos escuderos, el del Bosque trae á pelo este refran, á causa de decirle Sancho que cuando pensaba en la bolsa con cien escudos hallada en Sierra Morena, se le hacian fáciles y llevaderos cuantos trabajos padecia con el mentecato de su amo.

Tambien se halla citado una vez en el Coloqúio de los perros de Mahudes.

La Coleccion del Marqués de Santillana dice: *Codicia mala, saco rompe.* Lo mismo se lee en las de Vallés y de Nuñez, y en la última figura además el siguiente: *Codicia mala, mancilla pára.*

A corta diferencia expresa lo mismo el de, *Quien todo lo quiere todo lo pierde.* Y para hacer mofa de los codiciosos son muy á propósito los siguientes: *Salga pez ó salga rana, á la capacha;* — *Apaña, suegro, para quien te herede manto de luto, corazon alegre;* — *Tres cosas demando si Dios me las diese, la tela, el telar y la que la teje.*

240. Lo bien ganado se pierde, y lo malo ello y su dueño.

En la Coleccion de Zaragoza leemos : *Lo bien ganado se pierde, y lo malo él y su amo.* Lope de Rueda lo escribe puntualmente de esta misma manera. Hernan Nuñez dice, *y lo malo, ello y su amo.* El mismo Nuñez, á quien sigue Iriarte, invierte el giro de la frase primera, diciendo : *Piérdese lo bien ganado, y lo malo ello y su amo.* La Academia no trae este refran, pero trae otro casi idéntico, que tambien se halla incluido en la Coleccion de Iriarte, y dice así : *Lo bien ganado se lo lleva el diablo, y lo malo, á ello y su amo.*

Este refran en sustancia viene á ser el séptimo mandamiento de la ley de Dios, brevemente ampliado. A haber habido en aquellos remotos tiempos en que debió de inventarse, jugadas de bolsa, contratas de mala ley y gatuperios de bienes nacionales, sospecharia que para todo ello se habia inventado. Pero en fin, siempre hubo sisas, hurtos, robos, falsificaciones, defraudaciones, estafas y otras menudencias. El arte de apoderarse de lo ajeno sin la voluntad de su dueño ha sido en todos tiempos el más asiduamente cultivado, bien que pocas veces ó nunca hubiese alcanzado la perfeccion y preeminencias de que goza en nuestros dias.

Ricote el Morisco insta á Sancho Panza para que le ayude á sacar el tesoro que habia dejado escondido, prometiéndole darle con que viva, y Sancho le contesta : «Ya te he dicho, Ricote, que no quiero : conténtate que por mí no serás descubierto, y prosigue en buen hora tu camino, y déjame seguir el mio, que yo sé que lo bien ganado se pierde, y lo malo, ello y su dueño.»

Guardan mucha analogía con este adagio los siguientes : *El codicioso por ganar lo ajeno, pierde lo suyo del seno;* — *Nos á lo ajeno, y el diablo á lo nuestro;* — *Quien por codicia vino á ser rico corre más peligro;* — *Quien en un año quiere ser rico, al medio le ahorcan;* — *Ten hacienda, y mira de donde venga.* No estoy de ninguna manera con aquel otro adagio que se halla en el Quijote de Avellaneda de, *Quien hurta al ladron harto digno es de perdon*, porque el ladron debe poder contar con sus individuales, como cualquier hijo de vecino. Gracias que no goce de fuero privilegiado, como pudiera muy bien acontecer.

241. No arrojemos la soga tras el caldero.

La Academia sólo trae la frase familiar *Echar la soga tras el caldero*, que significa, dejar perder lo accesorio perdido lo principal.

En la Coleccion de Zaragoza, además de la citada frase, leemos el adagio de, *Allá irá la soga tras el calderon*, con el cual, á no engañarme, puede zaherirse á los que todo lo malbaratan y derrochan, ó puede hacerse burla quizás de los que no dejan á otro á sol ni á sombra remedando sus acciones.

Cuando Sancho ya amoscado por no topar con el alcázar ó palacio de Dulcinea, maldice de él diciendo que le vea comido de perros (n.º 174), don Quijote pone freno á su lengua con las siguientes palabras: « Habla con respeto, Sancho, de las cosas de mi señora, y tengamos la fiesta en paz y no arrojemos la soga tras el caldero. Yo me reportaré, respondió Sancho, pero ¿con qué paciencia podré llevar, que quiera vuesa merced que de una sola vez que ví la casa de nuestra ama la haya de saber siempre y hallarla á media noche, no hallándola vuesa merced, que la debe de haber visto millares de veces!»

En este pasaje, único en que Cervántes alude al refran, parece que usa de la frase *arrojar la soga tras el caldero* en el sentido de *echarlo á doce*, ó *echarlo todo á rodar*.

Para expresar que no debe sentirse la pérdida de lo accesorio cuando se salva lo principal tenemos el adagio, *Si se perdieron los anillos, aquí quedaron los dedillos.*

XXXVIII.

242.   Pagan justos por pecadores.

De tejas abajo así sucedió, sucede y sucederá siempre; porque la justicia humana es, como Maritornes, tuerta de un ojo y del otro no muy sana, cuando no ciega, y ciega voluntaria, que es lo peor de todo. Ahora mismo el inocente Pio IX está purgando en las cárceles del Vaticano, las fechorías de la diplomacia y de la civilizacion moderna, al propio tiempo que el ministerio más adelantado de Europa y del mundo, allá en Cartagena arma á mil quinientos presidarios para salvar á la civilizacion moderna, á la libertad y á la patria. ¡Bendito sea Dios!

« Aquella noche quemó y abrasó el Ama cuantos libros habia en el corral y en toda la casa, y tales debieron de arder, que merecian guardarse en perpétuos archivos; mas no lo permitió su suerte y la pereza del escrutinador, y así cumplió el refran en ellos, de que pagan á las veces justos por pecadores.»

En aquella filípica que la desenvuelta y discreta Altisidora dirige al caballero de la Triste figura, una de las maldiciones que le echa es la siguiente:

« De ese Sancho tu escudero
Las entrañas sean tan tercas
Y tan duras, que no salga
De su encanto Dulcinea.
De la culpa que tú tienes
Lleve la triste la pena;
Que justos por pecadores
Tal vez pagan en mi tierra.»

En el primero de estos dos ejemplos Cervántes califica de refran esta frase, y como tal está contenida tambien en la Coleccion de Zaragoza. La Academia no puede negarle este título sin incurrir en contradiccion, puesto que ella misma nos dice que el refran *Arde verde por seco,* equivale exactamente á, *Pagan justos por pecadores.*

De la misma manera que el anterior, deploran y censuran las frecuentes injusticias de los hombres los adagios siguientes: *Uno come la fruta aceda, y otro tiene la dentera; — Unos tienen la fama, y otros cardan la lana; — Quien no puede dar en el asno, da en la albarda; — De que no pueden al asno, tórnanse á la albarda.*

242. De hombre arraigado no te verás vengado.

El oro es oro, y la fuerza fuerza, por más derechos inviolables que en los más flamantes pactos federales se registren y consignen. Siempre tendrémos, puesto que así lo reconoce y confiesa mi amigo particular el ciudadano Pi y Margall, el más autónomo de los autónomos, que las leyes de la guerra no son las leyes de la paz. Pero como esta pícara vida es una batalla contínua, y como este pícaro mundo es, ha sido y será una guerra contínua, donde todos los elementos se combaten unos á otros, el fuego contra el agua, y el agua contra el fuego; de ahí resulta que somos unos botarates en querer legislar para un estado de paz que no es de *hoc mundo,* y que los cañones Krupp ó la partida de la porra andarán siempre poniéndoles acotaciones y postilas á las grandes sinfonías de esas óperas políticas de enorme espectáculo que se ha dado en llamar Constituciones, sin duda por antífrasis, puesto que no hacen sino desconstituir y dar al traste con lo más sólidamente constituido.

El segundo de los pasajes del Quijote insertos en el núm. 207 es el único en que se cita este refran, y lo cita Sancho, apoyándose en la autoridad de una agüela suya.

La Coleccion del Marqués de Santillana dice: *De ome heredado non te verás vengado,* y la de Malara: *De hombre heredado, nunca te verás vengado.* Así en esta coleccion como en la de Nuñez se lee tambien, *De hombre reglado*, y la de Vallés dice *regalado* en vez de *reglado.* La Academia adopta la leccion de Cervántes.

El siguiente, *Al hijo del rico no le toques al vestido*, demuestra lo poco sufridos que suelen ser los poderosos. Y parece ideado á propósito contra la moderna aristocracia del papel moneda y de las colosales fortunas improvisadas aquel de, *Contra peon hecho dama no pára pieza en tabla.*

244. Si da el cántaro en la piedra ó la piedra en el cántaro, mal para el cántaro.

Si los soldados andan buscándoles cosquillas á los capitanes (que en llegando á generales suelen tenerlas malísimas), mal para el cántaro; si el pueblo soberano anda buscando el pelo al huevo, es decir, al gobierno, mal para el cántaro; si el trabajo á cada triquitraque anda á la greña con el capital, mal para el cántaro. Verdad es que en ciertos momentos históricos todo parece trabucado; pero tambien nos enseña la historia, que *cuando el pelo enrasa y el raso empela, con mal anda la seda,* y que *al cabo de los años mil torna el agua á su cubil.*

La verdad de estos dos últimos refranes, no la destruirán las Sectas, ni la Internacional, ni los fusiles y filósofos prusianos por mucho que madruguen. Por mas que la piedra nos parezca ahora el imperio prusiano, no hay tales carneros. Los emperadores y reyes revolucionarios son el cántaro: la verdadera piedra es el Papa. *Tu es Petrus.*

Este es otro de los cuatro refranes que se ofrecieron á Sancho (n.⁰ˢ 44 y 220), y que luégo él mismo interpreta, pero el sentido de este le parece tan claro que no requiere interpretacion ninguna, pues, como él dice: «lo de la piedra en el cántaro un ciego lo verá.»

Don Quijote alude claramente á él en las siguientes palabras que dirige al escudero: «De todo lo que he dicho has de inferir, Sancho, que es menester hacer diferencia de amo á mozo, de

señor á criado, y de caballero á escudero : así que desde hoy en
adelante nos hemos de tratar con más respeto, sin darnos corde-
lejo, porque de cualquiera manera que yo me enoje con vos, ha
de ser mal para el cántaro : las mercedes y beneficios, que yo os
he prometido, llegarán á su tiempo, y si no llegaren, el salario á
lo ménos no se ha de perder, como ya os he dicho.»

La leccion del Comendador griego, copiada por Iriarte, no
vale tanto como la de Cervántes que es la que adopta la Academia. El Comendador dice : *Si la piedra da en el cántaro, mal
para el cántaro, y si el cántaro da en la piedra, mal para el
cántaro.* La Coleccion de Zaragoza lo varía de este modo : *Si la
redoma da á la piedra, ó la piedra á la redoma, mala para la
redoma.*

Otro refran nos advierte que *Siempre quiebra la soga por lo
más delgado,* y el autor del Diablo Cojuelo lo modifica diciendo:
Siempre quiebra la soga por lo más forastero.

245. El que tiene el padre alcalde, seguro va á juicio.

La Coleccion de Zaragoza dice : *Quien tiene el padre alcalde,
seguro va á juicio.* La Academia suprime el artículo, y antepone
el vocablo *padre* al verbo, diciendo : *Quien padre tiene alcalde.*
Cervántes no concluye el refran, dándolo por muy sabido, como
puede verse en el pasaje transcrito en el número 208, que es el
único en que lo aduce.

Es refran muy castizo, y todos los empleados, cesantes y as-
pirantes lo saben de memoria desde niños. Los padres alcaldes
de los tiempos liberales son los diputados, los partidos, y sobre
todo, la famosa mano oculta que los mueve y dirige. Los truchi-
manes que andan muy enzarzados en expedientes y litigios pro-
curan no echar en saco roto el adagio, tomando una parte muy
activa en el movimiento electoral.

Equality (handwritten)

240. Allá van leyes do quieren reyes.

Otro que tale.

La democrática Teresa Panza, penetrada de que el condado de su hija ha de ser su perdicion, dice á Sancho: «Siempre, hermano, fuí amiga de la igualdad, y no puedo ver entonos sin fundamentos: Teresa me pusieron en el bautismo, nombre mondo y escueto, sin añadiduras, ni cortapisas, ni arrequives de Dones, ni Donas: Cascajo se llamó mi padre, y á mí por ser vuestra mujer me llaman Teresa Panza, que á buena razon me habian de llamar Teresa Cascajo; pero allá van reyes do quieren leyes, y con este nombre me contento, sin que me pongan un Don encima, que pese tanto que no le pueda llevar.»

Doña Rodriguez al oir cómo don Quijote aseguraba á Sancho que las dueñas condesas servian á reinas y emperatrices, habló de esta suerte: «Dueñas tiene mi señora la Duquesa en su servicio, que pudieran ser condesas si la fortuna quisiera; pero *allá van leyes do quieren reyes*, y nadie diga mal de las dueñas y más de las antiguas y doncellas.»

El sobrebarbero, al ver estupefacto cómo el sufragio universal declaraba unánimemente que la albarda era jaez, y nó albarda, y que en consecuencia le decia don Quijote que habia alegado y probado muy mal de su parte, exclamó al punto: «No la tenga yo en el cielo, si todas vuestras mercedes no se engañan, y que así parezca mi ánima ante Dios, como ella me parece á mí albarda y nó jaez: pero allá van leyes..... y no digo más: y en verdad que no estoy borracho, que no me he desayunado, si de pecar nó.»

Las tres cuartas partes de los ciudadanos españoles decimos lo mismo que el sobrebarbero: la albarda nos parece albarda; pero allá van leyes..... y no digo más. Y tampoco estamos borrachos.

Por de contado que este refran figura en todas las colecciones. Para acomodarlo á las necesidades de los tiempos modernos, deberia invertirse de la manera que lo hace Teresa Panza: *Allá van reyes do quieren leyes*, que vale tanto como decir : *Allá van reyes do quieren diputados, ó do quieren generales, ó do quieren tertulias, ó do quieren logias.* Si es cosa de que los reyes deban darse por definitivamente borrados del mapa-mundi, podrá decirse de aquí en adelante: *Allá van leyes do quieren votos.* Voto á tal, voto á cual, el que más vota y más grita y más pega, si á pelo viene, es el que más razon tiene. Mas para contrarestar el bárbaro despotismo del refran, tenemos á la mano los españoles otro adagio con el cual se puede salir de los mayores apuros y compromisos en que las descomunales leyes ponen á un hombre de bien, y es aquel que dice: *Hecha la ley, hecha la trampa.*

247. Aunque la traicion aplace, el traidor se aborrece.

¡Quién no recuerda, al oir este adagio, el hermoso desenlace de La Vida es sueño! El soldado que, traidor á su rey, habia sacado de la torre á Segismundo, al ver la clemencia con que éste trata á los vencidos, y especialmente á Clotaldo, dice:

> Si así á quien no te ha servido
> Honras, ¿á mí que fuí causa
> Del alboroto del reino,
> Y de la torre en que estabas
> Te saqué, qué me darás?

Y Segismundo le contesta:

> La torre; y porque no salgas
> Della nunca, hasta morir
> Has de estar allí con guardas;
> Que el traidor no es menester,
> Siendo la traicion pasada.

El bueno de don Pedro Calderon de la Barca con esta salida de tono deja frio al espectador y al pobre soldado bullanguero le deja como quien ve visiones. Un autor moderno, respetando más la verdad real, hubiera premiado al soldado con un grado de comandante, el pueblo le hubiera aclamado, la patria agradecida hubiera inscrito su nombre en una lápida de alabastro, blanco

15

como la nieve, y la música del regimiento le hubiera dado una magnífica serenata. No creo que el señor Ayala, por mucho que admire al gran dramaturgo clerical, hubiese tratado al de la torre, de la manera que éste le trata, ó le trata Segismundo.

El Cautivo del Quijote despues de referir el ataque de la Goleta y el Fuerte por los turcos, moros y alárabes de toda la Africa, cuenta de este modo la muerte de Pagan de Oria, caballero del hábito de San Juan: «Lo que más hizo lastimosa su muerte, fué haber muerto á manos de unos alárabes de quien se fió, viendo ya perdido el Fuerte, que se ofrecieron de llevarle en hábito de moro á Tabarca, que es un portezuelo ó casa que en aquellas riberas tienen los ginoveses que se ejercitan en la pesquería del coral, los cuales alárabes le cortaron la cabeza y se la trujeron al general de la armada turquesca, el cual cumplió con ellos nuestro refran castellano: que aunque la traicion aplace, el traidor se aborrece: y así se dice que mandó el general ahorcar á los que le trujeron el presente, porque no se lo habian traido vivo.»

El genuino texto del adagio es el de las colecciones de Zaragoza y del Comendador, adoptado por la Academia: *La traicion aplace, mas nó el que la hace.* Iriarte dice, *mas no quien la hace.*

En la citada Coleccion de Zaragoza hay otro adagio idéntico al anterior en el fondo: *Págase el señor de la traicion, mas nó del traidor.* Tambien se dice: *Págase el señor del chisme (ó del chiste), mas nó del que le dice.* En el Diálogo de las lenguas se consigna aquel otro tan vulgar de, *A un traidor, dos alevosos.*

XXXIX.

248. Más vale vergüenza en cara, que mancilla en corazon.

Quoniam tacui, inveteraverunt ossa mea, dice el Salmista. En efecto, parece que este refran se inventó para los que se avergüenzan de confesar sus pecados, y no se avergüenzan de cometerlos. Pero la verdad es que el adagio no va tan léjos, limitándose á consignar que más vale vencer el empacho de hacer ó decir alguna cosa, que no quedarse con el remordimiento de no haberla dicho ó hecho.

En los tiempos en que la impiedad está de moda ¡cuántos y cuántos no se ocultan á los ojos del mundo para dirigir los suyos á Dios, como si se tratase de un enorme crímen! ¡Miserias humanas! Imposible y absurdo parece; pero lo cierto es, que esa mala vergüenza de las buenas acciones delante del espantoso fantasma del qué dirán, no es ménos frecuente que la impúdica gala que hacen muchos de lo malo, sólo por ir siguiendo la corriente del siglo.

La enamorada Altisidora; que estaba rabiando por darle música al ingrato don Quijote, instada por su amiga Emerencia á que cantase en tono bajo y suave, diciéndole que si la Duquesa las sentia le echarian la culpa al calor, responde con estas palabras: «No está en eso el punto, ó Emerencia, sino en que no querria que mi canto descubriese mi corazon, y fuese juzgada de los que no tienen noticia de las fuerzas poderosas de amor, por doncella antojadiza y liviana; pero venga lo que viniere, que más vale vergüenza en cara, que mancilla en corazon.»

El refran, *Más vale rostro bermejo que corazon negro*, con el cual manifestamos que más vale desahogar el corazon manifestando los afectos que lo atormentan, que no devorarlos en silencio, no difiere del siguiente que se lee en la Coleccion de Zaragoza, y que fácilmente pudiera confundirse con el anterior : *Más vale vergüenza en cara, que dolor en corazon.*

La vergüenza, puesta en su punto, es una cosa muy excelente, y por esto se dice que *Do no hay vergüenza no hay cosa buena*, y se hace burla de los que no la tienen, ni áun de lo malo, con tal que lo consideren provechoso ó gustoso, diciéndoles : *Quien no ha mesura toda la villa es suya.*

Lo que más importa es portarse como Dios manda, y por este motivo los adagios que nos aconsejan obrar bien ó huir del mal abundan tanto, que con ellos pudiera componerse fácilmente un pequeño catecismo de moral cristiana. Agrupemos aquí algunos de los más importantes y vulgares.

Haz bien, y no cates á quien; — Haz mal y guárdate. Estos se hallan en el Quijote de Avellaneda, y en casi todas las colecciones. Tambien se dice: *Haz bien, y guárdate*, para significar la frecuente ingratitud é injusticia de los hombres. En la Coleccion de Zaragoza los dos refranes componen uno solo que dice: *Haz bien y no cates á quien, haz mal y guárdate.*

Obrar bien, que Dios es Dios; — Vivir bien, que Dios es Dios; — Haz buena harina, y no toques bocina; — Hacer bien nunca se pierde; — Quien bien siembra, bien coge; — Quien siembra virtud coge fama; — Al buen varon, tierras ajenas su patria le son; — Mancebo me fuí y envejecí, mas nunca al justo desamparado ví; — Aquel sabe, que se salva, que el otro no sabe nada.

No tomes espanto sino del pecado; — No hay manjar que no empalague, ni vicio que no harte;—Quien mal anda, mal acaba. Este lo usa Cervántes en el Persíles. *Quien con mal anda, con mal acaba; — Quien en mal anda, en mal acaba; — Quien malos pasos anda, malos polvos levanta; — De tales bodas, ta-*

les tortas; — De tales bodas, tales costras; — De rabo de puerco, nunca buen virote; — Quien hienda echa en la coladera, hienda saca de ella; — Quien siembra espinas, abrojos coge; — Tras el vicio viene el fornicio; — Do tu padre fué con tinta, no vayas tú con quilma; — Malo es Pascual, mas nunca le falta mal; — Al que mal vive, el miedo le sigue; — Miedo há Payo, que reza.

249. El diablo es sutil.

No me consta que nadie haya calificado de refran esta frase tan vulgar y otras semejantes, é ignoro el porqué, puesto que encierra un principio de los de más trascendencia. En este principio estriba toda esa endiablada ciencia espiritista, que indudablemente es la más moderna, no obstante de su remota antigüedad, y la que de un salto se ha colocado sobre la teología y la filosofía, abarcando todo lo sabido y por saber. Pasan de quinientas tal vez las academias diablescas que á estas horas se han fundado en España, cuando Krause con el difunto Sanz del Rio (q. e. p. d.) y el señor Salmeron con todos los discípulos aprovechados de la Universidad central no han conseguido fundar ni media docena. En medio de esta sociedad olvidada de Dios y de sí misma, y encharcada en la materia, aparte de las alcabalas de los motines, los espíritus tienen sus bibliotecas, sus revistas, sus médicos, sus abogados, sus damas, sus industriales de toda laya, para todos los gustos y necesidades de la vida. Es cosa que en verdad asombra. Pero meditándolo bien, y recordando que *El diablo es sutil*, y que *El malo todo lo malo ordena*, y que *El diablo todo lo añasca*, y que *El diablo no duerme*, se explican perfectamente infinidad de cosas, que de otra manera no podríamos explicarnos. *Vade retro:* no sea que luégo viniese Covarrubias á decirme que « el término diablo traen en boca algunos desalmados, por tenerle en el corazon, y que es el bordoncillo de cuanto hablan. »

Véanse algunos pasajes del Quijote en que Cervántes le da vueltas á la verdad del adagio, ó lo que sea, con la oportunidad que acostumbra. — «Tambien la hallé yo (la maleta), respondió el cabrero, mas nunca la quise alzar ni llegar á ella, temeroso de algun desman y de que no me la pidiesen de hurto: que *es el diablo sotil*, y debajo de los piés se levanta al hombre cosa donde tropiece y caya, sin saber cómo ni cómo nó.» — «¡Quién sabe si el diablo, que *es sutil y mañoso*, querrá engañarme ahora con una dueña, lo que no ha podido con emperatrices, reinas, duquesas, marquesas ni condesas!» — «*El malo que todo lo malo ordena*, y los muchachos que son más malos que el malo, dos dellos traviesos y atrevidos se entraron por toda la gente, y alzando el uno de la cola del rucio, y el otro la de Rocinante, les pusieron y encajaron sendos manojos de aliagas.» — «Ordenaron pues la suerte y *el diablo*, que *no todas las veces duerme*, que andaban por aquel valle paciendo una manada de hacas galicianas de unos arrieros Yangüeses.» — «Los criados de don Luis aguardaban el fin de la plática del Oidor, y la resolucion de su amo, cuando *el demonio*, que *no duerme*, ordenó que en aquel mesmo punto entró en la venta el barbero á quien don Quijote quitó el yelmo de Mambrino.» — «Así que, yendo y viniendo dias, *el diablo* que *no duerme y todo lo añasca*, hizo de manera que el amor que el pastor tenia á su pastora se volviese en omecillo y mala voluntad.»

Son muchísimos los refranes en que el diablo toma una parte muy activa, bien que los más de ellos ninguna relacion tienen con la materia de esta seccion. Aun cuando no vengan del todo á pelo, por su antigüedad acreditada merecen un recuerdo los siguientes: *El demonio á los suyos quiere;* — *El diablo no es puerco, y gruñe.*

250. Un abismo llama á otro.

Verdad terrible, y verdad revelada á grandes y pequeños por el Autor mismo de toda verdad.

Roque Guinart es quien nos la recuerda al describir á don Quijote los percances de la vida cantonal, y las causas que le habian movido á declararse independiente. «Nueva manera de vida le debe de parecer al señor don Quijote la nuestra, nuevas aventuras, nuevos sucesos, y todos peligrosos: y no me maravillo que así le parezca, porque realmente lo confieso, que no hay modo de vivir más inquieto, ni más sobresaltado que el nuestro. A mí me han puesto en él no sé qué deseos de venganza, que tienen fuerza de turbar los más sosegados corazones. Yo de mi natural soy compasivo y bien intencionado; pero, como tengo dicho, el querer vengarme de un agravio que se me hizo, así da con todas mis buenas inclinaciones en tierra, que persevero en este estado á despecho y á pesar de lo que entiendo: y como un abismo llama á otro, y un pecado á otro pecado, hánse eslabonado las venganzas de manera, que no sólo las mias, pero las ajenas tomo á mi cargo; pero Dios es servido de que aunque me veo en la mitad del laberinto de mis confusiones, no pierdo la esperanza de salir dél á puerto seguro.»

251. Quien yerra y se enmienda, á Dios se encomienda.

En la verdad que este refran tan sencillamente nos enseña, está fundado el sacramento de la Penitencia. Y con perdon de los señores protestantes y librepensadores, me atrevo á asegurar tambien, porque así me lo enseña la Iglesia, ya que nó el refran, que quien á Dios no se encomienda, yerra y no se enmienda. Véase sino lo desalmados y sobre todo lo tercos que vamos siendo los españoles, desde que hemos dado en la flor de encomendarnos á la *ciencia*, sin encomendarnos á Dios.

No debia de pertenecer á esa nueva raza de españoles el buen Sancho, puesto que con las lágrimas á los ojos, y con voz dolorida decia á su señor: «Señor mio, yo confieso que para ser del todo asno, no me falta más que la cola: si vuesa merced quiere ponérmela, yo la daré por bien puesta y le serviré como jumento todos los dias de mi vida. Vuesa merced me perdone y se duela de mi mocedad, y advierta que sé poco, y que si hablo mucho, más procede de enfermedad que de malicia; mas quien yerra y se enmienda, á Dios se encomienda.»

Avellaneda usa tambien una vez este hermoso adagio.

Malo es errar, *y peor perseverar*, dice otro no ménos filosófico y cristiano. *El que hace un yerro y pudiendo no hace más, por bueno le tendrás;* — *El mal huso, quebrarle la pierna;* — *El mal huso, quebrarle la hueca;* — *Quien á sí vence, á nadie teme;* — *Quien sus vicios no doma, daño con sus manos toma;* — *Quien sufrió, venció;* — *Quien sufrió y calló, venció lo que quiso.*

252. A pecado nuevo, penitencia nueva.

« No tornes á esas pláticas, Sancho, por tu vida, dijo don Quijote, que me dan pesadumbre: ya te perdoné entónces , y bien sabes tú , que suele decirse, á pecado nuevo, penitencia nueva.»

Este refran no hay duda de que está fundado en los más sanos principios de la ciencia de penar.

No lo trae el Diccionario de la Academia, ni recuerdo haberlo visto citado en ninguno de los preámbulos del señor Martos; pero se halla consignado en la Coleccion de Zaragoza. Cervántes no lo usa mas que en el pasaje transcrito.

XL.

253. Al freir de los huevos lo verá.

Al ver Sancho á don Quijote hecho una furia por lo de la cabeza del gigante y lo de la trasmutacion de la princesa Micomicona, le dice así: «Vuestra merced se sosiegue, señor mio, que bien podria ser que yo me hubiese engañado en lo que toca á la mutacion de la señora princesa Micomicona, pero en lo que toca á la cabeza del gigante, ó á lo ménos á la horadacion de los cueros, y á lo de ser víno tinto la sangre, no me engaño, vive Dios, porque los cueros allí están heridos á la cabecera del lecho de vuesa merced, y el víno tinto tiene hecho un lago el aposento: y si no, al freir de los huevos lo verá, quiero decir que lo verá cuando aquí su merced del señor ventero le pida el menoscabo de todo.»

Con este refran se amenaza, anunciando las malas consecuencias de una accion que por de pronto parece no tenerlas.

Generalmente se dice: *Al freir será el reir*. En las colecciones del Marqués de Santillana y de Zaragoza leemos: *Al lavar de los cestos harémos la cuenta*.

Cuando los argonautas revolucionarios nos trajeron el vellocino de oro, y lo que es más, la honra, los incrédulos al tener que tragarse aquel ardiente y patriótico grito de entusiasmo que resonó en todos los ángulos de la Península, se contentaban con hablarnos del lavar de los cestos y del freir de los huevos. Será lo que tase un sastre. Pero ¡qué sastre!

254.   A cada puerco le llega su San Martin.

Cayó Montpensier ántes de haber subido, cayó Prim, y bien tristemente, cayó Serrano, cayó Topete, cayó Rivero, cayó Ruiz Zorrilla, cayó Sagasta, cayó Amadeo, volvió á caer Ruiz Zorrilla haciéndose cruces, cayó Martos, cayó Figueras, cayó Pí, cayó Castelar.....

Las hojas que en las altas selvas vimos
Cayeron, y nosotros á porfía
En nuestro engaño inmóviles vivimos.

Don Quijote, al ver en una imprenta de Barcelona como estaban corrigiendo un libro titulado *La segunda parte del Ingenioso Hidalgo don Quijote de la Mancha*, compuesta por un tal, vecino de Tordesillas, «Ya yo tengo noticia deste libro, dijo, y en verdad y en mi conciencia, que pensé que ya estaba quemado y hecho polvo por impertinente; pero su San Martin se le llegará, como á cada puerco: que las historias fingidas tanto tienen de buenas y de deleitables, cuanto se llegan á la verdad, ó á la semejanza della, y las verdaderas tanto son mejores, cuanto son más verdaderas: y diciendo esto, con muestras de algun despecho se salió de la emprenta.»

La Coleccion del Marqués de Santillana dice: *Para cada puerco hay su Sant Martin;* la de Zaragoza y la de Nuñez: *A cada puerco su San Martin;* los Refranes glosados: *A cada puerco viene su San Martin*, é Iriarte: *A cada puerco le viene su San Martin.*

No hay plazo que no llegue, dice tambien la Coleccion de Zaragoza, y la Academia añade: *ni deuda que no se pague.*

255.   Tan presto se va el cordero como el carnero.

¿Qué se hizo el rey don Juan?
Los infantes de Aragon
¿qué se hicieron?
¿Qué fué de tanto galan?
¿Qué fué de tanta invencion
como trujeron?

Nada vale que los médicos adelantados desde las alturas del ministerio y de la ciencia moderna hayan declarado guerra á muerte á los reyes, á la tisis y á Dios. La ciencia moderna podrá dejar impunes los crímenes, por respeto á los principios, podrá declarar cesante al verdugo entregando cuando más á los reaccionarios al brazo de la justicia popular, podrá descifrarnos á su manera el pavoroso enigma de la generacion espontánea..... pero *Morte morieris*, y no hay tu tia.

«Es el caso, dice Sancho, que como vuesa merced mejor sabe, todos estamos sujetos á la muerte, y que hoy somos y mañana nó, y que tan presto se va el cordero como el carnero, y que nadie puede prometerse en este mundo más horas de vida de las que Dios quisiere darle, porque la muerte es sorda, siempre va de priesa, y no la harán detener ni ruegos, ni fuerzas, ni cetros, ni mitras, segun es pública voz y fama, y segun nos lo dicen por esos púlpitos.»

Y en otro lugar añade: «A buena fe, señor, que no hay que fiar en la descarnada, digo en la muerte, la cual tan bien come cordero como carnero, y á nuestro Cura he oido decir que con igual pié pisaba las altas torres de los reyes, como las humildes chozas de los pobres. Tiene esta señora más de poder que de melindre, no es nada asquerosa, de todo come y á todo hace, y de toda suerte de gentes, edades y preeminencias hinche sus alforjas. No es segador que duerme las siestas, que á todas horas siega y corta, así la seca como la verde yerba, y no parece que masca, sino que engulle y traga cuanto se le pone delante, porque tiene hambre canina, que nunca se harta, y aunque no tiene barriga, da á entender que está hidrópica y sedienta de beber todas las vidas de cuantos viven, como quien se bebe un jarro de agua fria.»

La Academia é Iriarte, siguiendo el texto de la Coleccion de Zaragoza, dicen: *Tan presto va el cordero como el carnero.*

En la Coleccion de Iriarte se lee tambien el siguiente: *La muerte no perdona al rey ni al papa, ni á quien no tiene capa.* Esta verdadera igualdad ante la ley, la explica Sancho, como no lo hicieran ni el mejor filósofo, ni el mejor orador de la democracia: «No ocupa más piés de tierra el cuerpo del Papa que el del sacristan, aunque sea más alto el uno que el otro, que al entrar en el hoyo todos nos ajustamos y encogemos, ó nos hacen ajustar y encoger, mal que nos pese, y á buenas noches.»

Para el amor y la muerte no hay cosa fuerte, dice otro adagio, y otro nos sale con la embajada de que *Antes de mil años todos serémos calvos. Calvos* dicen el Marqués de Santillana y la Coleccion de Zaragoza. *Canos*, como se lee en Iriarte, me parece un desatino, y *salvos*, como dice la Academia, copiando á Hernan Nuñez, pudiera dar pié á una interpretacion herética, bien que la Academia haya sorteado perfectamente la dificultad dando al refran una interpretacion á mi modo de ver algo arbitraria, tomándose buen cuidado de advertirnos que serémos *salvos de las miserias de esta vida. No ha de quedar para simiente de rábanos*, dice tambien el adagio á los que suelen olvidarse de que algun dia han de morir. Este refran tendria que abolirse á no ser pura broma lo de la ciencia moderna, porque segun los últimos datos de esta ciencia, el señor Suñer, el doctor Mata, un servidor de ustedes, ó quienquiera, pudiéramos haber sido, lo mismo que osos ó jumentos, rábanos ó zanahorias. A los que cuando ven morir á alguno andan buscando el porqué, nó en las incesantes advertencias de la Sagrada Escritura, sino en las de la Química, Física é Higiene pública y privada, echándoles el muerto, como es uso y costumbre, al médico, ó al boticario, ó al aire colado, les pregunta el refran con mucha sorna: ¿*De qué murió mi padre?* Y contesta: *De achaque.*

Concluyamos este artículo de requiem, con las consoladoras y cristianas palabras de don Quijote, nada loco por cierto cuando le daba el naipe por hablar de esta guisa: «Y esto que ahora le quiero decir, llévelo en la memoria, que le será de mucho provecho y alivio en sus trabajos, y es, que aparte la imaginacion de los sucesos adversos que le podrán venir, que el peor de todos es la muerte; y como esta sea buena, el mejor de todos es el morir.»

Nolite fieri sicut equus et mulus, quibus non est intellectus. — In camo et freno maxillas eorum constringe, qui non aproximant ad te. — Multa flagella peccatoris; sperantem autem in Domino misericordia circumdabit.

256. Aquí fué Troya.

Al salir de Barcelona volvió don Quijote á mirar el sitio donde habia caido, y dijo: «Aquí fué Troya, aquí mi desdicha, y nó mi cobardía, se llevó mis alcanzadas glorias: aquí usó la fortuna conmigo de sus vueltas y revueltas: aquí se escurecieron mis hazañas: aquí finalmente cayó mi ventura, para jamás levantarse.»

Al referir la famosa aventura del barco encantado, dice el famoso historiador del no ménos famoso Hidalgo: «Si no fuera por los molineros, que se arrojaron al agua, y los sacaron como en peso á entrambos, allí habia sido Troya para los dos.»

¡Dios quiera que no se nos venga encima la consabida maldicion de la historia, y que no se diga jamás: *Aquí fué España!*

XLI.

257. Dios sabe la verdad de todo.

Sí, Dios sabe lo que será de esta desventurada nacion española y de esta raza latina que ya va pareciendo raza de locos ó
de perdidos, segun le traen trastornado el juicio los adelantos
de la ciencia boba y carcomido el corazon las corrupciones de la
civilizacion moderna. Él se apiade de nosotros, y oiga las súpli-
cas de los buenos.

«Mal estais con las dueñas, Sancho amigo, dijo la Duquesa,
mucho os vais tras la opinion del boticario Toledano, pues á fe
que no teneis razon, que dueñas hay en mi casa, que pueden
ser ejemplo de dueñas, que aquí está mi señora doña Rodriguez,
que no me dejará decir otra cosa. Mas que la diga Vuestra Ex-
celencia, dijo Rodriguez: que Dios sabe la verdad de todo, y
buenas ó malas, barbadas ó lampiñas que seamos las dueñas,
tambien nos parieron nuestras madres, como á las otras mujeres,
y pues Dios nos echó en el mundo, él sabe para qué, y á su misericordia me atengo y nó á las barbas de nadie.»

Cuando Sancho oye decir á don Quijote que no es mucho que
el perverso encantador que transformó á Dulcinea en labradora
hubiese transformado al Caballero del Bosque en Sanson Carrasco, para quitarle de las manos la gloria del vencimiento, pero
que en cualquier figura que hubiese sido le consolaba el haber
quedado vencedor de su enemigo, «Dios sabe la verdad de todo,
respondió Sancho: y como él sabía que la transformacion de Dulcinea habia sido traza y embeleco suyo, no le satisfacian las qui-

meras de su amo; pero no le quiso replicar por no decir alguna palabra que descubriese su embuste.»

Véase además el pasaje inserto en el número 114.

258. Dios dijo lo que será.

Dios solo tiene en sus manos los arcanos de lo porvenir, puesto que para él no hay pasado ni futuro.

Quejándose Sancho de que en vez de darle agua á las manos le hubiesen dado lejía á las barbas, dijo la Duquesa: «No tengais pena, amigo, que yo haré que mis doncellas os laven y áun os metan en colada si fuere menester. Con las barbas me contento, respondió Sancho, por ahora á lo ménos, que andando el tiempo, Dios dijo lo que será.»

Cuando don Quijote dijo á Sancho que era lástima no pequeña, que aquella pobre señora estuviese encantada por su descuido y negligencia, respondióle Sancho: «Hay mucho que decir en eso: durmamos por ahora entrambos, y despues Dios dijo lo que será. Sepa vuesa merced, que esto de azotarse un hombre á sangre fria, es cosa recia, y más si caen los azotes sobre un cuerpo mal sustentado y peor comido.»

Dios sabe lo que será, dice tambien Teresa en su carta á la Duquesa, como puede verse en el fragmento inserto en el número 150.

La Academia no considera que esto sea ningun adagio, sino una locucion en que se explica la duda del cumplimiento ó certeza de lo que se promete ó asevera. Me parece que mas bien expresa la duda acerca de lo porvenir, al propio tiempo que la confianza en la proteccion del cielo. Así por lo ménos parecen demostrarlo los tres ejemplos citados.

259. Dios delante.

«Letras, dice Sancho, pocas tengo, porque áun no sé el abecé, pero bástame tener el *Christus* en la memoria para ser buen gobernador. De las armas, manejaré las que me dieren hasta caer, y Dios delante.»

Equivale esta frase ó adagio á las locuciones *Dios mediante, con la ayuda de Dios*, etc. Como la del número anterior, denota la esperanza y confianza en la bondad divina, reconociendo y confesando que de la voluntad de Dios pénden todas las cosas.

260. Dios sea conmigo.

Con esta locucion imploramos el favor divino en algun riesgo ó grave dificultad, dando á entender que como él no nos falte, nada puede faltarnos.

«No te entiendo, Sancho, dijo don Quijote, pues no sé qué quiere decir, *soy tan fócil. Tan fócil* quiere decir, respondió Sancho, *soy tan asi.* Ménos te entiendo agora, replicó don Quijote. Pues si no me puede entender, respondió Sancho, no sé cómo lo diga, y Dios sea conmigo.»

261. Dios está en el cielo, que ve las trampas.

«Ahora bien, dice Sancho, Dios está en el cielo, que ve las trampas, y será juez de quién hace más mal, yo en no hablar bien, ó vuestra merced en obrallo.»

Por regla general se dice simplemente y de un modo más enfático: *Dios ve las trampas*, que vale tanto como decir: *Quidquid latet apparebit*. Esta verdad del *Dies iræ* transformada en refran, suele recordarse á los que proceden con engaño ocultando su depravada intencion.

A los pícaros redomados, amigo Castelar, crea usted que no les importa un comino la maldicion de la historia, porque saben al dedillo que la historia es tan bellaca y tramposa como el más ruin y bellaco de los ruines y bellacos que andan sueltos por esas calles y congresos. Dirá usted que ese refrancejo ultramontano de que Dios ve las trampas, de nada sirve para esos pobretones ignorantes que no creen en Dios. Pues á esos, amigo mio, le aseguro á usted que no hay por donde cogerles, y que lo mismo se reirán de usted y de las maldiciones de la historia, que de la madre que les parió. Ya sé que usted opina que las maldiciones de la historia deben llevar á retaguardia una batería, ó dos baterías, ó tres baterías de cañones Krupp; pero entónces, no hay escape, hétenos á usted metido de patitas en la absurda práctica de los reaccionarios tiempos de Maricastaña, dando á la historia mucho, muchísimo que reir, y á nosotros todos, muchísimo, muchísimo que llorar.

262. Dios está en el cielo, que juzga los corazones.

Suelen usar este adagio los que procediendo con recta intencion, apelan al infalible testimonio de Dios, sin hacer gran caso del falible é interesado juicio de los hombres, ni mucho ménos de las vanas y falaces maldiciones de la historia.

La Duquesa convence á Sancho de que aquella imaginacion que éste tuvo de burlar á su señor y darle á entender que la labradora era Dulcinea, toda fué invencion de alguno de los encantadores que al señor don Quijote perseguian, puesto que ella sabía de buena parte que la villana que dió el brinco sobre el pollino era Dulcinea del Toboso, y que el buen Sancho, pensando ser el engañador, habia sido el engañado. A lo cual Sancho, colocándose por intuicion y de un salto á la altura de uno de esos filósofos alemanes que despues de quemarse mucho las pestañas acaban por no distinguir el cuerpo de la fantasma, ni la fantasma del cuerpo, barajando lo real y lo ideal y trocando los frenos, que es lo sublime de la ciencia; por dejar puesta á salvo su buena intencion y recta conciencia, contesta muy oportunamente: «Todo debió ser al revés, como vuesa merced, señora mia, dice, porque de mi ruin ingenio no se puede ni debe presumir que fabricase en un instante tan agudo embuste, ni creo yo que mi amo es tan loco, que con tan flaca y magra persuasion como la mia, creyese una cosa tan fuera de todo término; pero, señora, no por esto será bien que vuestra bondad me tenga por malévolo, pues no está obligado un porro como yo á taladrar los

16

pensamientos y malicias de los pésimos encantadores: yo fing aquello por escaparme de las riñas de mi señor don Quijote, y nó con intencion de ofenderle, y si ha salido al revés, Dios está en el cielo, que juzga los corazones.»

263. Dios sufre á los malos, mas nó para siempre.

Patiens, quia æternus. Esta es la gran verdad de las verdades: verdad que no deben echar en olvido los que nos preguntan dónde está nuestro Dios, y que tampoco debemos apartar nunca de la memoria los que con el ánimo conturbado, levantamos nuestras manos al cielo clamando noche y dia: *Sed tu, Domine, usquequo?* Porque al paso que este refran consigna la infinita paciencia del Señor, nos recuerda tambien su infinita y tremenda justicia: *Nihil inultum remanebit.*

El verdadero refran es: *Dios consiente, y nó para siempre,* y tambien con más llaneza suele decirse: *Dios ni come ni bebe, mas juzga lo que ve,* ó bien: *Dios paga á quien en malos tratos anda.*

«Ahora bien, señora Rodriguez, dijo don Quijote, y señora Trifaldi y compañía, yo espero en el cielo, que mirará con buenos ojos vuestras cuitas, que Sancho hará lo que yo le mandare, ya viniese Clavileño y ya me viese con Malambruno, que yo sé que no habria navaja que con más facilidad rapase á vuesas mercedes, como mi espada raparia de los hombros la cabeza de Malambruno: que Dios sufre á los malos, pero nó para siempre.»

Y no vale contra los inapelables decretos del Altísimo el coligado poder de los príncipes de la tierra y del infierno; porque *A ira de Dios no hay casa fuerte,* y él solo es el *Señor de los ejércitos.* Por eso ante el claro conocimiento de nuestras iniquidades que se elevan sobre nuestra cabeza y de nuestros pecados que no cesan de clamar contra nosotros, sabiendo cómo sabemos que ante la presencia divina no podria ser justificado ninguno de los vivientes, pedimos á Dios que no aparte de nosotros su Espíritu, que no aparte de nosotros su rostro, que no éntre en juicio con nosotros, que oiga nuestros clamores, que saque á nuestra alma de la tribulacion, que no nos abandone, que no nos reprenda en su furor, y que no nos castigue en su ira, clamando á una voz toda la Iglesia: *Ne reminiscaris, Domine, delicta nostra, vel parentum nostrorum, neque vindictam sumas de peccatis nostris.*

Y como el refran, atento á la divina enseñanza, no ignora que la preciosa Sangre de Jesucristo tiene fuerza y valor para lavar nuestras miserias, y dejarnos más blancos que la nieve, recordando que los castigos de Dios vienen siempre templados por su infinita misericordia, nos consuela advirtiéndonos que *No hiere Dios con dos manos.*

Alabado sea su Nombre santo por los siglos de los siglos. Amen.

EPÍLOGO.

Aquí concluye este libro de los refranes escrito en circunstancias muy azarosas para el autor, pecador indigno, y más azarosas todavía para nuestra amada patria, y para nuestra amantísima madre la Santa Iglesia católica apostólica romana. Esperando como esperamos de la infinita bondad é inagotable misericordia del Señor que ha de compadecerse de nuestras humanas miserias, y que templando y purificando nuestras almas en el crisol de la tribulacion para mejor servirle y adorarle, librará á la Iglesia de las asechanzas del enemigo, y sacará á nuestra querida patria de las sombras de muerte en que está sentada, ruego al lector benévolo y piadoso, que nos despidamos glorificándole con el siguiente cántico de esperanza:

Dies mei sicut umbra declinaverunt: et ego sicut fœnum arui.

Tu autem, Domine, in æternum permanes: et memoriale tuum in generationem et generationem.

Tu exurgens misereberis Sion, quia tempus miserendi ejus, quia venit tempus.

Quoniam placuerunt servis tuis lapides ejus, et terræ ejus miserebuntur.

Et timebunt gentes nomen tuum, Domine, et omnes reges terræ gloriam tuam;

Quia ædificavit Dominus Sion, et videbitur in gloria sua.

Respexit in orationem humilium, et non sprevit precem eorum.

Scribantur hæc in generatione altera; et populus qui creabitur, laudabit Dominum:

Quia prospexit de excelso sancto suo: Dominus de cœlo in terram aspexit;

Ut audiret gemitus compeditorum, ut solveret filios interemptorum;

Ut annuntient in Sion nomen Domini, et laudem ejus in Jerusalem,

In conveniendo populos in unum, et reges, ut serviant Domino.

FIN.

REFRANES DEL QUIJOTE

POR EL ORDEN EN QUE ESTÁN COLOCADOS EN EL LIBRO.

PARTE PRIMERA.

Cap. IV.

Cada uno es hijo de sus obras.
Por el hilo se saca el ovillo.

Cap. VI.

Tras la cruz está el diablo.

Cap. VII.

Pagan á las veces justos por pecadores.
Quitando la causa cesa el efecto.
Muchos van por lana y vuelven trasquilados.

Cap. VIII.

¿Quién ha de llevar el gato al agua?

Cap. XIII.

Una golondrina sola no hace verano.

Cap. XV.

El diablo no duerme.
No hay cosa segura en esta vida.
Donde una puerta se cierra, otra se abre.

Cap. XVI.

Tal vez hay que se busca una cosa y se halla
otra.

Cap. XVIII.

Pápenle duelos.
No es posible que el bien ni el mal sean durables.
Dios hace salir su sol sobre los buenos y
malos.

Cap. XIX.

Váyase el muerto á la sepultura y el vivo á
la hogaza.

Cap. XX.

Quien busca el peligro perece en él.
La codicia rompe el saco.
Dar coces contra el aguijon.
El diablo no duerme y todo lo añasca.
Ese te quiere bien que te hará llorar.
Si da el cántaro en la piedra ó la piedra en
el cántaro, mal para el cántaro.

Cap. XXI.

La experiencia es madre de la ciencia.
Donde una puerta se cierra, otra se abre.
Más vale algo que no nada.
No pidas de grado lo que puedas tomar por
fuerza.
Más vale salto de mata, que ruego de hom-
bres buenos.
Ruin sea quien por ruin se tiene.

Cap. XXII.

Quien canta sus males espanta.
Tantas letras tiene un sí como un nó.
Dios es grande.
De la mano á la boca se pierde la sopa.
Cada uno se dé una vuelta á la redonda.

Cap. XXIII.

Por el hilo se saca el ovillo.
El diablo es sotil.
No quiero perro con cencerro.

Cap. XXV.

El que compra y miente, en su bolsa lo siente.
Desnudo nací, desnudo me hallo, ni pierdo ni gano.
De Dios dijeron.
No hay para que se deje pasar la ocasion.
Quien está ausente todos los males tiene y teme.
No se ha de mentar la soga en casa del ahorcado.
Echarlo todo á doce, y que nunca se venda.

Cap. XXVI.

A cada uno mate su ventura, ó Dios que le hizo.

Cap. XXVIII.

† Un mal llama á otro.

Cap. XXIX.

En la tardanza suele estar el peligro.

Cap. XXX.

† Tantas veces va el cantarillo á la fuente.....
Dios está en el cielo que ve las trampas.
A pecado nuevo, penitencia nueva.
Por el hilo se saca el ovillo.

Cap. XXXI.

Un diablo parece á otro.
Buenas son mangas despues de Pascua.
† Más vale pájaro en mano que buitre volando.
Quien bien tiene y mal escoge, por bien que se enoja, no se venga.

Cap. XXXII.

† Cada uno sabe adonde le aprieta el zapato.

Cap. XXXIV.

† El que luégo da, da dos veces.
Lo que cuesta poco, se estima en ménos.

Cap. XXXVII.

Al freir de los huevos lo verá.

Cap. XXXVIII.

Lo que más cuesta, se estima en más.

Cap. XXXIX.

Iglesia, ó mar, ó casa real.
Más vale migaja de rey, que merced de señor.
Aunque la traicion aplace, el traidor se aborrece.

Cap. XLIII.

No es de estima lo que poco cuesta.
Amanecerá Dios, y medrarémos.

Cap. XLIV.

El demonio no duerme.

Cap. XLV.

Allá van leyes.....
A quien Dios se la dió, San Pedro se la bendiga.

Cap. XLVI.

La diligencia es madre de la buena ventura.
En la tardanza está el peligro.
Hay más mal en el aldegüela que se suena.
Cada puta hile, y comamos.

Cap. XLVII.

Cada uno es hijo de sus obras.
Algo va de Pedro á Pedro.
Dios sabe la verdad.

Cap. XLVIII.

El sastre del cantillo....

Cap. LII.

No es la miel para la boca del asno.
Ofrecido sea al diablo el maravedí.

_____

PARTE SEGUNDA.

Cap. I.

Dios me entiende.

Cap. II.

Cuando la cabeza duele, todos los miembros duelen.

Aun falta la cola por desollar.

Cap. III.

Pedir cotufas en el golfo.

Aun hay sol en las bardas.

No se mueve la hoja en el árbol sin la voluntad de Dios.

Mezclar berzas con capachos.

De paja y de heno.....

Donde está la verdad, está Dios.

Cap. IV.

Cada uno meta la mano en su pecho.

Cada uno es como Dios le hizo.

Harbar, harbar, como sastre en vísperas de Pascuas.

Ténganos el pié al herrar, y verá del que cosqueamos.

No ha de ser todo Santiago y cierra España.

Cuando te dieren la vaquilla, corre con la soguilla.

Cuando viene el bien, métlo en tu casa.

Tanto es lo de más, como lo de ménos.

Cap. V.

Viva la gallina, aunque sea con su pepita.

Mejor parece la hija bien casada, que mal abarraganada.

Al hijo de tu vecino límpiale las narices, y métele en casa.

Allá van leyes do quieren reyes.

La mujer honrada la pierna quebrada y en casa.

La doncella honesta el hacer algo es su fiesta.

Quien te cubre te descubre.

Cap. VI.

Predicar en desierto.

Majar en hierro frio.

Cap. VII.

Dios sea conmigo.

Hablen cartas y callen barbas.

Quien destaja, no baraja.

Más vale un toma, que dos te daré.

El consejo de la mujer es poco, y el que no le toma es loco.

Tan presto se va el cordero como el carnero.

Con lo mio Dios me ayude.

Sobre un huevo pone la gallina.

Muchos pocos hacen un mucho.

Miéntras se gana algo, no se pierde nada.

Si al palomar no le falta cebo, no le faltarán palomas.

Más vale buena esperanza que ruin posesion.

Más vale buena queja que mala paga.

El pan comido y la compañía deshecha.

Cap. VIII.

Desnudo nací, desnudo me hallo, ni pierdo ni gano.

Cap. IX.

En cada tierra su uso.

No arrojemos la soga tras el caldero.

Cap. X.

La verdad adelgaza, pero no quiebra.

La verdad siempre anda sobre la mentira, como el aceite sobre el agua.

Buen corazon quebranta mala ventura.

Donde no hay tocinos, no hay estacas.

Donde ménos se piensa salta la liebre.

Allá darás rayo.

Todas las cosas tienen remedio sino es la muerte.

No, sino ándeme yo buscando tres piés al gato.

Díme con quién andas, decirte he quién eres.

No con quien naces, sino con quien paces.

Jo que te estrego, burra de mi suegro.

Cap. XI.

Quien la vido y la ve ahora ¿cuál es el corazon que no llora?

Cap. XII.

Más vale pájaro en mano que buitre volando.
No hay amigo para amigo.
Las cañas se vuelven lanzas.
De amigo á amigo la chinche etc... .
Por el hilo sacarémos el ovillo.
De la abundancia del corazon habla la lengua.

Cap. XIII.

Los duelos con pan son ménos.
La codicia rompe el saco.
Cuidados ajenos matan al asno.
No hay camino tan llano, que no tenga algun barranco.
En otras casas cuecen habas, y en la mia á calderadas.
A falta de pan buenas son tortas.

Cap. XIV.

Al buen pagador no le duelen prendas.
Cada uno mire por el virote.
Tal suele venir por lana, que vuelve trasquilado.
Dios bendijo la paz, y maldijo las riñas.
Amanecerá Dios, y medrarémos.
De los enemigos los ménos.

Cap. XV.

No haber hallado nidos donde pensó hallar pájaros.

Cap. XVI.

Dios sabe la verdad de todo.

Cap. XVII.

Hombre apercebido, medio combatido.
Por la uña se saca el leon.
Tanto se pierde por carta de más como de ménos.

Cap. XVIII.

No hay regla sin excepcion

Cap. XIX.

Cada oveja con su pareja.
Dios que da la llaga, da la medicina.
Entre el sí y el nó de la mujer no me atreveria á poner una punta de alfiler.
Más vale maña que fuerza.

Cap. XX.

Pedir cotufas en el golfo.
El rey es mi gallo.
Viva quien vence.
Tanto vales cuanto tienes.
Un asno cubierto de oro parece mejor que un caballo enalbardado.
Tan presto se va el cordero como el carnero.
Bien predica quien bien vive.
El temor de Dios es el principio de la sabiduría.

Cap. XXII.

El buey suelto bien se lame.
En manos está el pandero que lo sabrán bien tañer.

Cap. XXIII.

Paciencia y barajar.
Toda comparacion es odiosa.
Dime con quién andas, decirte he quién eres.

Cap. XXIV.

Paciencia y barajar.

Cap. XXV.

En buena mano está el pandero.
Si bien canta el abad, no le va en zaga el monacillo.
El diablo no duerme.

Cap. XXVI.

Amanecerá Dios y verémonos.

Cap. XXVIII.

No se ha de nombrar la soga en casa del ahorcado.
El mal ajeno de pelo cuelga.
No es la miel para la boca del asno.
Quien yerra y se enmienda, á Dios se encomienda.

Cap. XXIX.

Haz lo que tu amo te manda y siéntate con él á la mesa.
Aquí fué Troya.
Predicar en desierto.

Cap. XXX.

Al buen pagador no le duelen prendas.
En casa llena presto se guisa la cena.
Donde ménos se piensa, se levanta la liebre.

Cap. XXXI.

La ocasion la pintan calva.
En salvo está el que repica.

Cap. XXXII.

Júntate á los buenos, y serás uno dellos.
No con quien naces, sino con quien paces.
Quien á buen árbol se arrima, buena sombra le cobija.
El que larga vida vive, mucho mal ha de pasar.
Dios dijo lo que será.
Cada uno es hijo de sus obras.

Cap. XXXIII.

De ménos me hizo Dios.
Por su mal le nacieron alas á la hormiga.
Tan buen pan hacen aquí como en Francia.
De noche todos los gatos son pardos.
No hay estómago que sea un palmo mayor que otro.
De paja y de heno.....
Las avecitas del campo tienen á Dios por su proveedor y despensero.
Más calientan cuatro varas de paño de Cuenca que otras cuatro de limiste de Segovia.
Detrás de la cruz está el diablo.
No es oro todo lo que reluce.
A quien cuece y amasa no hurtes hogaza.
A perro viejo no hay tus tus.
Cada uno sabe dónde le aprieta el zapato.
Nadie nace enseñado.
De los hombres se hacen los obispos.
Dios está en el cielo, que juzga los corazones.

Más vale el buen nombre, que las muchas riquezas.
Debajo de una mala capa, suele haber buen bebedor.
Aunque las calzo, no las ensucio.
Tanto se pierde por carta de más como por carta de ménos.

Cap. XXXIV.

El buen gobernador la pierna quebrada y en casa.
Del dicho al hecho hay gran trecho.
Al buen pagador no le duelen prendas.
Más vale al que Dios ayuda, que al que mucho madruga.
Tripas llevan piés, que no piés á tripas.

Cap. XXXV.

Un asno cargado de oro sube lijero por una montaña.
Dádivas quebrantan peñas.
A Dios rogando y con el mazo dando.
Más vale un toma que dos te daré.
No son todos los tiempos unos.
Váyase el diablo para diablo.
Un buen corazon quebranta mala ventura.
Aun falta la cola por desollar.

Cap. XXXVI.

La letra con sangre entra.
Pon lo tuyo en concejo, unos dirán que es blanco, y otros que es negro.
En salvo está el que repica.
La codicia rompe el saco.

Cap. XXXVII.

Allá van leyes do quieren reyes.
Quien á nosotros trasquiló, las tijeras le quedaron en la mano.
No menear el arroz aunque se pegue.
Tanto se pierde por carta de más, como por carta de ménos.
Al buen entendedor pocas palabras.

Cap. XXXVIII.

Todo el mundo es uno.

Cap. XXXIX.

De los hombres se hacen los obispos.

Cap. XL.

Pedir peras al olmo.
Dios sabe la verdad de todo.
Dios sufre á los malos, pero no para siempre.

Cap. XLI.

En la tardanza va el peligro.
Cuando te dieren la vaquilla, acude con la soguilla.
Bien se está San Pedro en Roma.
Obra empezada medio acabada.
En priesa me ves y doncellez me demandas.

Cap. XLII.

Dios delante.

Cap. XLIII.

En casa llena, presto se guisa la cena.
Quien destaja no baraja.
A buen salvo está el que repica.
El dar y el tener, seso ha menester.
Castígame mi madre y yo trompógelas.
Como por los cerros de Ubeda.
El que no madruga con el sol, no goza del dia.
La diligencia es madre de la buena ventura.
Para todo hay remedio, sino es para la muerte.
El que tiene el padre alcalde.....
No sino popen y calóñenme.
Vendrán por lana y volverán trasquilados.
A quien Dios quiere bien, la casa le sabe.
Las necedades del rico por sentencias pasan en el mundo.
No sino haceos miel, y paparos han moscas.
Tanto vales cuanto tienes.
De hombre arraigado no te verás vengado.
Al buen callar llaman Sancho.
Entre dos muelas molares nunca pongas tus pulgares.
A idos de mi casa y qué quereis con mi mujer, no hay que responder.
Si da el cántaro en la piedra ó la piedra en el cántaro, mal para el cántaro.

El que la mota en el ojo ajeno, vea la viga en el suyo.
Espantóse la muerta de la degollada.
Más sabe el necio en su casa, que el cuerdo en la ajena.

Cap. XLIV.

Más vale vergüenza en cara, que mancilla en corazon.

Cap. XLV.

El diablo todo lo añasca y todo lo cuece.

Cap. XLVII.

Detrás de la cruz está el diablo.
Tripas llevan corazon, que no corazon tripas.

Cap. XLVIII.

El diablo es sutil y mañoso.
No es todo oro lo que reluce.
Las paredes tienen oídos.

Cap. XLIX.

Cuando Dios amanece, para todos amanece.
Todo el mundo mire por el virote.
El diablo está en Cantillana.
No sino haceos miel, y comeros han moscas.
La doncella honrada, la pierna quebrada y en casa.
La mujer y la gallina por andar se pierden aina.

Cap. L.

Quien te da el hueso, no te querria ver muerto.
Dios sabe lo que será.
No hay pariente pobre.
Andeme yo caliente, y ríase la gente.
Cuando te dieren la vaquilla, corre con la soguilla.
Vióse el perro en bragas de cerro.
La verdad ha de andar siempre sobre la mentira, como el aceite sobre el agua.
Tal el tiempo, tal el tiento.

Cap. LII.

Pedir peras al olmo.
El buen dia meterle en casa.

Cap. LIII.

Bien se está San Pedro en Roma.
Desnudo nací, desnudo me hallo, ni pierdo
ni gano.
Por su mal le nacieron alas á la hormiga.
Cada oveja con su pareja.
Nadie tienda más la pierna de cuanto fuere
larga la sábana.

Cap. LIV.

Cuando á Roma fueres, haz como vieres.
Lo bien ganado se pierde, y lo malo, ello y
su dueño.

Cap. LV.

Todos los duelos con pan son buenos.
Bien vengas mal, si vienes solo.
El hombre pone y Dios dispone.
Cual el tiempo, tal el tiento.
Nadie diga desta agua no beberé.
Adonde se piensa que hay tocinos, no hay
estacas.
Desnudo entré, desnudo me hallo, ni pierdo
ni gano.

Cap. LVI.

A quien Dios nuestro Señor se la dió, San
Pedro se la bendiga.
Lo que has de dar al mur, dálo al gato, y
sacarte ha de cuidado.

Cap. LVII.

Desnudo nací, desnudo me hallo, ni pierdo
ni gano.
Pagan justos por pecadores.
Como por los cerros de Úbeda.

Cap. LVIII.

Para dar y tener, seso es menester.
Dios lo oiga y el pecado sea sordo.

No todos los tiempos son unos.
De los desagradecidos está lleno el infierno.
Al enemigo que huye, hacerle la puente de
plata.

Cap. LIX.

Muera Marta, y muera harta.
Dios dijo lo que será.
Hasta la muerte todo es vida.
Al buen pagador no le duelen prendas.
Quien las sabe las tañe.
Bien se está San Pedro en Roma.

Cap. LX.

Un abismo llama á otro.
El abad de lo que canta yanta.

Cap. LXI.

El malo todo lo malo ordena.

Cap. LXII.

Cuando te dieren la vaquilla, corre con la
soguilla.
Dar coces contra el aguijon.
Honra y provecho no caben en un saco.
A cada puerco le llega su San Martin.

Cap. LXIV.

Para todo hay remedio, sino es para la muerte
Del dicho al hecho hay gran trecho.
A quien Dios se la diere, San Pedro se la
bendiga.

Cap. LXV.

Donde las dan las toman.
No siempre hay tocinos donde hay estacas.
Dios lo oiga y el pecado sea sordo.
Más vale buena esperanza, que ruin posesion.
Viva la gallina aunque con su pepita.
Hoy por tí, y mañana por mí.

Cap. LXVI.

Aquí fué Troya.
Cada uno es artífice de su ventura.
A buen servicio mal galardon.

La culpa del asno no se ha de echar á la albarda.

Sobre mí la capa cuando llueva.

Cap. LXVII.

Si os duele la cabeza, untaos las rodillas.

Muchos van por lana y vuelven trasquilados.

Quitada la causa se quita el pecado.

Ojos que no ven, corazon que no quiebra.

Más vale salto de mata, que ruego de hombres buenos.

Predicar en desierto.

Castígame mi madre, y yo trompógelas.

Dijo la sarten á la caldera, quítate allá ojinegra.

Cap. LXVIII.

No con quien naces, sino con quien paces.

Amanecerá Dios y medrarémos.

A mal viento va esta parva.

Todo el mal nos viene junto, como al perro los palos.

Cap. LXIX.

Regostóse la vieja á los bledos.

A perro viejo no hay tus tus.

Cap. LXX.

El abad de donde canta yanta.

No se toman truchas.....

Tanto se pierde por carta de más como por carta de ménos.

Al buen pagador no le duelen prendas.

No se ganó Zamora en una hora.

El asno sufre la carga, mas nó la sobrecarga.

A dineros pagados, brazos quebrados.

Aquí morirá Sanson, y cuantos con él son.

En la tardanza suele estar muchas veces el peligro.

A Dios rogando y con el mazo dando.

Más vale un toma, que dos te daré.

Más vale el pájaro en la mano que el buitre volando.

Cap. LXXIII.

Como por las nubes de antaño.

Muchas veces donde hay estacas no hay tocinos.

Está ya duro el alcacer para zampoñas.

Cap. LXXIV.

En los nidos de antaño no hay pájaros hogaño.

REFRANES DE LAS NOVELAS EJEMPLARES,

DEL PERSILES, DE LA GALATEA Y DEL VIAJE AL PARNASO

POR EL ÓRDEN

CON QUE EN ESTAS OBRAS ESTÁN COLOCADOS.

GITANILLA.

A Dios rogando, y con el mazo dando.
Uno piensa el bayo, y otro el que lo ensilla.
El hombre pone, y Dios dispone.
Tal piensa ir á Oñez y da en Gamboa.
Antes que te cases, mira lo que haces.
Iglesia, mar ó casa real.
Pactos rompen leyes.
No se toman truchas á bragas enjutas.
Por el hilo se saca el ovillo.
Piensa el ladron que todos son de su condicion.

RINCONETE Y CORTADILLO.

Para todo hay remedio, sino es para la muerte.
De ménos nos hizo Dios.
Un dia viene tras otro dia.
Donde las dan, las toman.
La diligencia es madre de la buena ventura.
En cada tierra su uso, y en cada casa su costumbre.
Lo que dice la lengua paga la gorja.
Tantas letras tiene un nó, como un sí.
No es mucho que á quien te da la gallina entera, tú dés una pierna della.
A lo que bien se quiere, bien se castiga.
Está el pandero en manos que lo sabrán bien tocar.
Quien bien quiere á Beltran, bien quiere á su can.
Tras un tiempo viene otro.
No se mueve la hoja en el árbol sin la voluntad de Dios.

LA ESPAÑOLA INGLESA.

Dádivas quebrantan peñas.

EL LICENCIADO VIDRIERA.

De los hombres se hacen los obispos.
Sacar por la uña el leon.
La honra del amo descubre la del criado.
Mira á quien sirves, y verás cuan honrado eres.

LA FUERZA DE LA SANGRE.

Dios que da la llaga, da la medicina.

EL CELOSO EXTREMEÑO.

Seca la garganta, ni gruñe ni canta.
Para todo hay remedio sino es para la muerte.
Al buen pagador no le duelen prendas.
Debajo del sayal hay al.
Debajo de una mala capa hay un buen bebedor.

LA ILUSTRE FREGONA.

Uno piensa el bayo, y otro el que lo ensilla.
Más ven cuatro ojos que dos.
No es la miel para la boca del asno.
Amanecerá Dios, y medrarémos.
Ténganos el pié al herrar, y verá del que cosqueamos.

LA SEÑORA CORNELIA.

No es oro todo lo que reluce.
Nadie diga desta agua no beberé.

EL CASAMIENTO ENGAÑOSO.

Los duelos con pan son ménos.
No es oro todo lo que reluce.

COLOQUIO DE LOS PERROS DE MAHUDES.

Cuando viene el bien , métele en tu casa.
Del lobo un pelo , y ese de la frente.
Mírate á los piés , y desharás la rueda.
Del dicho al hecho hay gran trecho.
Házme la barba , y hacerte he el copete.
La codicia rompe el saco.
Quien necio es en su villa , necio es en Castilla.
Los duelos con pan son ménos.
El buen dia , meterle en casa.
Miéntras se rie , no se llora.
Más da el duro que el desnudo.
Echar margaritas á puercos.
Más vale tarde que nunca.

LA TIA FINGIDA.

Cada loco con su tema.
Cual el tiempo , tal el tiento.
Por la muestra se conoce el paño.

PERSÍLES Y SEGISMUNDA.

Cada uno es hijo de sus obras.
La costumbre es otra naturaleza.
Por su mal le nacieron alas á la hormiga.
La ocasion la pintan calva.
Dádivas quebrantan peñas.
Honra y provecho no caben en un saco.
La ocasion la pintan calva.
Al enemigo que huye, la puente de plata.
Vaya el diablo para malo.
A quien Dios se la diere, San Pedro se la bendiga.
Tan buen pan hacen aqui como en Francia.
Dios hace salir su sol sobre los buenos y los malos.
Un padre para cien hijos, ántes que cien hijos para un padre.
A los desdichados se les suelen helar las migas entre la boca y la mano.
Cada uno es artífice de su fortuna.
Toda comparacion es odiosa.
Quien mal anda , mal acaba.
La ocasion la pintan calva.

LA GALATEA.

Obras son amores, y no buenas razones.
Quien bien ama , teme.
Quien calla , otorga.
La ocasion la pintan calva.

VIAJE AL PARNASO.

Cuando nace la escoba, nace el asno que la roya.
Ruin sea quien por ruin se tiene.

REFRANES DEL QUIJOTE

por órden alfabético.

A buen servicio mal galardon.

A cada puerco le llega su San Martin.

A cada uno mate su ventura, ó Dios que le
hizo.

A dineros pagados brazos quebrados.

A Dios rogando y con el mazo dando.

A falta de pan buenas son tortas.

A idos de mi casa y qué quereis con mi mujer no hay que responder.

A mal viento va esta parva.

A pecado nuevo, penitencia nueva.

A perro viejo no hay tus tus.

A quien cuece y amasa no le hurtes hogaza.

A quien Dios quiere bien la casa le sabe.

A quien Dios se la diere, San Pedro se la
bendiga.

Adonde pensais que hay tocinos no hay estacas.

Al buen callar llaman Sancho.

Al buen entendedor pocas palabras.

Al buen pagador no le duelen préndas.

Al freir de los huevos lo verá

Al enemigo que huye, hacerle la puente de
plata.

Al hijo de tu vecino, límpiale las narices, y
métalo en tu casa.

Algo va de Pedro á Pedro.

Allá darás rayo.

Allá van leyes do quieren reyes.

Amanecerá Dios y medrarémos.

Andar buscando tres piés al gato.

Andeme yo caliente y riase la gente.

Aquí fué Troya.

Aquí morirá Sanson y cuantos con él son.

Asno cargado de oro sube lijero por una montaña.

Aun falta la cola por desollar.

Aun hay sol en las bardas.

Aunque la traicion aplace, el traidor se aborrece.

Aunque las calzo, no las ensucio.

Bien predica quien bien vive.

Bien se está San Pedro en Roma.

Bien vengas, mal, si vienes solo.

Buen corazon quebranta mala ventura.

Buenas son mangas despues de Pascua.

Cada oveja con su pareja.

Cada puta hile y comamos.

Cada uno es artífice de su ventura.

Cada uno es como Dios le hizo.

Cada uno es hijo de sus obras.

Cada uno meta la mano en su pecho.

Cada uno mire por el virote.

Cada uno sabe dónde le aprieta el zapato.

Cada uno se dé una vuelta á la redonda.

Callen barbas y hablen cartas.

Castígame mi madre, y yo trompógelas.

Cómo son las nubes de antaño.

Como por los cerros de Úbeda.

Con lo mio Dios me ayude.

Cual el tiempo, tal el tiento.

Cuando á Roma fueres, haz como vieres.

Cuando Dios amanece, para todos amanece.

Cuando la cabeza duele, todos los miembros
duelen.

Cuando te dieren la vaquilla, corre con la
soguilla.

Cuando viene el bien, métalo en tu casa.

Cuidados ajenos matan al asno.

Dádivas quebrantan peñas.

Dar coces contra el aguijon.

De amigo á amigo la chinche etc...

De hombre arraigado no te verás vengado.

De la abundancia del corazon habla la lengua.

De la mano á la boca se pierde la sopa.

De los desagradecidos está lleno el infierno.

De los enemigos, los ménos.

De los hombres se hacen los obispos, que nó
de las piedras.

De ménos nos hizo Dios.

De noche todos los gatos son pardos.

De paja ó de heno, mi vientre lleno.

Debajo de mala capa suele haber un buen bebedor.

Del dicho al hecho hay gran trecho.

Desnudo nací, desnudo me hallo, ni pierdo ni gano.

Detrás de la cruz está el diablo.

Digan, que de Dios dijeron.

Dijo la sarten á la caldera, quítate allá ojinegra.

Dime con quién andas, decirte he quién eres.

Dios bendijo la paz, y maldijo las riñas.

Dios delante.

Dios dijo lo que será.

Dios es grande.

Dios está en el cielo, que juzga los corazones.

Dios está en el cielo, que ve las trampas.

Dios hace salir su sol sobre los buenos y malos.

Dios lo oiga, y el pecado sea sordo.

Dios me entiende.

Dios que da la llaga, da la medicina.

Dios sabe la verdad de todo.

Dios sea conmigo.

Dios sufre á los malos, pero nó para siempre.

Donde está la verdad está Dios.

Donde las dan las toman.

Donde no se piensa salta la liebre.

Donde una puerta se cierra, etc.

Echarlo todo á doce, aunque no se venda.

El abad de lo que canta yanta.

El asno sufre la carga, mas nó la sobrecarga.

El buen dia meterle en casa.

El buey suelto bien se lame.

El consejo de la mujer es poco y el que no le toma es loco.

El dar y el tener seso ha menester.

El diablo es sutil.

El diablo está en Cantillana.

El hombre pone, y Dios dispone.

El pan comido y la compañía deshecha.

El que compra y miente, en su bolsa lo siente.

El que larga vida vive mucho mal ha de pasar.

El que luégo da, da dos veces.

El que no madruga con el sol, no goza del dia.

El que tiene el padre alcalde, seguro va á juicio.

El rey es mi gallo.

El sastre del Cantillo, que cosia de balde y ponia el hilo.

El temor de Dios es el principio de la sabiduría.

En cada tierra su uso.

En casa llena presto se guisa la cena.

En la tardanza está el peligro.

En los nidos de antaño no hay pájaros hogaño.

En manos está el pandero que lo sabrán bien tañer.

En otras casas cuecen habas, y en la mia á calderadas.

En priesa me ves y doncellez me demandas.

En salvo está el que repica.

Entre dos muelas cordales nunca pongas tus pulgares.

Entre el sí y el nó de la mujer, no me atreveria yo á poner una punta de alfiler.

Ese te quiere bien que te hará llorar.

Espantóse la muerta de la degollada.

Está ya duro el alcacer para zampoñas.

Harbar, harbar, como sastre en víspera de Pascuas.

Hasta la muerte todo es vida.

Hay más mal en el aldegüela que se suena.

Haz lo que tu amo te manda, y siéntate con él á la mesa.

Hombre apercebido, medio combatido.

Honra y provecho no caben en un saco.

Hoy por tí y mañana por mí.

Iglesia, mar ó casa real.

Jo que te estrego, burra de mi suegro.

Júntate á los buenos, y serás uno dellos.

La codicia rompe el saco.

La culpa del asno no se ha de echar á la albarda.

La diligencia es madre de la buena ventura.

La doncella honesta, el hacer algo es su fiesta.

La experiencia es madre de la ciencia.

La letra con sangre entra.

La mujer honrada, la pierna quebrada y en casa.

La mujer y la gallina, por andar se pierden aina.

La ocasion la pintan calva.

La verdad adelgaza y no quiebra.

La verdad ha de andar sobre la mentira, como el aceite sobre el agua.

Las avecitas del campo tienen á Dios por su proveedor y despensero.

Las burlas se vuelven veras.

Las cañas se vuelven lanzas.

Las necedades del rico pasan por sentencias en el mundo.

Las paredes tienen oídos.

Lo bien ganado se pierde, y lo malo, ello y su dueño.

Lo que cuesta poco se estima en ménos.

Lo que has de dar al mur, dálo al gato, y sacarte ha de cuidado.

Lo que más cuesta se estima en más.

Los duelos con pan son ménos.

Majar en hierro frio.

Mal ajeno de pelo cuelga.

Más calientan cuatro varas de paño de Cuenca que cuatro de limiste de Segovia.

Más sabe el necio en su casa, que el cuerdo en la ajena.

Más vale á quien Dios ayuda, que al que mucho madruga.

Más vale algo que no nada.

Más vale buena esperanza que ruin posesion.

Más vale buena queja que mala paga.

Más vale el buen nombre que las muchas riquezas.

Más vale maña que fuerza.

Más vale migaja de rey, que merced de señor.

Más vale pájaro en mano que buitre volando.

Más vale salto de mata que ruego de hombres buenos.

Más vale un toma que dos te daré.

Más vale vergüenza en cara, que mancilla en corazon.

Mejor parece la hija mal casada, que bien abarraganada.

Mezclar berzas con capachos.

Miéntras se gana algo no se pierde nada.

Muchos pocos hacen un mucho.

Muchos van por lana, y vuelven trasquilados.

Muera Marta, y muera harta.

Nadie diga desta agua no beberé.

Nadie nace enseñado.

Nadie tienda más la pierna de cuanto fuere larga la sábana.

No arrojemos la soga tras el caldero.

No con quien naces, sino con quien paces.

No es la miel para la boca del asno.

No es todo oro lo que reluce.

No hallar nidos donde se pensó hallar pájaros.

No hay amigo para amigo.

No hay bien ni mal que cien años dure.

No hay camino tan llano, que no tenga algun barranco.

No hay cosa segura en esta vida.

No hay estómago que sea un palmo mayor que otro.

No hay pariente pobre.

No hay regla sin excepcion.

No menear el arroz aunque se pegue.

No pidas de grado lo que puedas tomar por fuerza.

No quiero perro con cencerro.

No se ganó Zamora en una hora.

No se ha de mentar la soga en casa del ahorcado.

No se mueve la hoja en el árbol sin la voluntad de Dios.

No se toman truchas á bragas enjutas.

No sino haceos miel, y paparos han moscas.

No sino popen y calóñenme.

No son todos los tiempos unos.

No todo ha de ser Santiago y cierra España.

Obra empezada, medio acabada.

Ojos que no ven, corazon que no quiebra.

Paciencia y barajar.

Pagan justos por pecadores.

Pápenle duelos.

Para todo hay remedio, sino es para la muerte.

Pedir cotufas en el golfo.

Pedir peras al olmo.

Pon lo tuyo en concejo, y unos dirán que es blanco, y otros que es negro.

Por el hilo se saca el ovillo.

Por la uña se saca el leon.

Por su mal le nacieron alas á la hormiga.

Predicar en desierto.

Querer poner puertas al campo.

Quien á buen árbol se arrima, buena sombra le cobija.

Quien á mí me trasquiló, las tijeras le quedaron en la mano.

Quien bien tiene y mal escoge, por bien que se enoja, no se venga.

Quien busca el peligro perece en él.

Quien canta, sus males espanta.

Quien destaja no baraja.

Quien está ausente todos los males tiene.

¿Quién ha de llevar el gato al agua?

Quien la vido y la ve ahora, ¿cuál es el corazon que no llora?

Quien las sabe las tañe.

Quien te cubre te descubre.

Quien te da el hueso no te quiere ver muerto.

Quien yerra y se enmienda, á Dios se encomienda.

Quitada la causa, se quita el pecado.

Regostóse la vieja á los bledos, no dejó verdes ni secos.

Ruin sea quien por ruin se tiene.

Si al palomar no le falta cebo, no le faltarán palomas.

Si bien canta el abad, no le va en zaga el monacillo.

Si da el cántaro en la piedra ó la piedra en el cántaro, mal para el cántaro.

Si el ciego guia al ciego, ambos caen en el hoyo.

Si os duele la cabeza, untaos las rodillas.

Sobre mí la capa cuando llueva.

Sobre un huevo pone la gallina.

Tan buen pan hacen aquí como en Francia.

Tan presto se va el cordero como el carnero.

Tantas letras tiene un nó como un sí.

Tantas veces va el cantarillo á la fuente, que alguna se quiebra.

Tanto se pierde por carta de más como por carta de ménos.

Tanto vales, cuanto tienes.

Ténganos el pié al herrar, y verá del que cosqueamos.

Toda comparacion es odiosa.

Todo el mal nos viene junto, como al perro los palos.

Todo el mundo es uno.

Tripas llevan piés, que nó piés á tripas.

Un abismo llama á otro.

Un diablo parece á otro.

Un mal llama á otro.

Una golondrina no hace verano.

Váyase el diablo para diablo.

Váyase el muerto á la sepultura, y el vivo á la hogaza.

Ver la mota en el ojo ajeno, y nó la viga en el suyo.

Vióse el perro en bragas de cerro, y no conoció á su compañero.

Viva la gallina aunque con su pepita.

Viva quien vence.

REFRANES DE LAS NOVELAS EJEMPLARES

por órden alfabético.

A Dios rogando y con el mazo dando.
A lo que se quiere bien se castiga.
Al buen pagador no le duelen prendas.
Amanecerá Dios y medrarémos.
Antes que te cases mira lo que haces.

Cada loco con su tema.
Cual el tiempo tal el tiento.
Cuando viene el bien, métalo en tu casa.

Dádivas quebrantan peñas.
De los hombres se hacen los obispos.
De ménos nos hizo Dios.
Debajo de una mala capa hay un buen bebedor.
Debajo del sayal hay al.
Del dicho al hecho hay gran trecho.
Del lobo un pelo, y ese de la frente.
Dios que da la llaga, da la medicina.
Donde las dan las toman.

Echar margaritas á puercos.
El buen dia meterle en casa.
El hombre pone y Dios dispone.
En cada tierra su uso, y en cada casa su costumbre.
Está el pandero en manos que lo sabrán bien tocar.

Hazme la barba, hacerte he el copete.

Iglesia, mar ó casa real.

La codicia rompe el saco.
La diligencia es madre de la buena ventura.
La honra del amo descubre la del criado.
Lo que dice la lengua paga la gorja.
Los duelos con pan son ménos.

Más da el duro que el desnudo.
Más vale tarde que nunca.

Más ven cuatro ojos que dos.
Miéntras se rie no se llora.
Mira á quien sirves, y verás cuan honrado eres.
Mirate á los piés, y desharás la rueda.

Nadie diga de esta agua no beberé.
No es la miel para la boca del asno.
No es mucho que á quien te da la gallina entera, tú dés una pierna de ella.
No es todo oro lo que reluce.
No se mueve la hoja en el árbol sin la voluntad de Dios.
No se toman truchas á bragas enjutas.

Pactos rompen leyes.
Para todo hay remedio si no es para la muerte.
Piensa el ladron que todos son de su condicion.
Por el hilo se saca el ovillo.
Por la muestra se conoce el paño.

Quien bien quiere á Beltran, bien quiere á su can.
Quien necio es en su villa, necio es en Castilla.

Sacar por la uña al leon.
Seca la garganta, ni gruñe ni canta.

Tal piensa ir á Oñez y da en Gamboa.
Tantas letras tiene un nó como un sí.
Ténganos el pié al herrar, y verá del que cosqueamos.
Tras un tiempo viene otro.

Un dia viene tras otro dia.
Uno piensa el bayo, y otro el que le ensilla.

REFRANES DEL PERSILES

por órden alfabético.

A los desdichados se les suelen helar las migas entre la boca y la mano.

A quien Dios se la diere, San Pedro se la bendiga.

Al enemigo que huye, la puente de plata.

Cada uno es el artífice de su fortuna.

Cada uno es hijo de sus obras.

Dádivas quebrantan peñas.

Dios hace salir su sol sobre los buenos y los malos.

Honra y provecho no caben en un saco.

La costumbre es otra naturaleza.

La ocasion la pintan calva.

Por su mal le nacieron alas á la hormiga.

Quien mal anda mal acaba.

Tan buen pan hacen aquí como en Francia.

Toda comparacion es odiosa.

Un padre para cien hijos, ántes que cien hijos para un padre.

Vaya el diablo para malo.

REFRANES DEL ENTREMÉS DE REFRANES

por órden alfabético.

No están incorporados en el texto de la presente obra los siguientes refranes del Entremés, porque hasta despues de compaginado ya este último pliego no llegó á mis manos el tomo de *Varias obras inéditas de Cervántes*, que acaba de dar á luz el Excmo. é Ilmo. Sr. D. Adolfo de Castro. Comparando las listas anteriores con la siguiente, será fácil notar qué refranes del Entremés son los que se hallan ó nó incluidos tanto en el Quijote como en las demás obras de Cervántes.

A buen bocado buen grito.
A cuentas viejas, barajas nuevas.
A gran tocado, chico recado.
A la muerte no hay cosa fuerte.
A palabras locas, orejas sordas.
A perro viejo no hay tus tus.
A puerta cerrada, el diablo se vuelve.
A quien da y toma, Dios le da una corcova.
A quien dan no escoge.
A quien madruga Dios le ayuda.
A quien no habla no le oye Dios.
Achaques al viernes por no ayunar.
Adonde no está su dueño, allí está su duelo.
Adonde no piensan salta la liebre.
Agua pasada no muele molino.
Aja no tiene que comer y convida huéspedes.
Al buen entendedor pocas palabras.
Al enemigo que huye, la puente de plata.
Al enhornar se hacen los panes tuertos.
Al hombre por la palabra, y al buey por el cuerno.
Al que Dios quiere bien en casa le trae de comer.
Amores y dolores mal se pueden encubrir.
Aunque más sabe la zorra, más sabe el que la toma.

Becerrica mansa todas las madres mama.
Bien haya quien á los suyos parece.
Boca que dice de sí dirá de nó.
Buenas son mangas despues de Pascuas.

Cada gallo canta en su muladar.
Cada lobo por su senda.
Cada oveja con su pareja.
Cada uno hace como quien es.
Cállate y callemos, que sendas nos tenemos.
Como canta el abad responde el monacillo.
Con arte y engaño se vive medio año, y con engaño y arte la otra parte.
Cria el cuervo, sacarte ha el ojo.
Cuando dos no quieren, tres no barajan.

Dádivas quebrantan peñas.
De amigo á amigo, chinche en el ojo.
De buena mano buen dado.
De burlas ni de veras con tu amo no partas peras.
De conejo ido el consejo venido.
De costal sacudido nunca buen bodigo.
De la mala mujer te guarda, y de la buena no te fies nada.
De largas vias, largas mentiras.
De lo contado come el lobo.

De rocin á ruin.

Del agua mansa me libre Dios.

Del dicho al hecho hay gran trecho.

Del lobo siquiera un pelo.

Díme con quién andas, diréte quién eres.

Donde fueres, haz como vieres.

Dure lo que durare, como cuchara de pan.

Echémoslo á doce, y nunca se venda.

El abad de donde canta, de allí llanta.

El buey suelto bien se lame.

El carnero encantado, que fué por lana y volvió trasquilado.

El dia que me afeité, vino á mi casa quien no pensé.

El es de boda quien duerme con la novia.

El hombre el fuego, la mujer la estopa, llega el diablo y sopla.

El huésped y el pez á dos dias huelen.

El muerto á la sepultura, y el vivo á la hogaza.

El pan comido, la compañía deshecha.

El perro con rabia á su dueño muerde.

El sastre del Campillo, que cosia de balde y ponia el hilo.

En casa llena presto se guisa la cena.

En el aldegüela más mal hay del que se suena.

En la casa del mezquino más manda la mujer que el marido.

Entre col y col lechuga.

Escarba la gallina por su mal.

Ese es tu enemigo quien es de tu oficio.

Haz bien, y no cates á quien.

Hoy por mí, y mañana por tí.

La diligencia es madre de la buena ventura.

La ida del humo.

La mejor mujer, mujer.

La mucha conversacion es causa de menosprecio.

La mujer que no vela no hace larga tela.

La verdad adelgaza, mas no quiebra.

Lo que es bueno para el hígado no es bueno para el bazo.

Lo que otro suda, á mí poco dura.

Los duelos con pan son buenos.

Llégate á los buenos, serás uno dellos.

Mal ajeno de pelo cuelga.

Mal de muchos gozo es.

Malo vendrá, que bueno me hará.

Más es el ruido que las nueces

Más sabe el necio en su casa, que el cuerdo en la ajena.

Más vale saber que haber.

Más vale vergüenza en cara que mancilla en corazon.

Más ven cuatro ojos que dos.

Moza galana, calabaza vana.

Mozas, bailo bien, ¿y echaisme del corro?

Mujer, viento y ventura, presto se muda.

Mundo, mundillo, nacer en Granada y morir en Trujillo.

No hay peor sordo que el que no quiere oir.

No puede ser el cuervo más negro que sus alas.

No quiero perro con cencerro.

Ojos que se quieren bien, desde léjos se saludan.

Paciencia y barajar.

Palabras y plumas el viento las lleva.

Parto largo, hija al cabo.

Perdí mi honor, diciendo mal y oyendo peor.

Perro de barbecho ladra sin provecho.

Pescador de caña, que más come que gana.

Por el hilo se saca el ovillo.

Prendas de garzon, dineros son.

Purgalle y sangralle, y si se muere, enterralle.

¿Qué es lo que quiere la mona? piñones mondados.

Quebrar la soga por lo más delgado.

Quien á buen árbol se arrima, buena sombra le cobija.

Quien al cielo escupe, á la cara le cae.

Quien bien ata, bien desata.

Quien bien baila, de boda en boda se anda

Quien calla, otorga.

Quien calla, piedras apaña.

Quien canta, sus males espanta.

Quien da luégo, da dos veces.

Quien hurta al ladron, cien dias gana de perdon.

Quien juega y pierde, fuerza es que reniegue.

Quien mal pleito tiene, todo lo mete á voces.

Quien malas mañas tiene, siempre de las suyas hace.

Quien más no puede, morir se deja.

Quien no cree en buena madre, cree en mala madrastra.

Quien no ha mesura, toda la tierra es suya.

Quien no hereda no medra.

Quien no miente, no viene de buena gente.

Quien se muda, Dios le ayuda.

Quien te hizo el pico te hizo rico.

Quien tiene cuatro y gasta cinco no ha menester bolsico.

Quien todo lo quiere, todo lo pierde.

Riñas de por San Juan son pan para todo el año.

Saltó de la sarten, y dió en las brasas.

Sancha, Sancha, bebes el vino y dices que mancha.

Si Mahoma no va al otero, vaya el otero á Mahoma.

Sufrir cochura por hermosura.

Tal para cual, que así casan en Dueñas.

Tal te quiero, Crespa, aunque eres tiñosa.

Todo lo nuevo aplace.

Todo lo que se gana, se vuelve sal y agua.

Tórmes, Tórmes, por do vienes, nunca tornes.

Tras, tras, para la costa no mas.

Uno piensa el bayo, y otro el que lo ensilla.

Unos tienen la fama y otros cardan la lana.

Váyase el diablo para puto.

REFRANES DEL QUIJOTE DE AVELLANEDA

por órden alfabético.

A falta de pan, buenas son tortas.
A falta de colcha, buena es manta.
A perro viejo no hay cuz cuz.
A quien dan, no escoge.
A quien Dios se la diere, San Pedro se la bendiga.
A quien madruga, Dios le ayuda.
Agua pasada no muele molino.
Al enemigo que huye, la puente de plata.
Al mozo mal mandado ponerle la mesa y enviarle al recado.
Allá darás rayo en casa de Tamayo.
Allégate á los buenos, y serás uno dellos.
Aunque negras, no tiznamos.

Cada loco con su tema.
Cuando la barba de tu vecino vieres pelar, echa la tuya á remojar.
Cuando la perdiz canta, señal es de agua.

De los enemigos los ménos.
De muy grandes males suele sacar Dios mayores bienes.
De noche todos los gatos son pardos.
Do quiera que vayas, de los tuyos hayas.
Donde ménos se piensa salta la liebre.

El diablo es sutil.
El ruin, cuanto más le ruegan, más se ensancha.
En arca abierta el justo peca.
En la barba del ruin se enseña el barbero.
En la tardanza está el peligro.
En manos está el pandero, que lo sabrán bien tañer.

Haz bien, y no cates á quien.
Haz mal y guárdate.

Jo que te estriego, burro de mi suegro.

La costumbre es otra naturaleza.
La letra con sangre entra.
La locura tarde se cura.
La ocasion la pintan calva.
La ociosidad es madre de los vicios.
Lo que á las mujeres se dice una vez, se lo dice á solas el demonio diez.

Más dias hay que longanizas.
Más vale pájaro en mano que buitre volando.
Más vale que lo que se ha de hacer tarde se haga temprano.
Manos besa el hombre, que quisiera ver cortadas.

No es la miel para la boca del asno.
No quiero perro con cencerro.

Quien ama el peligro, perece en él.
Quien con lobos anda, á aullar se enseña.
¿Quién es tu enemigo? El de tu oficio.
Quien hurta al ladron, harto digno es de perdon.
Quien más no deja, morir se puede.
Quien mucho abarca poco aprieta.
Quien no puede dar en el asno, da en la albarda.
Quien tal hace, tal pague.
Quien yerra y se enmienda, á Dios se encomienda.

Tan bueno es como el rey y papa el que no tiene capa.

Un ánima sola ni canta ni llora.

Vaya el diablo para ruin.

ÍNDICE.

———

VIII.

IX.

X.

XI.

XII.

XIII.

XIV.

XV.

XXXV.

XXXVI.

XXXVII.

XXXVIII.

XXXIX.

FE DE ERRATAS.

PÁG.	LÍNEA.	DICE.	LÉASE.
XXI	24	única; y verdadera legítima	única , verdadera y legítima
23	5	con él la Asamblea	con él á la Asamblea
26	6	*habla la lengua*	*habla la boca*
26	22	del número 117	del número 177
40	27	en el Diccionario de Autoridades	en el de Autoridades
173	31	quien habria capaz	quien hubiera sido capaz

CPSIA information can be obtained
at www.ICGtesting.com
Printed in the USA
BVHW080905130120
569372BV00007B/226/P